U0526100

企业信息化
项目管理实践

苏成君　蓝照斌◎著

电子工业出版社
Publishing House of Electronics Industry
北京·BEIJING

内 容 简 介

全书从企业信息化管理视角论述了项目管理相关活动实践，对项目机会规划准备、招标管理、项目启动、方案蓝图设计、系统设计与搭建、测试部署、上线运行、收尾等端到端项目全周期各阶段进行了详细论述。但本书对各阶段的介绍并非顺序式，而是站在整体按时交付目标之上，将集成综合管理思维运用到了每一阶段及每一个关键任务活动之中，阐述了步步为营的管理工作思维，辅以100多个项目总结出的最佳管理实践案例与方式方法，试图为广大项目管理从业人员提供点点"微光"，激发读者在阅读的同时更多思考。相信无论是新从事项目管理的人员，还是资深项目管理人士，都能从本书中有所受益。

本书不但适合信息化项目经理阅读，同时也适合作为其他项目管理实践者及各大专院校软件工程、信息管理等专业学生学习参考。

未经许可，不得以任何方式复制或抄袭本书之部分或全部内容。
版权所有，侵权必究。

图书在版编目（CIP）数据

企业信息化项目管理实践 / 苏成君等著. -- 北京：电子工业出版社, 2024. 10. -- ISBN 978-7-121-48958-7

Ⅰ. F272.7-39

中国国家版本馆 CIP 数据核字第 2024TQ5535 号

责任编辑：刘志红（lzhmails@phei.com.cn）　　特约编辑：张思博
印　　刷：北京天宇星印刷厂
装　　订：北京天宇星印刷厂
出版发行：电子工业出版社
　　　　　北京市海淀区万寿路173信箱　邮编　100036
开　　本：720×1 000　1/16　印张：19.25　字数：431.2千字
版　　次：2024年10月第1版
印　　次：2024年10月第1次印刷
定　　价：128.00元

凡所购买电子工业出版社图书有缺损问题，请向购买书店调换。若书店售缺，请与本社发行部联系，联系及邮购电话：(010) 88254888，88258888。
质量投诉请发邮件至 zlts@phei.com.cn，盗版侵权举报请发邮件至 dbqq@phei.com.cn。
本书咨询联系方式：(010) 88254479，lzhmails@phei.com.cn。

推荐语

项目管理管的不是项目,而是人心,是共赢思维。坚持项目管理原则,在项目实践中应用本书的实践经验,职业道路定能越走越宽广。

Gary Gu,IBM SAP 服务线前总经理,GE 数字集团前副总裁,
西班牙保赛固中国区执行董事兼 CEO

作者持之以恒,数年不断实践验证,追求能指导"实践"的理论与方式方法。在与作者以往的项目合作过程中,我能深刻感受这一点。

戚锋博士,西门子数字化工业软件副总裁,西北工业大学客座教授

本书的字里行间似乎都可以看到大项目团队之间曾经协作奋进的身影,从实践中来,到实践中去,希望更多的项目管理人员能借鉴并应用本书内容,并从中受益。

范钧,达索系统中国区工业服务部门总监

本书鞭辟入里,庖丁解牛,实践出真知。

张锋铭博士,微软(中国)服务交付总监

前 言

工作中常听到这样的困惑声音:"我学过软件工程学,也考了项目管理 PMP、信息系统项目管理师证书,为什么在实际项目实施交付时仍然困难重重,似乎理论无法指导工作?"作者在给项目经理培训与指导时,提倡一个"悟"字,在实践中领悟,在领悟中实践。企业信息化项目管理不是解数学题,没有严格的公式让你计算 1+1 等于 2,而是需要运用系统的观点综合看问题。以上是作者写这本书的出发点,即在理论指导下,以项目实践为主线,不割裂项目管理下的几个管理域与知识点,始终以集成的观点论述某一项目阶段或任务项。本书试图达到这样的效果:读者如果先以空杯心态阅读本书,接受"先僵化,后固化,再优化"的思路方式,再依据本书中的项目管理方法及检查点样例,就能够在企业信息化项目管理实践建设中快速上手,并且经"微光"式点拨,让读者在项目管理中的诸多活动中不再迷茫。

本书在组织方式上也做了多方面的考量。首先,在写作视角上,虽然是站在传统的甲方客户角度,以企业部门的信息化项目建设来组织项目管理场景,但其方法和实践指导原则对所有信息化、数字化项目的管理建设者均有参考意义。作者在企业信息化项目建设领域已有 20 多年的工作实践经验,在欧美大型跨国企业工作了 16 年,也曾服务于国有企业,做过甲方,也做过乙方,因此更能从综合角度来看待企业信息化项目管理问题。作者在服务于各类企业客户的过程中,意识到目前大中型企业,不论中外企业、民营企业,还是国有企业,其企业信息化项目管理仍处于发展阶段,即使是 IT 界所谓的"灯塔"领航者,其企业信息化、数字化管理水平也与对外宣传和实际预期有着不小的差距,在管理上仍面临较大的挑战。尽管市面上有国内外众多的项目管理方面的书籍,但既能站在甲方企业信息化实践角度,同时又能以乙方的视野,从长远角度阐述如何实现全局共赢的图书寥寥无几。

其次，在内容准备中，作者结合亲自参与的 100 多个真实的项目管理实践（从百万级到数千万级大小项目不等）来讲述项目管理整体周期，从项目准备策划、招投标开始，一直到设计建设与测试实施上线及维护等，提供端到端的各节点活动的梳理与指导，尤其是书中给出的实用的工作指导、提供的管理措施及行动方式方法，是经过多个项目反复验证、行之有效的较佳实践，项目管理人员拿来即可应用到日常的项目管理活动中去。同时，书中的指导综合了多个项目实践遇到的问题和风险、经验和教训，有悟性的读者可直接借鉴，省去探索的时间，又能避免踏入他人在项目管理工作中踩过的"陷阱"，从而有效地提高项目成功交付实施的能力。

最后，各章节都配有丰富的案例，具有很强的警醒与指导作用。

丰富的实践经验及实操性极强的指导借鉴操作是本书的最大特点。作者在写作本书时，时常沉浸在多个项目场景中，有痛苦有欢笑，或悲或喜。项目管理千差万别，本书的视角只是众多项目管理实践中的一面。作者水平有限，图书不足之处在所难免，敬请读者批评指正。任何建议及意见，请发邮件至 grantsu2022@outlook.com，与作者沟通交流，谢谢。

作　者

2023 年 5 月

目录

第1章 知己知彼，选择适合的管理方法论 ·······001

- 1.1 追根溯源，被多数人误解的"瀑布式"管理 ·······004
- 1.2 走下神坛的 CMMI ·······009
- 1.3 桀骜不驯的敏捷开发是"银弹"吗 ·······010
- 1.4 众人追捧的 DevOps & CI/CD ·······015
- 1.5 精益方法融入项目管理 ·······018
  - 1.5.1 消除浪费 ·······018
  - 1.5.2 开展纵横拓展学习（Amplify learning） ·······019
  - 1.5.3 决策勿匆忙（Decide as late as possible） ·······020
  - 1.5.4 发布需尽快（Deliver as fast as possible） ·······020
  - 1.5.5 授权于团队（Empower the team） ·······020
  - 1.5.6 建设完整基因（Build integrity in） ·······021
  - 1.5.7 着眼于全局（Seeing the whole） ·······021
- 1.6 重实验，薄雕虫，实事求是定方法 ·······021
  - 1.6.1 了解企业信息化应用概貌，在同一频道讲话 ·······022
  - 1.6.2 越小型项目越容易管理吗 ·······024
  - 1.6.3 大中型项目是"焦油坑"吗 ·······025
- 1.7 方法实践之"银弹"，七个习惯应用 ·······027
- 1.8 方法论武装头脑，思维转变先行 ·······033

第2章 不忘初心，正确定位之项目发起 ·······036

- 2.1 我在哪儿，到哪里去 ·······036
  - 2.1.1 战略拼图建设 ·······037

2.1.2 业务紧迫度 ·· 037
　　2.1.3 投入回报价值 ·· 037
　　2.1.4 企业受益成效 ·· 038
　　2.1.5 风险级别 ·· 038
2.2 双轮驱动必须分主/从动轮吗 ·· 039
2.3 "双轮"协作，各司其职 ··· 045
　　2.3.1 业务层维度 ··· 046
　　2.3.2 业务流程方面 ·· 048
　　2.3.3 技术层维度 ··· 049
2.4 项目立项准备的核心要素 ··· 051
　　2.4.1 项目为谁服务、服务什么 ··· 053
　　2.4.2 项目依赖谁来实现 ·· 054
　　2.4.3 项目里程碑谁说了算 ·· 057
　　2.4.4 项目谁来认可，如何界定成功 ··· 061
　　2.4.5 项目是否需要外援 ·· 062
2.5 争取公司内最关键的支持 ··· 062
2.6 帮你把关——项目实践案例 ·· 064
　　2.6.1 项目的前期准备检查单 ··· 064
　　2.6.2 项目的前期风险分析 ·· 064
　　2.6.3 项目前期预算管理 ·· 069
　　2.6.4 沟通，沟通，再沟通 ·· 071

第 3 章　万事俱备，项目启航 ··· 073

3.1 招投标综合管理 ··· 073
　　3.1.1 标书的准备 ··· 074
　　3.1.2 由一个实际案例经验教训谈招标管理 ··· 075
3.2 "外援"的选择 ··· 080
　　3.2.1 业务评估标准 ·· 080
　　3.2.2 技术评估标准 ·· 081
　　3.2.3 商务评估标准 ·· 083
3.3 有约束的合作是可执行的合作 ·· 085

目录

  3.3.1 SOW 之范围描述 ·················· 085
  3.3.2 SOW 之变更管理要求 ·············· 085
  3.3.3 SOW 之交付物 ···················· 086
  3.3.4 SOW 之项目工作主计划 ············ 087
  3.3.5 SOW 之验收与售后服务标准 ········ 087
  3.3.6 SOW 之其他附加项及杂项 ·········· 088
  3.3.7 SOW 之保密协议 ·················· 089
 3.4 99%信息化项目管理都会犯的错 ············ 090
 3.5 并不是所有人都期望项目成功 ·············· 093
  3.5.1 项目组织成员确认 ················ 093
  3.5.2 项目冲突管理 ···················· 095
 3.6 项目启动会形式必要吗 ···················· 096
 3.7 帮你把关——项目实践案例 ················ 099
  3.7.1 双赢思维招投标及其他工作中的应用 ·· 099
  3.7.2 目的启动准备检查单 ·············· 100
  3.7.3 连续问三次"为什么",理解"弦外之音" ·· 101
  3.7.4 项目周报案例 ···················· 102
  3.7.5 项目启动管理实践经验 ············ 105

第 4 章 运筹帷幄,项目决胜的关键 ············ 113

 4.1 项目经理必须掌握的三面镜子 ·············· 113
 4.2 项目"放大镜"之详细计划 ················ 115
 4.3 项目"显微镜"之周滚动计划 ·············· 117
 4.4 资源永远是不够且冲突的 ·················· 119
 4.5 帮你把关——项目实践案例 ················ 121
  4.5.1 WBS 任务制定原则 ················ 121
  4.5.2 WBS 项目主计划或详细计划借鉴实例 ·· 122

第 5 章 去伪存真,项目基石建设 ·············· 134

 5.1 需求分析的三个"银弹" ·················· 134
 5.2 需求分析度的把控 ························ 138

5.3	不缩水、不蔓延的有效需求管理	141
5.4	比业务还难以处理的非功能需求	142
5.5	从管理出发还是从执行出发	143
5.6	需求分析与计划管理的互动	144
5.7	规矩的磨合	145
	5.7.1 规矩磨合之需求变更管理	145
	5.7.2 规矩磨合之资源与风险管理	147
5.8	帮你把关——项目实践案例	149
	5.8.1 需求分析阶段检查单	149
	5.8.2 需求分析说明书	149
	5.8.3 需求检查映射管理	150
	5.8.4 会议纪要模板	151
	5.8.5 需求分析及会议案例	153

第6章 量体裁衣，方案搭建 ... 156

6.1	项目系统再定位	156
6.2	信马由缰到此为止	157
	6.2.1 蓝图规划一条主线、两个方法	158
	6.2.2 蓝图规划收与放	159
	6.2.3 综合应用业务蓝图案例	161
	6.2.4 系统集成是方案设计的焦油坑	164
	6.2.5 时刻盯紧目标的变更控制管理	167
6.3	最有效的沟通——看图说话	168
	6.3.1 用对方的语言去描述场景用例	170
	6.3.2 用例格式	171
6.4	业务场景彩排	173
	6.4.1 提问节奏及解答处理窗口	173
	6.4.2 问题记录与回顾讨论	173
	6.4.3 后续行动跟进安排	173
6.5	业务蓝图的幕后功臣	174
	6.5.1 不要重复造轮子	174

目录

- 6.5.2 大而全与小而精的架构选择 …… 176
- 6.5.3 系统可用性是个无底洞吗？ …… 177
- 6.5.4 消除系统"烟囱"的第一手原则 …… 177
- 6.5.5 跟随策略 …… 178
- 6.6 系统物理架构设计案例 …… 178
- 6.7 技术架构规划设计案例 …… 180
- 6.8 90%的项目会忽略的运营规划 …… 182
- 6.9 测试策略规划要趁早 …… 183
  - 6.9.1 明确本次项目中的测试类型 …… 184
  - 6.9.2 参与项目测试业务组织清单 …… 184
  - 6.9.3 项目测试方式方法 …… 184
- 6.10 从拍脑袋到拍胸脯 …… 185
  - 6.10.1 更新项目里程碑节点 …… 185
  - 6.10.2 更新项目详细任务计划 …… 185
  - 6.10.3 项目管理周滚动计划细化到测试阶段 …… 187
- 6.11 帮你把关——项目实践案例 …… 189
  - 6.11.1 系统方案建设阶段检查单 …… 189
  - 6.11.2 蓝图方案放在桌面上 …… 190
  - 6.11.3 咬定目标不放松 …… 191
  - 6.11.4 界面原型实践不拘一格 …… 191
  - 6.11.5 业务泳道图应用实践 …… 192

第7章 一诺千金，考验团队执行力 …… 194

- 7.1 "基建"工作先行 …… 194
- 7.2 无法轻视数据库设计 …… 195
  - 7.2.1 不做设计范式书虫 …… 196
  - 7.2.2 数据库实践借鉴 …… 197
  - 7.2.3 走查照不到的地方 …… 197
- 7.3 详细开发设计实践 …… 199
  - 7.3.1 UI前端定稿界面 …… 200
  - 7.3.2 UI前端实现逻辑流程 …… 200

7.3.3 数据设计 ··· 200
7.3.4 有无权限及新角色引入 ·· 201
7.3.5 是否影响已有业务流程 ··· 201
7.4 系统集成接口设计实践 ·· 201
7.5 需求持续跟踪与计划互动 ·· 202
7.6 开发阶段谁最靠谱 ·· 204
7.7 双刃剑——快速迭代 MVP 法 ··· 205
7.8 新技术还是成熟技术 ·· 206
7.9 有测试不慌张 ·· 207
7.10 每日编译可行吗 ··· 208
7.11 做事有底线，及时预警 ·· 208
7.12 帮你把关——项目实践案例 ·· 209
7.12.1 设计开发阶段检查单 ··· 209
7.12.2 再谈数据库设计实践 ··· 209

第 8 章 矛盾之争，检验团队阶段成果 ··· 211

8.1 理解实质才能真重视 ·· 211
8.1.1 常见的测试项 ··· 212
8.1.2 常见的项目测试分类 ·· 213
8.2 测试与上线策略更新管理 ·· 215
8.3 项目式 UAT 管理 ·· 219
8.3.1 UAT 策划与发起 ··· 219
8.3.2 UAT 执行与监控 ··· 226
8.3.3 UAT 收尾 ··· 228
8.4 问题驱动法 ·· 230
8.4.1 "问题驱动法"的管理方式方法介绍 ··· 231
8.4.2 问题优先级的界定 ··· 231
8.4.3 问题分类的界定 ··· 234
8.4.4 各类系统问题分类后的应对措施 ·· 236
8.5 最容易蔓延与失控阶段 ·· 238
8.6 江湖救急每日例会 ·· 240

8.7 部署彩排 ... 241
8.7.1 数据库脚本运行 ... 242
8.7.2 应用程序更新步骤 ... 242
8.8 帮你把关——项目实践案例 ... 242
8.8.1 测试验证阶段检查单 ... 242
8.8.2 特殊功能测试 ... 243
8.8.3 性能压力测试 ... 244

第9章 小荷初露，项目成果交付，新征程 ... 245
9.1 不打无准备之仗 ... 245
9.1.1 流程与组织架构上的准备 ... 245
9.1.2 数据上的准备 ... 247
9.1.3 环境上的准备 ... 247
9.1.4 其他技术上的准备 ... 249
9.2 上线部署经验谈 ... 250
9.2.1 部署的时间选择 ... 250
9.2.2 部署的回滚与紧急情况应对 ... 250
9.3 培训不可走过场 ... 250
9.3.1 培训资料的准备 ... 250
9.3.2 培训实施 ... 251
9.4 帮你把关——实施上线阶段检查单 ... 253

第10章 收官之战，项目的尾声 ... 255
10.1 项目日常维护管理 ... 255
10.2 有理有据关闭项目 ... 255
10.3 扶上马，送一程 ... 257
10.3.1 软件供应商、外协资源的释放 ... 257
10.3.2 企业内部资源的释放 ... 258
10.3.3 后续日常维护管理机制的确立 ... 258
10.3.4 文档整理及知识交接 ... 261
10.4 前车之鉴须总结 ... 264

10.5　帮你把关——项目关闭阶段检查单 ·················· 266

第 11 章　好酒也怕巷子深 ·················· 267

11.1　内外部认可融入日常管理 ·················· 267
  11.1.1　对外（着重于业务用户）宣传与沟通 ·················· 267
  11.1.2　对内（着重于项目组成员）宣传与沟通 ·················· 268
11.2　项目经理应为首席宣传官 ·················· 269

第 12 章　项目采购与团队建设实践 ·················· 271

12.1　单一外包服务商管理实践 ·················· 271
12.2　混合外包服务商管理实践 ·················· 272
12.3　人天方式经验教训 ·················· 272
12.4　胶冻团队 ·················· 273

第 13 章　综合运用案例解析 ·················· 275

13.1　项目拖延不能按时交付，一波三折，如何逆转形势 ·················· 275
13.2　项目群管理案例：平台大项目实施由失败到成功的逆袭 ·················· 279
13.3　复杂项目管理再思考 ·················· 282
  13.3.1　项目群管理的挑战 ·················· 283
  13.3.2　双赢思维在项目群管理中的应用 ·················· 287

参考文献 ·················· 291

第 1 章

知己知彼，选择适合的管理方法论

多年以前，一位跨国公司的副总裁提出："努力工作，聪明工作。"他说，对于前者，他只是感谢；对于后者，他是感谢加欣赏。有效率的工作需要合适的方法论的加持，没有正确方法指引的项目管理工作如同"蛮干"，成功与失败都不知其所以然。当然，有合适的方法论指导也不一定百分之百保证项目能成功，但从长期来看，项目成功的概率要远大于"蛮干"者。令人遗憾的是，我们在工作中仍然常常见到把理论与实践对立起来的情形。举个大家都熟悉的例子，电视剧《亮剑》中有一集讲新中国成立后，军事指挥学院成立，立过赫赫军功的李云龙被安排去参加学习。剧情对人物的刻画非常形象：李云龙没有文化理论做指导，照样打了不少胜仗；敌方虽是军校出身，还不是照样成了他的手下败将，所以李云龙一直质疑学习理论的重要性，在老领导的教诲下才答应去军校学习，好在他最终领悟到了学习的重要性，交出了令人震撼的亮剑精神论述，成了一名真正合格的将军。同样的道理，国内企业信息化项目管理必须有科学的方法论做指导，但不能生搬硬套，企业信息化 IT 项目有其自身的特点，成功的项目必须选择"合身"的指导策略和行动方法论。

对于一个非 IT 行业的企业而言，首先，负责主管信息化的 IT 部门是成本中心和非利润中心，通常在整个企业组织中处于非轴心部门，与人力资源、后勤保障等职能部门一样，以支撑、协助核心业务部门开展工作为重心。虽然近年来各个企业加大了信息化、数字化的转型力度，但在短期内却无法从根本上改变 IT 部门是成本中心这一事实。

其次，众多传统企业在经营管理理念方面缺少创新，故步自封，因循守旧，这使得企业 IT 信息化建设缺乏健康成长的土壤。不只是国内，国外情况也类似。2019 年 3 月，通用电气公司（GE）前董事长兼首席执行官杰夫·伊梅尔特（Jeffrey

R.Immelt）在 MIT 斯隆《商业评论》上发表了一篇题为"数字化是制造企业唯一生存之路"的文章。文章指出，（制造）企业信息数字化转型面临的三大"绊脚石"之一就是企业经营理念的守旧问题。虽然中国的改革开放进行了 40 多年，但是大中型企业的官僚作风依然存在，信息化项目被传统的绩效评估、部门之间的复杂利益所束缚，导致传统企业的信息化项目建设缺乏内在基因，面临比互联网企业更为艰难的项目管理过程。

再次，多数传统企业缺少得力的信息化人才，这也是传统企业在信息化项目管理建设方面的第一个特点。正是由于大多数传统企业把 IT 部门视作业务后勤支持部门，不重视自身人才团队的培养，所以无论是待遇还是职业发展，都无法像互联网企业那样吸引优秀人才加入。

缺少得力的信息化人才反过来又影响了企业信息化项目管理工作的开展，这就形成了传统企业的另一个特点——企业严重依赖资源外包及服务提供商（以下简称"服务供应商"）。由于外包与服务提供商的质量良莠不齐，加上企业本身又缺乏相应的项目管理人才，导致出现真正服务于业务的项目成功上线少，即使上线，能平稳运维持续为企业服务的更少。

长期依赖外包和服务供应商的信息化项目管理建设模式产生了第三个特点——企业管理文化难以借鉴、融合当前主流的互联网创新模式，无法加强自身的改善。比如互联网企业的一些运营文化模式，如敏捷设计、简单化、快速响应等，由于信息化项目管理建设涉及服务提供商合同执行，通常应用传统的"瀑布式"软件开发模式，该模式的每个阶段都需要有明确的交付物、考核标准，遵守固定步骤一步步进行，以便于甲乙双方分阶段付款考核与商务结算。而敏捷开发的 Scrum 模式，版本快速迭代，使得双方在商务上难以考核运作，比如，敏捷开发过程中工作绩效的认定、付款比例的认定，可能会导致过多的甲乙双方扯皮冲突，造成项目延期，甚至导致项目以失败而告终。

企业的系统之间通常是跨部门运作的，少不了业务流程的再造与集成，而企业的业务管理流程受人员的流动性影响大，90%以上的情况是业务部门的主管被调走，新任领导带来新的管理思路，业务流程随之变更。这种先天带有"独立个人"属性的业务流程是企业信息化项目执行过程中最大的挑战。即使是同一位领导，想法与思路也会不时地发生改变，所以，业务流程及需求的不确定性是 IT 项目的最大特点。另外，人员之间的利益冲突，在项目管理中不可避免地需要平衡与折中，能取得理想效果的优解决方案就是不错的结果了。

知己知彼，选择适合的管理方法论 | 第1章

面对当前激烈的企业市场竞争与经营困局，成本中心的地位决定了企业将在"开源节流"的政策下执行"节流"任务，压缩IT部门的运营与项目预算，甚至有的企业的首席执行官提倡的口号就是"少花钱，多办事"。这也是当前几乎所有企业面临的一个信息化特点。这更加需要企业拥有自己的项目管理人才，然而以上已经讲述了传统企业在信息化项目管理建设方面的特点之一就是缺乏得力的信息化人才，严重依赖外包服务，这在本质上又是相互矛盾的。因此更加需要项目管理方式方法的传播与落实，利用有限的资源实现较优的企业产出。

综上所述，当前企业信息化项目管理比以往更加需要理论与实践的指导，更加需要经验丰富的职业人员进行"布道"。随着企业信息化应用的深入，项目的挑战难度进一步加大，项目管理的方式方法就变得越发重要了。例如，某项目涉及多国团队协作，中国区与德国、法国、美国的团队召开第一次项目准备会议时，一个多小时讨论的主题不是项目做什么、预算测算、投资回报，而是项目管理策略，即各团队需要遵守什么样的游戏规则，企业内部的项目管理之间应有怎样的流程约定。每位成员的背景知识和经验不同，对项目开展的规范认知也不相同，通过这样的沟通会议可将大家都拉到同一认知水平，便于跨区域、跨部门作为统一团队开展行动。

不论是专业人员还是管理人员，要达到同一认知水平，都是不容易的。对软件工程项目管理的误解一直都存在，正如《软件工程：实践者的研究方法》一书中提到的"软件神话"，其中举例：

"我们已经有了关于构建软件的标准和规范的书籍，难道它们不能给人们提供其他需要的信息吗？"

"项目需求总是不断变化的，但这些变化能够很容易地被满足，因为软件是灵活的。"

"一旦我们写出了程序并使其正常运行，我们工作就结束了"，等等。

在笔者遇到的多个企业中，以上三个事例是经常出现的典型问题。本章将概述几类常见的信息化项目管理理论，这些都是理解本书所需的基础知识，但笔者并非只是简单地罗列这些知识点，而是同时基于多年的IT信息化项目管理实践经验，尽可能地结合近百个项目的实际管理事例，从应用角度阐述并提出自己的见解与主张，与各位读者分享笔者眼中最适合当前大部分企业发展阶段的项目管理方法论。

1.1 追根溯源，被多数人误解的"瀑布式"管理

最为熟悉典型的传统软件项目过程是"瀑布式"模式，即从项目启动开始，分为需求分析、软件需求设计规范书（业务蓝图）、详细开发设计、开发编码、测试、上线运行等 6 个阶段，最终以项目收尾关闭。每个阶段都有明确的交付物，并进行阶段验收审核，通过后才可进入下一个阶段，否则本阶段继续优化或项目暂停。然而这种最为熟悉的管理方式却又容易被人误解，被简单地认为是"结束—开始"的顺序执行模式。为此，国外项目管理工作者发表了系列文章予以澄清，让我们看看最先提出这个思想的相关论文，从根源处重新认识这一重要的方式。

1970 年，温斯顿·罗伊斯（Winston W. Royce）博士发表了论文 Managing the development of large software systems，详细地描述了"瀑布式"开发模式及其改进模式，并在其提议的改进过程中融入了"迭代"等敏捷开发的思路。罗伊斯博士在其提出的 5 个改进措施中指出，要以较为正式的方式使用户真正参与到项目管理的工作中去，这与"敏捷宣言"中的"个体和互动高于流程和工具，客户合作高于合同谈判"思路如出一辙。该论文在今天依然适用。笔者曾负责多家企业的信息化项目管理工作，无论是作为甲方客户还是乙方服务提供商，大多采取改进型的"瀑布式"管理模式，因此建议读者仔细阅读，汲取其中精华。

罗伊斯博士指出，人们在理念上容易接受"瀑布式"模式，但如果在项目执行过程中按纯粹的"瀑布式"模式管理软件开发项目风险较大，甚至会导致项目失败。首要的一点是如果在测试阶段发现功能不符合设计要求，将导致设计阶段的调整返工，而设计阶段的调整返工过程有可能会进一步发现软件需求存在某些问题，导致进一步的调整与返工，对于严格遵守"瀑布式"开发管理模式而言，这实际上是对上一阶段已经"完成"工作（部分）的否定，从而容易导致拖期，严重时会导致项目超支严重或被迫中止取消，这也是 IT 界在工厂界对因为模式饱受诟病的主要原因。然而美国国防部在 1985 年将"瀑布式"模式作为软件开发管理标准予以推广，是经过评估与分析的，有其合理依据。坊间曾流传一个"笑话"，说国防部负责人在选择软件开发标准时，碰巧看到了罗伊斯博士的论文，在匆忙之中只看了第一页，发现文章中的"图 2 示意流程图"，就作为标准要求所有新系统参与软件开发团队必须遵守。接下来让我们抛开传言和偏见，仔细研讨该模式

的项目管理工作。

"瀑布式"模式下的项目管理有以下 4 个特点。

1）项目团队假定所有的需求已经事先明确，并基于明确的需求给出时间、预算成本、所需人力与其他资源。

2）大部分客户及项目干系人会参与需求的分析阶段，并在该阶段结束后，认为已经提供了完整的需求，工作暂告一段落，没有必要或没有计划安排时间参与项目的后续开发阶段。

3）项目各阶段有明确的检查点，通过评审后才可进入下一阶段，并且原则上不再变动上一阶段的工作，因为那些都已经是确认"完成"的工作。

4）直到所有的功能开发完成，客户才开始给出较为完整的反馈意见。

结合本章中分析的大多数传统企业的信息化项目管理建设工作特点，我们可以得出结论：在当前企业现状下，"瀑布式"管理模式仍是企业 IT 项目管理的首选方法，当然不符合前述特点的企业除外。实际上，罗伊斯博士在其论文中，针对一般的"瀑布式"模式提出了 5 条改进措施，这使得这一管理模式即使现在仍具有强大的生命力与适应力，这 5 条措施分别是：

1）优先系统设计；

2）书面化设计；

3）同一过程执行两遍；

4）测试的计划、监控执行；

5）客户参与。

我们先从争议度最大的第 2 条书面化设计讲起。第一，离开上下文讨论问题是没有意义的。敏捷开发的管理者可能会有异议，但我们在此讨论的是传统企业的信息化项目管理。传统企业的信息化项目多与第三方服务供应商签订商业合同开展合作，在商业条款约定限制与双方缺少互信的条件下，要求书面化是非常现实的，也是可行的工作管理方式。第二，IT 行业的从业人员流动率高，甚至有的项目在开发过程中，成员一直在更换。离职人员与入职人员的知识交接非常不理想，信息在几次传递后严重丢失。无论是企业还是服务供应商能采取的可行措施就是要求书面化，在最大程度上保障知识的可交接性、延续性。第三，很多声音批评书面化的文档没有实际用途，既无法指导开发，也无法指导测试，其实这种理解是把问题歪曲了：不是文档没有用途，而是交付物质量不过关，没有达到必要的要求。第四，也是非常关键的一点，在要求书面化的过程中，有助于业务用户、项目管理成员整理思路，完善方案。这方面的原因主要有两点：一是非书面沟通交流思维容易跳跃,造成问题缺陷及漏洞,而在组织书面文档时,"强迫"用户在逻辑上、内容上丰富表达,使问题描述清晰,减少歧义;二是在企业信息化项目中,大多数业务用户参与项目都是以兼职为主,他们本身有份内工作要执行,在沟通交流时难免分心,不专注,书面化的沟通能迫使用户花时间进行思考,并且书面化沟通能有效地避免冲突。在信息化项目中经常遇到的现象是,当项目组按部门某关键用户的需求交付功能、测试验收时,用户有时会反馈说这些功能他从来没有提出过。问题背后的实质,要么是用户工作忙,真的忘记了;要么是在有冲突的情况下,用户意识到自己的需求不妥,有意推卸责任。在有文档约束的情况下,项目管理工作能较好地把控发展,有可进可退的余地。另外,在信息化项目管理建设过程中,项目上线运行只是第一步,后期运维更为关键,只有长期运维才能保障系统稳定地发挥效益,而运维成员通常不是原项目交付团队的成员,书面化的文档是运维的有力支撑。还有比较重要的一点就是审计。尤其是在美国的上市公司,《萨班斯法案》(Sarbanes-Oxley Act,"SOX 法案")对 IT 信息化项目管理有着非常细致的审计要求,规范的书面化文档有助于公司通过 SOX 审计。

第五,敏捷开发也不是完全不写文档,而是按需在必要时交付一定的文档。但这一点在实际执行中并不理想,原因是度不好把握。对于大型信息化项目管理工作而言,需要有规范的标准参照执行才行。"不需要书面文档"成了不少项目成员不写文档的借口。对于团队管理工作而言,明确的管理操作规范,有助于提高团队的能力建设并且高质量地交付系统。综上所述,规范的书面化文档是企业信息化项目管理的必要且有效的手段之一。

第 1 条和第 3 条可以参见图 1-1(图 1-1 对应的英文版请参考罗伊斯博士论文的图例七,作者在引用成中文时略有调整修改)。第 1 条"优先系统设计"指的是在真正编写代码实现各功能之前,要在"初步系统设计"步骤完成方案的架构总体设计。首先,对于企业信息化项目,在落实支撑公司发展战略的同时,自身也需要进行长期规划并着眼于长远发展,而架构总体设计规避了企业多个项目分别建设、各自割裂发展的问题,避免了后期维护工作量大、运营成本高等问题的发生。笔者曾经参与过一家企业的信息化项目建设工作,IT 中心部门规划以微软技术架构体系为主线,其余各项目拥有一定的灵活性,可以在此规范下应用新技术,完成技术层面的迭代发展以防知识陈旧。该企业的 IT 中心部门在项目大规模开发写代码之前,至少有 1 到 2 轮的架构总体设计,尤其是新技术引入时,要快速搭建原型 POC(Proof of Concept)验证,毕竟如果架构方面有偏差,后期变更工作量比其他类需求变动要大得多。2017 年,某数字化企业斥巨资打造了一款云计算产品，几年后发现架构总体设计存在严重缺陷，不得不中止产品研发，其损失以亿元计算。第 3 条"同一过程执行两遍"已经与快速迭代、最简化可实行产品（Minimum Viable Product，MVP）概念非常接近了（MVP提供给客户功能体验的是可行动实际产品，功能简单到仅是可"运行"，但却足以得到客户的认可，系统功能也是可落地实施的）。这一点结合第 4 条"测试的计划、监控执行"，可以提前请关键用户主观地体验系统，提早给出反馈；项目团队在内部测试把控上同样也能提前验证一些关键功能点。在信息化项目管理上，虽然在文档上会标明开发设计和测试是两个不同的阶段，但商务合同的条例常常使得这两个阶段合为一个作为检查点验收，笔者将在后面章节详细讨论这点。第 5 条强调"客户参与"，项目团队成员不只是功能测试验收阶段的参与，更是全过程的参与。客户也要成为项目一员，承担系统开展责任。通俗地讲，就是大家共同登上项目系统这艘大船，荣辱与共。这一点非常贴近当前企业信息化项目的特点，这也是项目开展的有效手段之一，运用好的话，甚至可以克服技术缺点带来的负面影响。

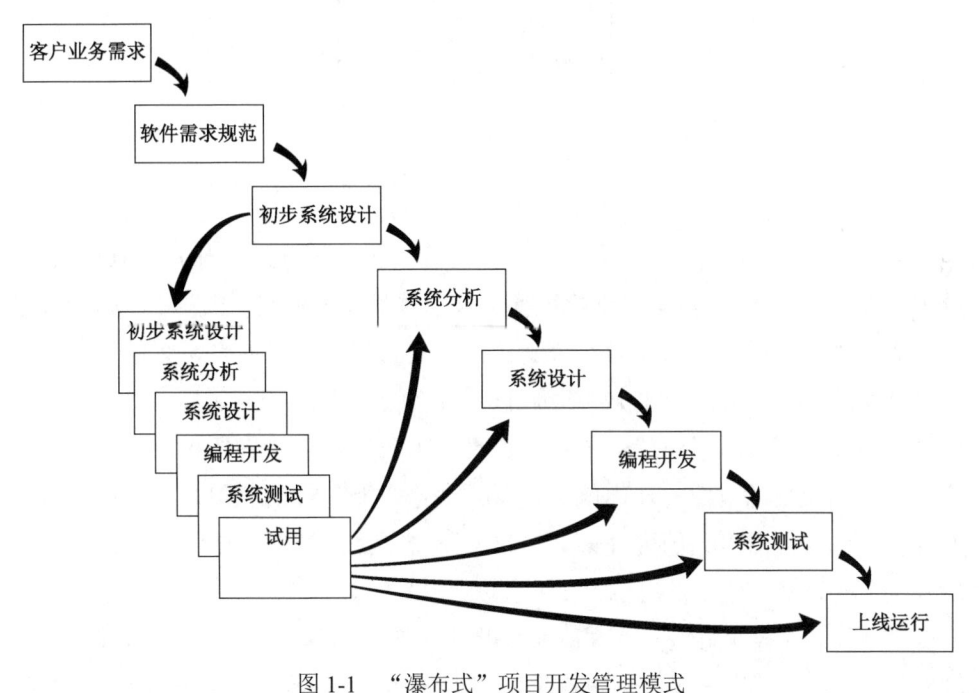

图 1-1 "瀑布式"项目开发管理模式

图 1-2 是某跨国制造企业的信息化中心部门制定的"瀑布式"开发过程阶段，具有一定的代表性。

企业信息化项目管理实践

阶段	项目预研	启动准备		管理执行					收尾运营	
	根据公司战略，项目可行性论证，并进行预算申请	商务准备	计划与启动	需求分析蓝图方案	详细设计	代码实现	集成测试	部署上线	系统稳定	日常运维
里程碑			M1	M2	M3	M4	M5	M6	M7	M8
各阶段主要交付物	公司战略实施支持出发点，识别业务优先级，完成业务投资回报分析，预算评估。	完成项目招投标，第三方合作伙伴确定	制订项目主计划，以及确认资源、范围、预算	确认业务功能及非功能需求，冻结项目范围，更新项目计划并管理项目成本基线	根据需求给出详细设计文档	具体代码落地实现	执行系统集成全面测试，并准备上线部署方案	系统正式环境准备及部署，用户培训及数据迁移	系统优化，并形成运维机制，项目收尾	项目关闭后，进入日常运行维护支持
	项目可行性分析报告	招标书；合同及SOW	项目宪章；项目执行计划	需求分析；蓝图方案；项目计划（更新）；安全/组织影响分析；架构设计	架构设计更新；功能开发设计；基础设施；测试策略；数据迁移方案	源代码管理	测试用例及方案；部署方案；数据迁移方案；用户验收测试签字	用户培训；系统部署及回滚方案	系统支持机制；系统知识交接；项目总结	日常支持知识库；运维支持系统变更

图 1-2 "瀑布式"开发过程阶段

从图 1-2 可以看出，企业信息化项目共计七个里程碑，从 M1 到 M7 阶段。严格意义上讲，M8 的日常运维阶段并不属于项目管理范围，因为在 M7 阶段已经完成了项目收尾，项目正式结束。但对于交付信息系统而言，系统稳定交付一段时间后，将进入 M8 的日常运维阶段，直到系统退役不再使用。对于多数的传统企业（非互联网行业等）来说，信息化项目管理大多仍然采取"瀑布式"开发模式，最有说服力的理由就是，该方法论更能符合当前国内企业的组织发展现状，以及当前所处的内外部环境，虽不一定是最好的，但却是最适配的管理方法指南。

本书章节内容在组织上大致是以罗伊斯博士改进后的"瀑布式"开发过程阶段为基准，但并不排斥其他软件开发管理理论实践的应用，主张应该实事求是且灵活地运用各类管理方式进行实践，从而服务于企业信息化项目管理。下面章节将对当前几大主要的软件工程管理理论作简要回顾和对比。

1.2 走下神坛的 CMMI

2000 年年初，CMM 软件成熟度模式（Capability Maturity Model）——CMMI（Capability Maturity Integration）绝对是金字招牌。CMMI 认证是一家软件企业能力证的世界通行证，在项目招投标过程中和在客户评估表中绝对是加分项。但业界对 CMMI 认证的争议一直没有停止，褒贬不一。如同国内其他认证一样，CMMI 认证由于过于商业化的推广，并且获得认证的渠道较多，所以可以轻松地走入寻常"百姓家"，其含金量有打折扣迹象，导致业界对认证资质产生怀疑，引起诟病。但不可否认的是，该体系的确提供了软件工程管理最佳实践、约定的集合，在软件与集成管理思路、工具、过程改进实践方法方面有着非常丰富的参考内容。从实践经验上看，笔者还是非常推荐 CMMI 裁剪执行方法的。在实际企业信息化项目中，如果合作伙伴有 CMMI 认证，合作过程大都愉快且顺利，交付系统后，运行维护也平稳。

但是大家也不能过于迷信认证，笔者曾经与多家 IT 界著名的软件服务供应商打过交道，虽然对外号称通过了几级 CMMI 认证，但名不符实。CMM5 级的认证实际上也就是 CMM3 的交付能力，甚至有时给人感觉做事还是"野路子"。即使这样，笔者仍然认为，通过 CMMI 认证的企业，即使在项目执行过程中表现出来的级别没有与认证匹配，但对企业组织管理氛围、规范性等都具有一定的提升，整体看对项目执行还是有所保障的。在信息化项目建设过程中，笔者接触过国内外形形色色的服务供应商，从项目团队成员日常行为做事方式上，比较容易分辨出"正规军"与"草台班子"，后者对于小项目建设没有问题，但对于大中型信息化项目就显得力不从心了。

CMMI 软件工程管理理论与其他软件开发管理理论、方法并不冲突，完全可以互相借鉴融合。从事这方面理论研究与实践的大学与企业不在少数。比如，杰夫·萨瑟兰（Jeff Sutherland）博士等发表的论文《5 级代码战士的魔法药水》（*Scrum and CMMI Level 5: The Magic Potion for Code Warriors*），该论文以通过 CMMI5 级认证的 Systematic 公司为研究对象，通过项目参照对比，提出在 CMMI 管理中融入敏捷开发的 Scrum 模式，使得项目系统开发交付时间大大缩短，系统缺陷大幅降低，客户满意度得到进一步提高。图 1-3 引自该论文，相对于未采取 CMMI 模式，应用 CMMI5 后工作量是原来同类项目的 69%，而采取与敏捷开发的 Scrum

模式相结合的方法，工作量锐减到原来同类项目的 35%，因此，萨瑟兰博士得出两者有效地融合是软件开发的神奇"魔水"的结论。虽然 Systematic 公司是个例，但笔者认为仍具有一定的代表性，无论是在 CMMI 基础上借鉴 Scrum，还是在 Scrum 基础上借鉴 CMMI，都可以是软件项目团队制胜的"魔水"。

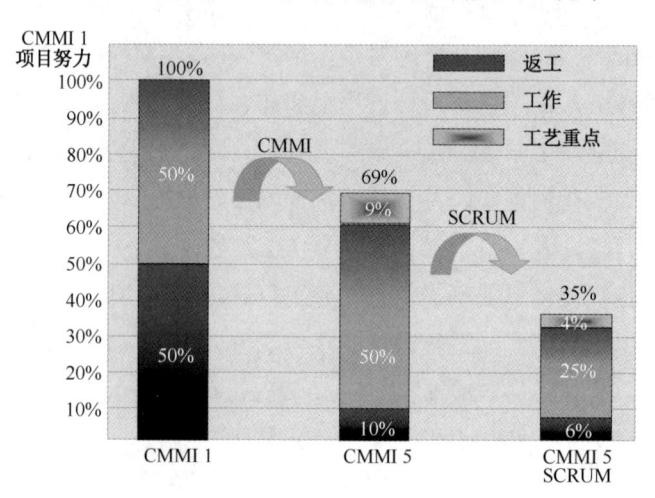

图 1-3　CMMI 模式与 CMMI5 模式对比

如果以上案例信服力有限的话，我们来看一下权威机构（卡耐基梅隆大学软件工程研究所）发表的文章《与其争论 CMMI 还是敏捷开发，不如两者融合》（*CMMI*® *or Agile: Why Not Embrace Both!*）。文中指出，"敏捷开发与 CMMI 最佳实践两大阵营常常争论不休。两者完全可以统合综效，进一步融合，消除争议，并且大幅提升业务绩效，为企业带来更大的价值"。换句话讲，就是"解放思想，实事求是，因地制宜，取长补短"。

1.3 节将展开对敏捷开发的叙述，之后再对两者进行详细的对比讨论，这也是笔者认为项目经理必须掌握的理论基础，有必要清晰阐述，只有真正地理解才能在实践中灵活地运用。

1.3　桀骜不驯的敏捷开发是"银弹"吗

对于从事 CMMI 工作的人而言，敏捷开发简直就是一个桀骜不驯的坏孩子。读者可以访问以下网址，以查看敏捷开发的宣言，了解其观点与原则。该网址的宣言有数十种文字的表达：https://agilemanifesto.org/。

大家都清楚，敏捷开发不是一种具体的方法论、过程或框架，而是一组价值观和原则,是一组管理指导思想,尤其是在当前不确定性、快速变化占主导的业务环境中,敏捷开发在 IT 界的确引领着软件管理模式的变革。只有我们在了解该方法的特点与依赖条件后,才能真正地做出判断。下面是敏捷开发管理的特点:

1)自我管理开发交付团队。人是敏捷开发的核心。敏捷开发总是以人为中心,建立开发的过程和机制,形成一个积极、自我完善与提高、勇于表达、善于沟通的队伍。

2)开发团队和用户进行互动,推动产品开发。敏捷开发倡导用户能够全程参与开发过程。这使得变化需求及差异能及时地反馈并集成到产品中。同时,成员之间的互动也提高了效率与满意度。

3)迭代式开发与增量交付。以某一较为固定的时间为周期,持续不断地交付有价值的软件产品,每次交付都在前一版本上加以改进,以便给用户带来即时效益和价值体验。

凡是遵守这些原则理念的开发框架模式都属于敏捷开发。目前大家较为熟知的有 Scrum 模式、XP 模式、Kanban 模式。笔者认为,以上三个特点每一项都打中了当前企业信息化项目管理现状的软肋。不过相较传统"瀑布式"开发管理模式而言,敏捷开发的确被越来越多的公司所采纳应用,但万事皆有个"度",敏捷开发并非适合各类 IT 软件开发管理。表 1-1 总结了 6 类主要场景(引自 *Embracing Agile*,2016 年 5 月哈佛商业评论,作者是 Darrell K.Rigby, Jeff Sutherland, Hirotaka Takeuchi,有修改)。

表 1-1 敏捷开发的 6 类主要场景

条件类别	适宜敏捷	不适宜敏捷
市场环境	客户关注点与方案建议及意见变更频繁	市场条件固定且可预期
客户参与度	密切协作参与且能快速反馈。伴随着过程的开展,客户能更敏锐地观察并明白需要什么	项目开始阶段需求已经明确,并且基本保持稳定; 客户无法长时间参与项目建设过程
创新类型	待解决的问题复杂,相应解决方案不明确,尤其是需求范围不能清晰界定; 交付产品需求规格可能会变更; 企业对产品突破创新与快速占领市场要求高; 需要大量的跨功能部门协作	业界有相类似实践可借鉴,并且主创团队认为方案明确; 团队确信对详细需求及工作计划可控制、可预期; 问题可以通过单个部门沟通解决
工作模块化	功能适合增量开发,客户可配合使用; 交付功能可以分解成独立模块且可以不断地快速迭代交付; 后期变更可管理	客户只能在系统完全交付后才能验证测试; 后期变更代价极大或不可能

续表

条件类别	适宜敏捷	不适宜敏捷
临时失误影响	客户可以接受并视为宝贵的实践经验教训	客户不能接受任何失误
商务环境	各方互相信任，灵活的商务验收条款。基于人天外包（Time-material）结算模式	有严格合同条款约定，按阶段考核付款

通过以上具体描述的前提或依赖条件，很容易联想到当前企业信息化项目管理面临的困难点，比如 IT 内部人才资源缺乏、项目主要依赖外包服务供应商等现状，决定了目前在较多企业信息化项目管理中难以采取敏捷开发。不过通过学习与掌握敏捷开发的理论方法，我们可以从中有所借鉴。比如，Scrum 模式是一套敏捷开发框架（图 1-4），Scrum 模式基于经验过程控制理论，这就可以理解为什么 Scrum 框架中提倡用户结合自己的产品、团队及企业环境等实际特点，使用不同的过程和技术方法开展工作，即 Scrum 框架+自身实际环境=自身的管理过程，提倡运用"检视、适应和透明"等过程控制三大支柱，贯穿项目管理的全过程。其中，检视指的是 Scrum 模式的使用者必须经常检视项目任务与进度，以便发现可能存在的差异。检视需要平衡工作执行与效果，不应该因过于频繁而阻碍工作本身。适应指的是坚持"适合的才是最好的"原则。适当地裁剪，除去不起作用的过程内容，及时添加适宜项，所有的变化调整都以服务于项目为标准。而透明则比较容易理解，即团队制定统一的标准，并且使所有人的理解都保持在同一频道上。比如，所有成员必须使用统一的术语；成员对任务状态的定义有着一致的理解。此方法论或措施在 IT 项目管理过程中，不论是否采取敏捷开发，都可以帮助软件交付团队高效有质量地交付系统或产品，尤其是项目统一的标准非常关键，多数项目成员（尤其是开发人员）对系统功能"完成"的理解与用户的理解是不一致的，开发人员认为开发完成就是"完成"状态，而用户则认为部署交付且使用没有问题才是"完成"状态。

在实际项目管理过程中，"每日站会"方法在众多项目上被借鉴应用，顾问及开发团队通过每天站会形式沟通交流开发进度，通常安排在早上进行。会议上，每个项目员工需要按以下三个方面简要描述任务。

1）昨天已经完成了什么？
2）是否有任何障碍阻碍我或整个开发团队完成目标（Sprint）？
3）今天计划做什么？

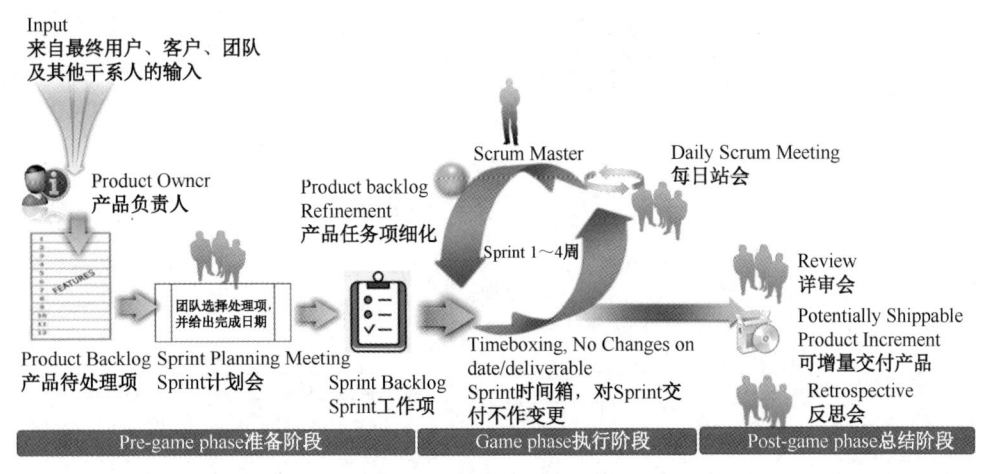

知己知彼，选择适合的管理方法论 | **第1章**

```
Input
来自最终用户、客户、团队
及其他干系人的输入
                                    Scrum Master    Daily Scrum Meeting
                                                    每日站会
      Product Owner
      产品负责人        Product backlog
                      Refinement
                      产品任务项细化
                                    Sprint 1~4周
                                                           Review
                                                           详审会
              团队选择处理项，
              并给出完成日期
                                                           Potentially Shippable
                                                           Product Increment
                                   Timeboxing, No Changes on 可增量交付产品
Product Backlog Sprint Planning Meeting date/deliverable
产品待处理项   Sprint计划会    Sprint Backlog Sprint时间箱，对Sprint交  Retrospective
                            Sprint工作项  付不作变更              反思会

Pre-game phase准备阶段    Game phase执行阶段    Post-game phase总结阶段
```

图 1-4 Scrum 开发框架

注意，这是团队建设、沟通的一种形式，目的是让团队形成一种良好的交流习惯，避免"坏消息"最后一分钟才告诉大家的"意外（Surprise）"发生。方式可以借鉴，时间 15 分钟为宜，但切记不要开成形式会议，不要开成方案讨论会或具体问题分析会。听到有成员抱怨，自从项目借鉴敏捷开发后，每天开会占去大半时间，工作效率有所下降。笔者曾遇到过某信息化项目召开每日晨会，结果最长时间达 2 个多小时，弄得大家手头上的工作无法按时完成，只好不断地加班赶工，并没有达到项目管理借鉴的目标。

前面已经对 CMMI 和敏捷开发进行了介绍，在 *CMMI® or Agile: Why Not Embrace Both!* 文章中列出了 CMMI 与敏捷开发的多维度对比，是非常经典的专业论述，值得仔细研读，主要内容见表 1-2。

表 1-2 CMMI 与敏捷开发的多维度对比

维度	CMMI 模型	敏捷开发模型
关注点	聚焦整个组织或企业层面	聚焦单个项目及团队层面
管理方式	项目的成功需要管理人员的介入，如详细计划管控、项目依赖管理、问题处理协调、风险管理、团队共识管理等	与传统的命令——控制方式对比，管理更类似于教练角色，协助团队扫清进度障碍
信任度	CMMI 实践偏重于低信任度环境，譬如有关重大安全与使命相关目标情况下，或是高失败风险，尤其是处于多个干系人情形下，对于各自利益意图及承诺难以达到一定的透明度，CMMI 是非常适合的	敏捷开发提倡高度信任的团队环境，相信独立有能力个体完成任务，则团队必能取得最佳成绩

续表

维度	CMMI 模型	敏捷开发模型
计划	CMMI 强调计划调整及有条件变动,并提倡针对项目目标的主宏观可执行计划的制定。传统的观点认为计划必须是长期的,以及需要详细的明细计划(其实 CMMI 并不提倡这样做)。比较常见的详细计划管理方式是使用滚动计划(比如,细化到某一阶段或某季度所需工作项)	敏捷开发主张有多级计划,包括产品概要计划、每次迭代开始提供本次交付功能详细计划等。敏捷开发更加强调计划的灵活性与可调整性。由于需求可能变动频繁,敏捷开发并不提倡使用甘特图或任务网络图来跟进计划
市场/用户前提	CMMI 具有一定的普适性,尤其当市场较为成熟,过程变革成为组织在市场上取得成功的差异化标志特征的情形下	特别适合于新兴市场并且目标并不明确的情况下
设计前提	CMMI 认为在项目早期产品系统架构就已创建或加以选择,后期可以细化甚至调整	提倡根据项目进度灵活地采取组织内的标准架构,尤其是架构尚不成熟时,敏捷开发不强调采用组织统一架构方式
知识积累	知识获得途径较多,包括组织层根据项目过程所需或技能所需统一培训,或是通过项目开发活动过程中,或是组织内项目计划、过程执行、度量、经验教训的收集与分享,或是问题因果分析部分成果借鉴,或是在对组织及项目质量与过程绩效分析、评估过程中取得	在项目及迭代过程中获得,典型的自底向上与及时模式(又比如改善模式)
远景	CMMI 一直主张并实施长期规划	敏捷开发主张并实施短、中期规划
评估	标准的 CMMI 评估方法(Standard CMMI Appraisal Method for Process Improvement,"SCAMPI")用于评估组织是否应用最佳实践来改进过程	与第一点类似,实践者更注重结果导向(客户满意度以及项目交付等)
人员发展	相对于注重项目层面的资源,它更偏重于组织层面的资源发展。CMMI 并不提倡英雄主义,相反它主张创建一个即使在没有英雄的情况下,也能优异执行的环境	敏捷开发更注重团队与个人(关注过程,但更关注人)。敏捷社区提倡雇佣"更为优秀的成员",工作与生活的平衡,鼓励"个人英雄主义",并且趋势越来越明显
开发周期强调点	CMMI 适合高风险、高失败代价情形。CMMI 的主旨在于积极避免产品失败(或未能及时推出市场)带来的较高成本损失。CMMI 一直强调"开发时审核",即审核、校验提高介入。但有时会被错误地理解为过程中频繁检查,最终产品才验证。CMMI 鼓励过程中早期介入验证,由项目根据自身特点来决定检查与验证频率	敏捷开发以并行开发、迭代测试、产品所需情况下进行非正式同行评审。"及早失败,更快失败,及时吸取成长"是敏捷开发模式的核心思路,这需要在开展需求以及功能分析与快速得到可用、可测试产品之间取舍。基于延迟或失败代价低的情况下,使敏捷迭代有可行的前提,不断地迭代最终交付符合需求产品
可预测性	关键子过程的可预测性可以通过项目的各项统计指标反映出来。可通过监控这些关键子过程绩效以及定期利用组织已有过程绩效模型,并适当地调整来评估项目进度是否正常。在组织层面,通过对跨项目子过程绩效的分析进一步掌握组织的过程水平,以及在哪些方面需要革新	通过"时间箱"此类有限需求范围的迭代开发,方案设计不断演化,问题的提早发现,及早失败使得开发进度预测度高。当然对于每个迭代交付,需求范围控制也是有一定的预测性。业界有些传言表明,每个 Sprint 迭代常发现最后几天不得不调整功能范围,这是由于缺乏整个任务分解控制,引起在开发速度、技术方面等信息综合分析不准确导致

续表

维度	CMMI 模型	敏捷开发模型
失败成本	由于历史原因 CMMI 发展于高失败成本风险环境领域。比如飞机项目，一旦失败，则成本几乎无法承担。类似的领域如航天航空、军事武器装备、安全要求极高的医疗设备等	敏捷开发模式风行于低失败成本风险或是可承受迭代失败环境。比如互联网商务、社交网络、游戏开发等领域

放到软件项目开发管理历史前景中就更容易理解两者的差异。正如表 1-2 最后一行所示，两者发展的基因不同，土壤环境不同，各自有其适应的情形，离开具体环境谈其对错、优缺点都是不客观的。并且在实践过程中，两类模式各有阵营，甚至有时为了突出 CMMI 模式的优点，而忽略一些现实来"贬低"敏捷开发模式。之所以"贬低"打了引号，是因为两种模式的使用者都可能因为对模式理解不彻底或是错误应用而导致两个阵营的"对立"。在众多项目实施过程中，有 CMMI 成功的，也有敏捷开发成功的，当然也见过两者都失败的，无论哪种模式，执行不到位是两者看起来都有不少批评声音的又一大原因。比如，CMMI 由于强调规范性，存在大量的书面工作，在具体执行过程中人员常常出现培训不到位现象，造成人员误认为是由于"增加"的大量书面工作而导致工作效率降低。有时组织内部推广 CMMI 时，由于经验不足，执行过程僵化，的确引起组织与项目成员的抱怨。而敏捷开发常常被一些设计开发人员拿来作"挡箭牌"，少写或不写书面文档，技术与知识点都保留在头脑中，很容易造成当项目人员发生变动时，无法充分地进行知识交接，给项目后续工作开展增加了障碍。而 IT 人员变动对于目前众多软件服务公司而言，已经司空见惯，因此信息化企业对此也深有体会，甚至有过痛苦的经验教训。因地制宜，选择合适的方式方法是项目成功的坚实保障。

1.4 众人追捧的 DevOps & CI/CD

DevOps 是 Development 和 Operations 的组合词，是一组过程、方法与系统的统称。DevOps 是基于业务驱动的软件交付方法，目前 IT 学术界与实践者都没有给出统一的定义。引用维基百科给出的定义："DevOps 是一套实践方法，在保证高质量的前提下，缩短系统变更从提交到部署到生产环境的时间。"从学术角度描述总是让人觉得非常拗口，我们从实践角度进行描述。DevOps 结合了开发（Development）与运维（Operations），是两种发展趋势的碰撞的结果，一种是 IT 系统运维采取敏捷与精益方式趋势，另一种是逐步被大家所接受的相互协作模式，即贯穿于系统/服务的整个开发建设周期内开发与运维之间的协作。DevOps 是开发团队、运维团队在整个周期紧密协作过程中实践活动的结合体,因此"Dev"在广义上指的是所有参与产品设计开发的成员,包括产品组、质量保障组等所有相关成员;"Ops"在广义上指的是所有运维的相关人员,包括系统运维工程师、系统管理员、配置与管理员、数据库管理员、网络与安全技术等人员。

DevOps 与敏捷开发的区别

从沟通环节看,敏捷开发可有效地解决客户与开发团队之间存在的沟通障碍,而 DevOps 可有效地解决开发团队与系统运维团队之间的沟通障碍。图 1-5 引自该文章。

(a)敏捷开发关注点

(b)DevOps 关注点

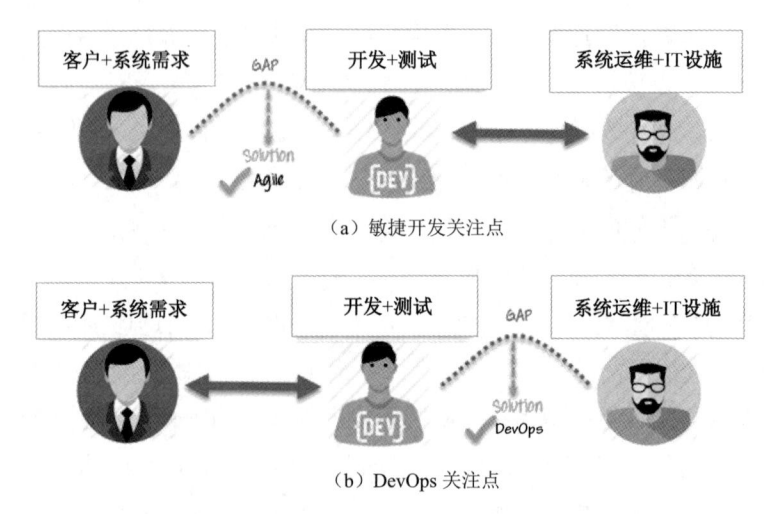

图 1-5 敏捷开发关注点和 DevOps 关注点

CI 指持续集成(Continuous Integration),是开发人员提交代码变更后,系统自动检测、拉取、构建以及进行单元测试的过程。

CD 指持续交付(Continuous Delivery)或持续部署(Continuous Deployment)。CI 通过构建单元测试和集成测试的自动化流程完成代码验证。而 CD 可自动将已验证的代码发布到存储库。持续交付的目标是拥有一个可随时部署到生产环境的代码库,以便运维团队可以快速、轻松地将应用部署到生产环境当中,以服务于最终业务用户。持续部署则可以自动将应用发布到生产环境。

DevOps 与持续交付都是基于敏捷开发以及精益思想,即通过虽小但快速的更新,实现客户价值,并且降低软件项目的整体风险,从而在一定程度上减少软件成本。以典型的某次迭代交付为例,DevOps、持续部署、持续集成所涵盖的团队协作范围见图 1-6，可以帮助大家更好地理解它们之间的区别。

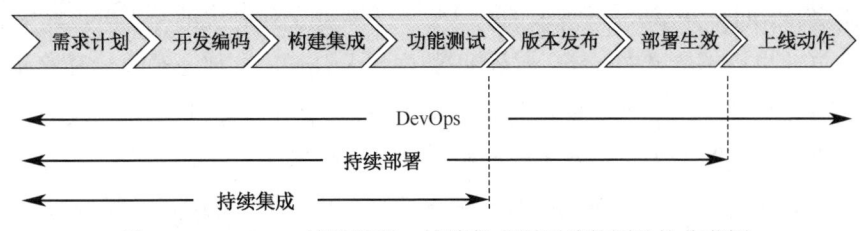

图 1-6　DevOps、持续部署、持续集成所涵盖的团队协作范围

DevOps 自 2009 年提出以来，被越来越多的企业所采用，然而它也并非适合所有的企业，DevOps 的有效实施需要依赖一定的土壤，即敏捷的基础设施服务，如云基础平台计算、自动化应用工具的推广等。理解 DevOps 的核心 CALMS 模型是评估 DevOps 是否适合企业的关键。

C（Culture，文化），笔者更倾向于解释为"基因"，在传统企业文化环境中，很难推广 DevOps。因为它需要一个开放、提倡自我批评与反省、积极进取、拥抱变化、包容失败的企业氛围，这对传统企业管理是一大挑战，面临巨大的管理思想转变难题。

A（Automation，自动化），如果说文化是"基因"，那么自动化则是"健壮的身体"，只有好的基因，没有良好的体质保障仍然无法实施，只有"健壮的身体"而基因先天不足，同样也不会有预期的发展。自动化就是把那些重复、耗时、易出错、经常发生的工作，通过自动化平台进行编排与管理，帮助团队提升交付速度、服务质量。自动化特征体现在"持续集成与交付部署"及 IT"基础设施即代码（IaC，Infrastructure as Code）"的实施理念上。而达到"基础设施即代码"需要云平台的支持，对于多数企业来说，还有很长一段路要走。

L（Lean，精益），借鉴源于汽车行业的精益思想，其核心就是通过减少浪费，为客户提供价值。

M（Metrics，度量），管理大师彼得·德鲁克（PeterF. Drucker）说过，"没有度量，就没有管理"。没有度量的世界，就像驾驶一辆没有仪表盘的汽车，你不知道现在的时速，也不知道油箱还有多少升油可以使用，更不知道发动机运行是否正常，这样的汽车能坚持在马路上开一分钟就已经非常勇敢了。DevOps 希望将产品或服务尽快地部署到生产环境，为业务提供价值，当然，这也需要管理与技术方面进行多维度测量，如团队开发速率、缺陷率、代码注释量等指标。这些指标能够帮助团队实现快速反馈，驱动产品或服务的快速改进，从而协助公司高层进行正确的决策。

S（Sharing，分享），严格来讲，这也属于企业文化制度的一部分，公司是否鼓励分享并提供环境是 DevOps 实施的关键。DevOps 的落地必须要让开发和运维团队信息充分共享。扩展开来，共享范围也包括组织内部的共享，以及与客户的信息分享，各团队作为一个有机的整体有效地协作运作。

综上所述，DevOps 虽然是企业 IT 信息化运作的一大趋势，但有一定的门槛限制，尤其是组织文化与自动化基础设施的束缚。今后随着云计算平台在企业中的推广应用，未来企业采用 DevOps 会越来越多，会应用到信息化项目建设后期运维支持阶段。

1.5 精益方法融入项目管理

丰田汽车精益生产管理 TPS（Toyota Production System），看似与软件开发没有联系，但也可以应用到软件开发的项目管理中。

精益理念的出发点是通过优化生产线，以达到最小浪费与最大的客户价值的目标。这两大目标也是软件开发的追求方向，即基于团队协作，通过应用可重复过程，遵循具体的质量保障标准，完成交付任务。应用精益理论知识到软件管理，关键在于思维模式的转变，着实理解客户价值、浪费等精益精髓思想。

精益被借用于软件开发管理这一领域思想，最早出现在由 Mary &Tom Poppendieck 出版的《精益软件开发工具》(*Lean Software Development An Agile Toolkit*) 一书中。书中列出了应用于软件开发管理的七个原则：消除浪费（Eliminate waste）、开展纵横拓展学习（Amplify learning）、决策勿匆忙（Decide as late as possible）、发布需尽快（Deliver as fast as possible）、授权于团队（Empower the team）、建设完整基因（Build integrity in）、着眼于全局（Seeing the whole），下面将简要地介绍各个原则。

1.5.1 消除浪费

消除对客户不产生价值的活动。针对软件开发管理，Mary 和 Tom 总结了七个方面的浪费：

1）缺陷。修正缺陷返工，不但增加额外的工作量，而且会导致最终用户的抱怨。

2）功能"镀金"。比如，开发人员额外增加设计的功能并非客户所需，从精益角度看，功能对当前需求没有作用，就是一种浪费，并且额外的代码也增加了维护工作量，形成进一步的浪费。

3）交接。在传统的"瀑布式"开发模式中，业务需求分析人员将签字确认好的业务需求交接给方案设计人员，方案设计人员将确认后的详细设计方案传递给开发人员等。在每一次交接过程中，都将有或多或少的"失真"，最后一组人得到的消息与第一手资料获得者已经有较大的差异。差异导致功能不满足客户要求，不但第一手信息获得者的一部分工作被浪费，并且反复修正也会导致额外浪费。

4）拖延。比如，项目成员正在寻求一问题的答复，却没有直接可以沟通的人员，造成等待浪费。在等待过程中，要么项目成员按自行理解继续工作，这存在极高的返工风险；要么被迫切换到其他工作上，切换工作也将带来一定的时间浪费。

5）部分完工。比如，代码只是写完还没有进行单元测试，这些工作交付对于整个项目团队而言，是不可以用的，是一种无效的浪费。

6）工作不断地切换。程序开发工作具有特殊性，切换不同的工作任务，会给软件工程师带来极大的困扰。他们需要花时间从一个编程思路转换到另一个编程思路，因此，最有效的方式是待他们完成一项再安排另一项。

7）不必要的过程。比较常见的是项目上线后期维护阶段，对系统的更新要遵守 IT 变更流程。但是有些很小的改动，比如说，配置文件数据库连接等待时间从默认 0 修改到 15 秒钟，也需要从提出申请到各级领导审核审批通过，才能正式部署生效。通常 2 分钟完成的工作有可能被迫等一天（遇到领导出差或休假，时间会更长）。笔者在 A 公司工作时曾遇到过这样的问题，由于 IT 受到 SOX 审计要求，流程比较复杂，导致简要的 IT 部署的确要耽搁半天，人为流程造成浪费。这样的现象在大中型企业最为明显。

价值流分析是制造业分析减少浪费环节的辅助工具，应用到软件项目管理上，笔者认为并无多大威力，不过在业务需求分析遇到业务重组或流程改进时，可以借鉴价值流模式，找出"浪费"业务点并提出相应的解决方案。在此不做过多的介绍。

1.5.2 开展纵横拓展学习（Amplify learning）

其核心思路就是积累知识，并依次做相应的工作决策。从纵向上看，团队工作的开展需要汲取前面工作得到的经验教训，向后听取客户的直接反馈，并不断积累知识为工作进一步发展打下基础;从横向上看,多个团队并行与参与项目开发以及"基于集合"的方式,即同时按多个方案开展,后期再决定采取哪个方案。虽然存在争议,但与"决策勿匆忙"原则配合应用,可以有效地减少浪费。

1.5.3 决策勿匆忙(Decide as late as possible)

不要被标题所误导,"决策勿匆忙"不是不担当,不决定,而是尽量迟地做决定,实质是提倡不要匆忙下结论,问题明朗之后,更有利于决策。比如,某企业正在进行一个信息化项目,在规划系统登录认证时,客户无法在短时间内确认哪种认证方式,因此他们公司的单点登录项目 SSO(Single Sign On)还在调研中。这时项目可以采取"基于集合"工作方式,预留登录服务接口方式,但同时也支持本地认证。开发的工作量比去沟通并推着客户去确认具体认证方式工作量要小,并且非常灵活,把依赖于其他项目的风险也化解掉,即一旦本系统准备好上线,不论 SSO 项目状态如何,该信息化项目都可以按时部署运营。

绝对避免浪费是不可能的,两害相遇取其轻。

1.5.4 发布需尽快(Deliver as fast as possible)

该原则实质是对"决策勿匆忙"应用的协助。项目交付迭代越频繁,越能提供充分及时的反馈信息,更有利于决策;同时由于快速迭代与客户互动,则最终交付功能能更快地收敛于客户实际的需求点。

尽快发布需要避免不切实的发布频率。比如,每次发布测试与准备需要花费一天或更多的时间,每周发布频率意味着较多的浪费。

1.5.5 授权于团队(Empower the team)

与其说这是一条工作原则,不如说它更是一种企业文化。中国有句俗语——"将在外军令有所不受",强调了团队需要一定的自主性,避免僵化的官僚主义。项目团队拥有一定的自主决策权力,增强其对自身的责任感,更能调动团队的主动性与积极性。

不少中外企业非常提倡这一点,比如,美国通用电气公司的企业文化中有一条是"敢授权,互激励"。然而企业真正做到这一点的比较少,有的是不敢,有的是担心。不敢的领导认为授权后出事,自己无法担当,责任太大,不如不作为;担心的领导则出于自身利益冲突考虑,权力下放会不会影响自己的"位置"。坦率来讲，国有大中型企业在这方面提高的空间非常大。

1.5.6 建设完整基因（Build integrity in）

正如质量不是检测出来的，而是做出来的一样，信息系统完整性需要通过规划、规则保障而得到。一方面，系统各模块逻辑上需要有机的设计，形成一个整体从而提供服务；另一方面，为客户提供人性化体验，比如易安装、易上手使用、易维护等，如果能做到，如同傻瓜相机一样，用户则不需要考虑光圈、焦距或是曝光补偿等摄影技术，只需要按下按钮就能得到美好的照片。让客户花更少的工作量完成同样的业务，这更能让客户体验到系统的完整性，得到更高的客户满意度。

1.5.7 着眼于全局（Seeing the whole）

信息系统不是一堆功能的堆砌，而是交互、协调的有机体。如果系统由多个团队负责不同的模块合作共事，则着眼于全局的做法尤为关键。比如，某个模块的功能优化不一定会降低其他模块的性能，即消除某一点的浪费，不一定减少全局的浪费。

对于成员之间的配合，也要求他们具有全局意识。比如，开发人员为了赶进度，交付的代码质量有问题，这其实增加了测试人员的工作量，同时也带来了返工的可能。这就要求项目负责人对项目团队的工作安排要统筹把控。

精益是一种思维模式、运营文化，与其他方法一样，不能寄希望于照搬其他成功实施精益组织的管理过程。精益思想原则在具体应用时需要裁剪，并且要结合企业自身特点，选择合适的过程方法实施。

1.6 重实验，薄雕虫，实事求是定方法

前面讲述了当前几类主流信息化项目管理建设的理论与实践，没有对错之分，只有适合与不适合。对于非互联网传统企业而言，需要根据具体的信息化项目要求选择适宜的方式方法。下面就按信息化项目规模分类给出选择建议指导。

关于项目规模分类，对于传统的制造行业，如钢铁、化工等，国家有明确的文件规定，但对于软件信息化项目中的大中小项目其实只是一个相对的说法，可以根据人力投入、资金投入、开发周期、软件代码量等维度来界定。在工作实践

中,以投资额维度分类比较常见,在本书中约定使用以下分类方式。

1)小型项目。软件费用 50 万以下,人数小于 5 人,工作量在 12 人月以下,建设周期通常在 3 个月以下。与其他系统的集成度低,没有专职项目经理,团队成员角色分工并不明确,项目经理、业务与技术负责人可能就是同一人兼职担当,开发测试人员也通常没有明确区别,一人兼职多个角色是普遍现象。

2)中型项目。软件费用 200 万以下、50 万之上,人数在 5~10 人,工作量在 50 人月以下,建设周期通常在 5~10 个月之内。项目与多个其他系统进行紧密集成,有专职的项目经理,但也存在项目经理兼职业务分析师,有专门的架构师、业务需求分析人员、开发技术主管、开发人员与测试人员,但测试人数配置比较低。

3)大型项目。软件费用 200 万以上,项目人数在 8 人以上,工作量在 50 人月以上,建设周期通常大于 6 个月,项目依赖度高,如对硬件、其他项目的依赖等,无论是技术集成还是管理沟通,复杂度都较高。需要专职项目经理、专职技术架构师与技术主管、专职的业务需求分析人员与开发与质量测试小组,兼职项目总监负责高层沟通与资源协调。

在理解项目规模分类后,接下来我们了解一下常见的企业信息化应用,大家对照项目建设背景,这样更容易理解与接受给出的项目管理方式和方法。

1.6.1 了解企业信息化应用概貌,在同一频道讲话

企业信息化应用建设离不开各个项目的添砖加瓦,逐步形成支持战略战术发展赋能中心。企业的运营目标就是盈利,并且是持续盈利,从资金流向维度划分,从订单到现金业务的流向看,需要企业信息化应用覆盖销售机会、各类合同管理、设计研发、生产制造、客户发运、售后服务和收款等;从采购到付款业务的流向看,需要企业信息化应用覆盖生产计划与排程、采购需求、采购和收款等。其他企业信息化应用都是围绕并支持着这两大业务流,如 IT 设施、自动化办公、人力资源、后勤与基建等。无论维度或出发点如何变化,信息化/数字化所涉及的 IT 应用及功能模块都大同小异,每家企业在具体实施时在范围划分上均存在差异,比如,人力资源系统。欧美外资企业大多启用企业资源计划(Enterprise Resource Planning,ERP)的人力资源(Human Resources,HR)管理模块,而本土企业偏好于启用独立的 HR 系统。图 1-7 展现的是典型的生产制造企业信息化应用及模块规划。

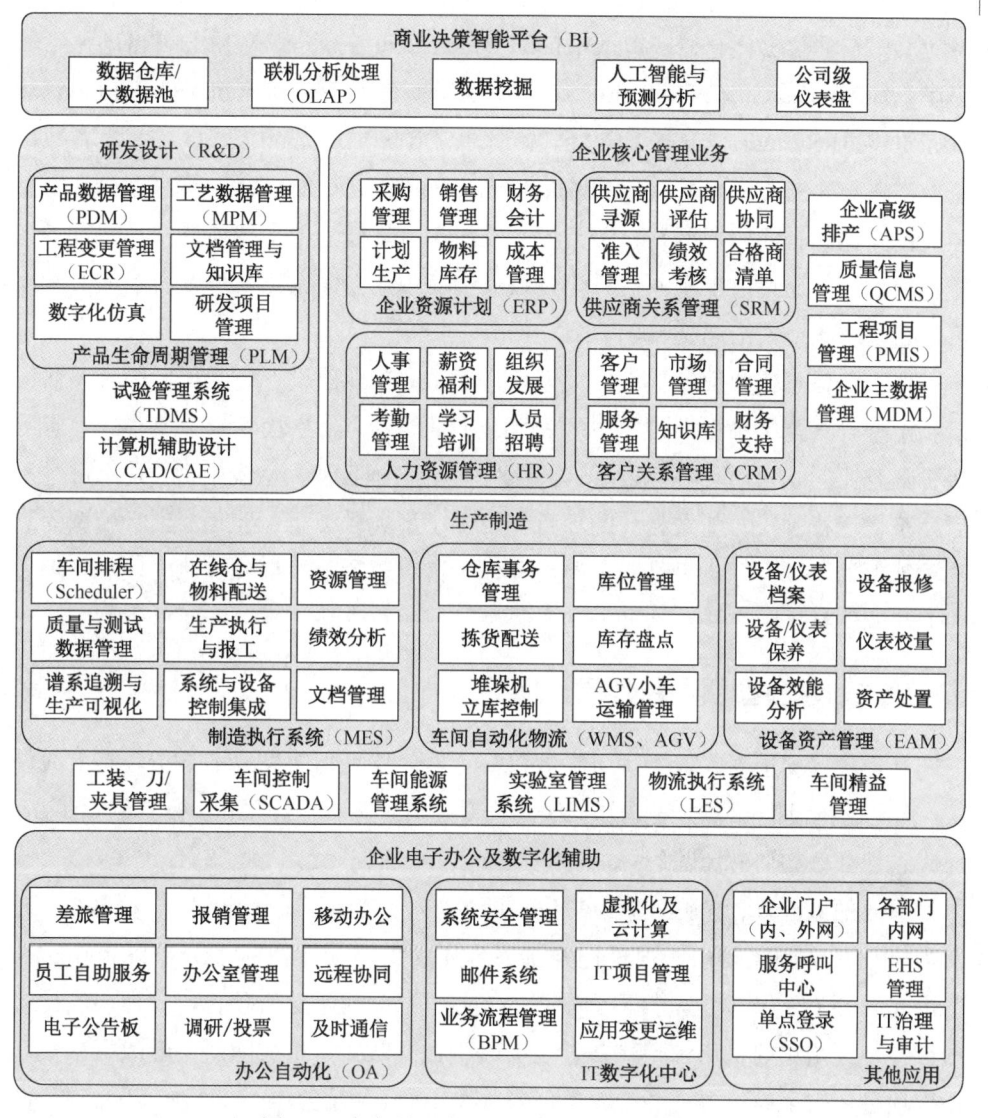

知己知彼，选择适合的管理方法论 | 第1章

```
┌─────────────────────────────────────────────────────────────────┐
│                   商业决策智能平台（BI）                          │
│  ┌─────────┐  ┌─────────┐  ┌─────────┐  ┌─────────┐  ┌─────────┐│
│  │数据仓库/ │  │联机分析处理│ │数据挖掘│  │人工智能与│ │公司级   ││
│  │大数据池 │  │（OLAP）  │  │        │  │预测分析 │  │仪表盘   ││
│  └─────────┘  └─────────┘  └─────────┘  └─────────┘  └─────────┘│
└─────────────────────────────────────────────────────────────────┘
```

图 1-7 生产制造企业信息化应用及模块规划

图 1-7 中，商业决策智能平台（Business Intelligence，BI）、企业资源计划（ERP）、产品生命周期管理（Product Lifecycle Management，PLM）、企业高级排产（Advanced Planning and Scheduling，APS）、制造执行系统（Manufacturing Execution System，MES）、供应商关系管理（Supplier Relationship Management，SRM）、客户关系管理（Customer Relationship Management，CRM）、设备资产管理（Enterprise Asset management，EAM）都可划分为大型项目；工程项目管理（Project Management Information，PMIS）、企业主数据管理（Master Data Management，

MDM）、自动化立体仓储（Warehouse Management System，WMS）、自动化运输小车（Automated Guided Vehicle，AGV）、实验室管理系统（Laboratory Information management System，LIMS）、办公自动化（Office Automation，OA）、设备数据监控与采集（Sapervisory Control And Data Acquisitior，SCADA）等可划分为中型项目；其他如企业门户网站、各类内网应用等可划分为中小型项目。不论读者工作背景如何，通过以上企业信息化建设典型概貌，会大致对工作有所了解，大家可以在同一频道上沟通交流。

在企业信息化建设过程中，大型项目通常分多期建设，每期项目综合评估可以到中型，甚至是小型项目，中型项目分多期的话，每期模块也会变小。笔者曾负责某企业的 MES 系统的搭建，从一期到四期，项目从大型到中型，几年后进入后期平稳运行阶段，与之相关的项目都属于小型项目类型。因此，项目模型的划分是动态的，以上分类只是一个参考，便于读者理解下面章节讲述的项目管理方式方法的选择。

1.6.2　越小型项目越容易管理吗

从实践经验上看，此类项目失败概率不低，这里指的失败不是指没有上线使用，而是泛指没能部署上线或是上线三个月之后逐渐被抛弃不用，投资回报不高。原因是什么？如何避免呢？

失败的原因多种多样，但最常见的问题在于"轻视"。一是管理层不重视，通常由于项目金额比较低，很难提升到管理层的关键绩效指标（Key Performance Indicator，KPI）清单上，得不到有效的支持；二是对于此类项目，管理层安排的项目经理或是顾问资历都不深，甚至有时为锻炼队伍，造成团队"轻敌"事实。如果项目启用了第三方资源，此类现象几乎 100% 会发生。

对于小型项目，一般不会走招投标流程，项目管理可以借鉴敏捷开发模式，由企业内部信息化顾问或专门的项目经理担当项目负责人，同时负责需求调研分析，并给出解决方案，开发团队可借助于外包资源，测试人员由开发人员兼任。

此类项目切勿采取典型的"瀑布式"管理，若公司管理层要求遵守 CMMI 管理模式，也必须做大量裁剪，以便在公司软件模式规范、交付效率与审计之间有效地平衡。对于该类项目，由于复杂度有限，适当减少正式沟通汇报次数，毕竟每次组织汇报，前后都需要消耗不少团队工作量，有效地运用非正式沟通手段完全可以达到同样的效果。另外，团队人数大多在 5 人之内，不论是否集中在一地办公，每个人的工作进展都很容易达到透明状态，甚至每个人的情绪，大家都可以清晰地感觉到，因此大家的沟通管理成本比较低。敏捷开发中的 Scrum 模式和 DevOps 模式都非常适合这类小型项目。

1.6.3 大中型项目是"焦油坑"吗

经典书籍《人月神话》中，使用了"焦油坑"来形容项目管理的困境，笔者在第一时间阅读该书时，并没有太多的感受，但随着承担的项目越来越多，越来越复杂，才意识到这一形象极具象征性：项目团队看起来有一群经验丰富、技术扎实的高手，然而随着项目的开展，他们发现自己如同身陷"焦油坑"的猛犸大象一样，虽然力大无穷，却无法掌控整个局势，最终在混乱无助中默然离开项目或公司，以至于造成极大的心理阴影。有的成员因无法正确面对或调节而做出转换职业发展的决定，相信经历过此类项目的读者此刻已经感同身受了。

企业中常见的信息化项目大都属于该类型。通常，管理方法涉及招投标管理、采购合同管理、项目执行管理、收尾结项等关键管理流程，这些也是本书重点论述的管理方式方法。鉴于前面论述的当前阶段企业现状，中型以上项目管理方法仍然首要推荐典型的改进后的"瀑布式"软件管理方式、适当裁剪的 CMMI 规范项目管理方式方法。从精益管理角度分析，这是必要的花费。管理方法论对于大中型项目至关重要，一旦方法论出现问题，投入再多的人力、物力也很难结出丰硕健康的果实，企业大中型项目都避免不了成为"焦油坑"。关于信息化项目管理模式方法的选择，笔者在撰写本书的过程中，恰好有一整年的时间，全程主导某超大型 IT 信息化项目建设，根据这次实践结果，更加印证了本书中的项目管理方法选择观点，尤其是敏捷开发在中国当前非互联网企业现状及管理水平下需谨慎应用。下面将更为详细地阐释此观点及实践建议措施，供各位读者在工作中参考。

杰夫·萨瑟兰博士在一篇合作论文 Scrum and CMMI Level 5: The Magic Potion for Code Warriors 中指出，敏捷开发模式在欧洲某企业的应用当中得到了良好的效果，系统缺陷率、总工时减少 50%。但是笔者认为这个研究结论在目前中国企业信息化、数字化管理并不具有普遍适用性。首先，这一研究结果有地域限制性，应用发生在欧洲，然而在中国并没有任何数据支撑予以佐证；其次，杰夫博士在论文总结时，特意指出"我们认为国防、航空航天等对过程要求严格完备的工业界应该谨慎引用敏捷开发应用，所有的软件公司更应该借鉴 CMMI 实践。我们给出的建议是结合 CMMI 成熟度 3 涉及通用实践，以期更好地发挥敏捷开发的作用"。时至本书完稿之日，笔者仍然坚持最初的观点：中国企业信息化项目实施管理采取敏捷开发失败的概率远远大于罗伊斯博士提出"瀑布式"软件项目管理方式的概率。

正如杰夫·萨瑟兰博士建议那样，敏捷开发与 CMMI 结合则是一条可落地执行的最佳实践，值得推广。具体到企业信息化项目的实施，笔者认为罗伊斯博士应在软件管理模型的基础上加以延伸，即总体阶段仍然以"瀑布式"模式为主，并把实现阶段看作一个子项目，在该子项目的时间期限及范围内运用敏捷开发方式进行项目管理实施，形式如图 1-8 所示。

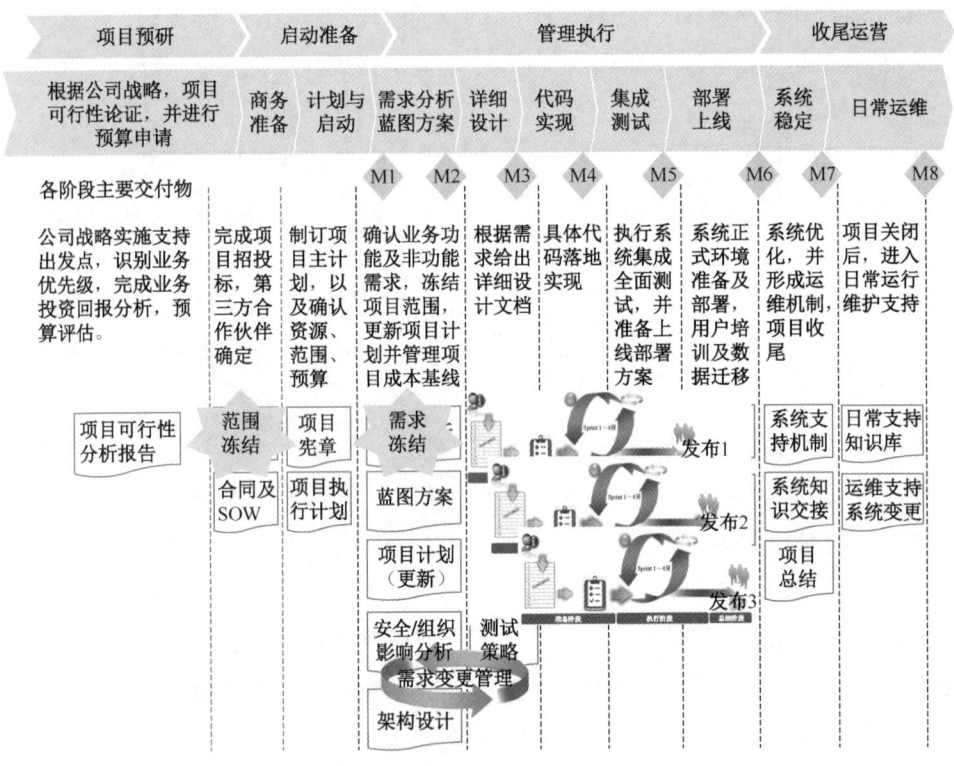

图 1-8 敏捷开发与 CMMI 结合

在需求分析与蓝图方案设计阶段，在给定的功能范围及实施范围前提下，对具体需求进行梳理并与关键用户确认，所形成的基线加上后期需求变更的配合，使业务用户不确定性与项目组需求确定之间的矛盾得到有效的管理，毕竟信息化项目建设的目的就是最终服务于业务用户。在需求冻结之后、执行过程中，对于业务发生的调整变化，项目组应该通过变更管理这一规范流程，有效地响应此类变化，对原先的需求所对应的功能进行重新设计。

知己知彼，选择适合的管理方法论 | **第 1 章**

随着企业 IT 信息技术知识的积累以及各类资深方案顾问、技术专家的成长，成功完成实施的项目越来越多，对企业赋能效果也将更加显著，同时项目管理方法论也将随之进一步优化与完善，本书中所涉及的具体管理实践方法或措施也需要随着时代的发展而调整，希望读者可以从中得到些许感悟，灵活地运用到学习和工作中。

1.7　方法实践之"银弹"，七个习惯应用

在信息化项目建设过程中，方法论明确后，如何真正掌握与应用更为关键。《高效能人士的七个习惯》是项目管理方法实践的方法论，即方法论之方法论基础。笔者在公司对项目经理分享培训这门课程时，明确指出"悟"是掌握这套方法论的关键。如果能够真正地领悟到其主旨精神，可以不用学习任何项目管理方法论，在日常管理中会自然而然地执行从而得到相应的结果，就如同一些著名的公司创始人，虽没有攻读过工商管理硕士（Master of Business Administration，MBA），也没有拥有正规的高等教育经历，但仍将企业管理得井井有条。如果世界上存在项目管理的万能钥匙，消灭执行过程狼人之"银弹"的话，那就是《高效能人士的七个习惯》。读者会发现在本书的每一章都可以找到该方式的影子。为了大家能达到同步，特用一节介绍这一方法，即使读者已经熟悉这一著作，不妨与笔者再一同回顾这一经典作品，相信定会有额外收获。

《高效能人士的七个习惯》（The seven habits of highly effective people）一书，作者是史蒂芬·柯维，首次出版于 1989 年，是风靡世界各国企业界的一本自我工作素养管理与提升的"圣经"。笔者不止一次上过此书的专门研讨课，并与同事多次交流培训，平时也会翻开讲义，每次都有新的感受，所以积极地把该"圣经"推荐给朋友，尤其是从事企业信息化项目管理工作的 IT 人员。正如前述，笔者认为这是项目管理的最高境界，遵循这七个习惯，可以悟透前面所提到的任务项目管理理论方法，甚至没有提到的方式，也能触类旁通。

请大家主动代入项目经理角色，带着正在面临的项目管理执行问题或风险进行阅读。该书作者有三个主要观点，七个习惯也是贯穿这些观点一一展开论述。

1）真正且有深度的改变是从自身开始。

2）学习与人沟通交流是人生中最为重要的技能，个人成功离不开团队。

3）关注自身素养，持续不断学习、提高与成长。

可以使用28个字来总结这七个习惯：积极主动，以终为始，要事第一，双赢思维，知彼知己，统合综效，不断更新。前三个习惯强调从自身改变做起，这三个习惯的养成将使读者从对外界的依赖转变为自我独立发展；接下来的三个习惯着重讲述人际关系处理，这三个习惯将协助读者认识到相互协作可以取得比自我发展更多、更突出的成绩，从而由独立自我转变为相互依赖发展。最后一个习惯，如同众多理论一样，如PDCA或精益思想，强调不断学习，持续改善。希望读者掌握这七个习惯的思想精华，并试着找下本书后续章节，分析下哪些地方应用了这些方法。

习惯一：积极主动（Be Proactive）

内容概括为核心一点：操之在我——生活掌握在你自己手中。柯维眼中的积极主动首先意味着你对外界事件在做出反应之前，能掌控自己选择的权利，简言之就是"没有人能打败你，除非你自己允许外界这样做"。其次，工作重心放在自己所能控制、所能影响的事。柯维划分了两个区域圈：影响圈与关注圈。通常影响圈远远小于关注圈，只是圈的一部分，如在项目执行过程中，项目组关心自身公司董事会成员的变动，上下游相关企业方关心人事变动给公司经营带来的影响，甚至公司年终奖系数及发放确切日期等问题，都属于关注圈，但项目组成员无法控制其结果与发展，只能做观望状；而项目上某一订单验证功能，某一界面用户界面与用户体验设计（User Interface User Experience，UI/UX）改善的完成则属于影响圈，项目成员可以控制其进度，并决定其最终实现交付。柯维主张"积极主动"体现在行动上就需要关注自己所能控制影响的活动，并且也重点关注这些，而不要把精力浪费在无法控制与影响的事情上，况且这些超出我们影响的事也常常会导致坏心情，降低我们影响圈效率。关注我们项目上可控制、可影响的事，项目任务在掌握之中，同时自身能力与技能也将得到提高与加强，反过来又扩大了项目及你的影响圈，形成正反馈。

毫不夸张地说，如果项目组80%的成员掌握并应用这一方法的话，项目就已经成功了一半。这是改变团队成员思维行动、凝聚战斗力的起始点。在项目实施过程中会遇到形形色色的人，会碰到各式各样的事件以及大大小小的困难与挫折，积极主动是工作中的不二法门。例如，在某企业信息化项目最终验收阶段，业务用户一直以系统性能不达标为理由不予验收结项，公司信息化主管以及项目服务供应商都面临巨大的压力，服务供应商调派一名项目经理前去支援。业务用户与往常一样，除了抱怨系统不好用等问题，有时还会对新来的项目经理使用言语进行人身攻击。该项目经理意识到自己初来乍到,影响力为零,要想扩大影响力,重心就要放到能控制的事情上。因此制定出新的团队工作方式,列出系统功能点清单,采取人盯人策略,安排专人收集业务用户的抱怨反馈,落实到具体的某一功能点,然后团队有针对性地解决问题再申请业务验证。如此反复沟通确认,业务用户终于不再有抱怨,在项目成果前面,甚至对项目给出很满意的反馈意见。

习惯二:以终为始(Begin with the End in Mind)

大家对纪伯伦的感慨应有深刻的印象,"我们已经走得太远,以至于忘记了我们出发的缘由及目的"。喜欢笑话的读者一定会对"本想买自行车,最终却买了一辆豪华汽车"的故事不陌生。以终为始即清楚要什么,目标在哪儿,然后才能指导团队寻找路径到达。大家对自己的工作生活目标思考的越多,自己定位就越明确,于是就能决定应用哪些原则与方式方法,去追求实现项目关键目标与价值,从而引导甚至直接影响个人及整体团队的行动。例如,企业培训课上,常见的一个练习就是为自己写"墓志铭",想象一下当项目收尾结束时,你会让你的同事、内外部用户/客户在总结会上给出怎样的总结或评价话语?然后再对照当前项目的进展与工作任务安排,判断你与团队的期许是否一致?这个练习还是非常具有震撼力的,读者可以在自己的项目上试一试,如组织项目团队每双周,集体花15分钟的时间反思工作的开展。同时在遇到棘手问题时,以终为始的理念也能给予项目团队坚持、不放弃的支持信心与勇气。特别对项目关键人物之项目经理而言,在项目执行的各个环节、各个阶段,需要在头脑中非常清晰地知道要达成什么样的目标,围绕目标协调资源,组成团队去达到目标。

习惯三:要事第一(Put First Things First)

《大学》中有句话叫"物有本末,事有终始,知所先后,则近道矣。"要事第一与其所表达的是同一思想,做事首先分清先后主次,给定优先级,有条理地抓主要矛盾重点突破。

时间管理对于项目管理重要程度不言而喻,因为项目的定义要素之一就是在限定的时间内交付产品或服务。无论是项目实施主计划,还是每日执行时遇到的具体问题,分优先级区别对待,最重要的事情安排在首位处理,这是项目按时交付的关键指导原则与保障。

原则上通过习惯一与习惯二,项目团队对自己要承担负责的交付价值目标已经定位明确,意味对所遇事务已经通过优先级过滤,且对应柯维提出的著名时间象限工作分类方式，根据紧急与重要两个维度，所有工作任务都分配到四个象限中。所以项目成员需要集中精力将多数时间放在处理重要且不紧急的事情上，避免成为救火队员，否则每天处理紧急事务，迷失在问题清单中，而看不到努力的最终目标。原理很简单明了，但是读者回顾下自己身边的项目组，有多少成员践行了这一原则？是不是80%的人都是冲锋救火队员？至少笔者看到的绝大多数项目都是处于这个状态。

在企业信息化项目管理过程中，跨部门的业务沟通管理最容易陷入复杂的事务处理之中，所有部门都表示业务需求很紧急或都很重要必须实现，这对项目团队应用习惯三分清真正优先级的要事提出了巨大挑战。常见现象是公司每年数字化预算有限，然而各业务部门都提出所谓重要且紧急的需求，笔者将在项目启动章节详细讨论处理措施方法。

习惯四：双赢思维（Think Win-Win）

前三个方法习惯以自赖为主，而后面的习惯却以互赖为主，即自赖意味着只要管理好自己与自己的团队成员就能达到目标，而互赖难在要影响其他成员与团队为项目服务，难度不在一个维度上，以双赢思维为例，处理不当就会成为"剃头挑子一头热"，甚至出现（内外或外部用户/客户）"升米恩，斗米仇"的情况，费力不讨好，团队付出反而得不到认可。正如该原则方法是基于各方须有的三个优良人性特质：正直（忠于自己的理念与价值观）；成熟（善于有勇气且以某种恰当方式表达自己意见与感受）；富足（工作不是零和、必须你输我赢的游戏，世间有足够多的资源让所有人可得以分享），这就决定了其落地执行的难度。你和团队可以试图正直、成熟与富足，而在大中型企业中，数千或数万员工合作同事，无法要求对方也同时具备以上三项特质，这是对项目团队执行能力的极大考验。在该习惯中的情感账户理论也完美地解释了项目团队建设的重要性，要保持团队持续战斗力，需要保持产能平衡，让团队工作有张有弛，不能只从团队"取现"，而不"存款"，造成把团队能力掏空的短视行为。尤其是跨部门合作，更应该从爱护各方团队角度出发，从公司层面才能得到最大的回报。

在项目的初期招投标期间，多个服务供应商之间存在激烈的市场竞争关系。有的服务供应商明知实力不济，会出现恶意报低价情况，本着"我不中标，别人中标后也别想有好日子过"的心态，被甲方利用对其他服务供应商进行极限施压，以获得所谓的节省、低投入。长期看这是对市场良性竞争的扰乱，最终不是双输，而是各方输，服务供应商无法运营下去，甲方客户也随之失去有力的外援支持，自身应用系统建设必定受损，在不少项目中都有此类现象发生。可喜的是，现在越来越多的企业已经意识到双赢概念，重量的同时，也在提质，虽然目前还有很长的路要走，但项目管理中运用该原则方式从中长期发展来看，是绝对受益的。

习惯五：知彼知己（Seek First to Understand，Then to Be Understood）

沟通在项目管理工作中起着关键作用，而有效的倾听则是沟通、影响他人的基石，其实从中国繁体字听（聽）字形来看，古人早已洞悉这一沟通的秘密：要用耳朵听，用心领会。因此中西方对倾听有着同样深度的认识。在项目任务执行过程中，团队能做到第四类倾听已经是相当不错了（五种倾听类型：第一，忽视地听；第二，假装在听；第三，有选择地听；第四，专注地听：专注他人的讲话内容，给出判断，结合自身经历提问、提建议或是解读他人的行为与感情；第五，有同理心听：用心倾听及回应，尽量抛开自身经历，试图以他人的视角、立场、观念来了解他人的讲话含义、动机与感受），而同理心倾听对项目组而言更是可遇不可求，毕竟大家站在不同立场，有不同的利益诉求，站在别人立场、设身处地地理解他人，很少能做到完全理解他们的感受与所表达的意义，尤其是在有利益冲突的会议上，大多数团队只能做到第三或四类倾听。在项目管理中，如果项目成员，尤其是项目经理（负责人）、业务分析师能有效运用第四类或第五类倾听沟通方式，项目成功之路上便是如虎添翼，不过从以往项目经验看，即使是出身世界500强公司的人员，能做到这几点的团队成员也是凤毛麟角。

在信息化项目建设推进过程中，遇到挫折与困难时，团队之间要互相体谅；针对用户的各类看似"奇葩"的要求，如"这个业务操作UI（用户交互界面）着色我不满意，请UI设计师弄出一个'五彩斑斓'的黑色"，或许只是客户表达不到位引起误解，我们技术方案工程师不能简单地加以嘲笑，尤其不能要求所有的客户必须有专业IT技术背景才能与项目组沟通讨论，站在对方角度运用同理心去理解用户的真正需求非常关键。

习惯六：统合综效（Synergize）

整体大于部分之和，团队力量远远大于个人作战能力，团队凝结成整体之时，就是取得最佳成绩的时机。"珍惜差异，取长补短"是统合综效的关键，然而这也是最难做到的一点。项目管理中的团队建设难，信息化项目团队组建与培养则更难。回顾前面所述企业信息化面临的困难与特点，我们可以了解到一个信息化项目团队资源可能会来自多方：采购、设计、生产制造、售后等业务部门，以及财务、HR、IT企业数字化管理部门等职能部门，软件硬件服务供应商，以及合作方生态圈等。各团队利益必定存在差异冲突，项目执行过程不亚于一场现实版的"三国演义"。这对项目经理/负责人的情商素质提出了更高的要求。项目经理/负责人要能综合利用一切资源（上下左右、内外部等各类资源），协调一致按时在预算内实现项目目标。

习惯七：不断更新（Sharpen the Saw）

几年前，笔者买了一把德国产的厨房刀具，刚开始时切肉很轻松。过了一段时间，妻子抱怨说刀不好用，钝得切菜都有些费劲。笔者不太相信，觉得质量这么好的刀不可能不好用，于是笔者试着切了下肉与菜，果然不好用，于是便在磨刀石上磨了几下，再试就已经锋利如初了。从此，笔者制定了一个大致磨刀周期，每隔2个月时间就自觉拿磨刀石去磨刀。由此联想到"不断更新"原则，笔者认为这话应用到IT信息化知识上更为合适，从事IT建设的团队对以下经历会更有同感：大学学习的微软磁盘操作系统（Microsoft Disk Operating System，MS-DOS）汇编语言编程、磁盘操作系统（DOS）计算机病毒原理，几十年后，视窗（Windows）操作系统却大行其道，对于大多数在寻求信息化、数字化转型企业里工作的IT团队早已将MS-DOS相关技术束之高阁，不再使用。因此，从事信息化工作的团队如果不持续更新知识，再好的大学，世界名企工作履历，多年之后也会像钝刀一样，切不动"肉或菜"了。何况当今企业面临的普遍是像硬骨头一样难啃的工作，即使刀锋利，也仍要费半天劲才行，项目负责人要在团队中引导与打造持续学习氛围，保持信息化战斗力。

针对这七个习惯，结合项目实践经验介绍到这儿，在此不再对每个习惯展开详细讨论，有兴趣的读者可以购买《高效能人士的七个习惯》进一步学习。鉴于企业信息化项目工作的复杂性，项目经理需要以适合的理论武装自己，而这七个习惯是最佳的选择。比如，第一、二个习惯"积极主动，以终为始"，针对企业信息化跨部门跨业务的特点非常适用。企业内部各部门总会存在利益矛盾冲突，项目经理需要以项目这艘大船航行目的地以及各阶段目标为工作的灯塔，避免其他干扰因素，尤其当项目出现重大困难与挫折时，以积极的心态面对这些挑战，并且为了达成目标，也不可避免地协调各部门做一些折中或妥协让步。在本书的各个章节中，会结合详尽的案例综合讲述。

1.8 方法论武装头脑，思维转变先行

前面讲述了几大主流的 IT 项目开发管理理论，以及从实践角度推荐的管理方法，下面将结合多个项目实践应用，谈谈在企业信息化项目中项目经理的做事方法论及对其职责的思考。项目的成功是整个团队的功劳，而如果失败了，则是项目经理负主要责任或全责。有不少项目经理看到岗位职责中有以上的描述，但往往不能深度意识到这一点，或者说还没有完全理解项目经理这个角色及其职责，离成为一名合格的项目经理还有不小的距离。先从一个失败案例讲起，并引入担当项目经理重任需要熟练应用的几个关键原则。在亚洲某制造企业生产基地，正在生产车间实施 MES 生产制造执行系统，公司 IT 中心安排了一名资深员工 S 担任项目经理。该员工软件工程出身，对 IT 技术非常精通，也负责过多个重要信息化项目。在该项目中，S 认为已经付出了 120%的努力，并且合作实施伙伴在 IT 业界也赫赫有名，是一家跨国 IT 咨询巨头，但是项目进展非常缓慢，上线日期再三延期，后来勉强上线，业务部门反馈使用效果非常差，经过近半年的项目冲刺，整个实施项目团队已经疲惫不堪，士气低落，毫无战斗力。在一次项目周会上，项目总监对 S 说："正是因为你的问题导致了项目的今天现状，如果本次项目失败的话，直接责任在于你，根本原因在于你"。S 在会后向笔者诉苦，表示自己工作那么努力辛苦，几乎到了三过家门而不入的地步，为什么领导却看不到这些付出，毫不留情地把失败的帽子扣在他头上？在一通报怨之后，笔者请他抛开情感因素，理性地想一想，作为一名项目经理，有什么地方工作没有做到位？S 苦思良久，表示自己已经是启动了"超人"模式：做事一丝不苟，事必躬亲，尽力去掌握项目的各个任务细节来把控进度。比如，要求服务供应商成员加班支持上线运营；生产现场反馈一台计算机网线有问题无法联网，而 IT 同事无法及时响应时，他则买来 RJ45 网线工具钳，及时为网线换水晶头来保障计算机可以访问系统；生产线上员工漏操作某任务，在他日常现场巡检发现后，亲自补上。整个项目团队就数他这位经理付出的最多，貌似没有找到做得不对的地方。

在深入沟通讨论分析过程中，笔者建议 S 换个角度看问题。先请他假设自己是一个局外人，项目经理不像他一样懂 IT 技术，也不会做网线 RJ45 接头，那样这个项目是不是就停滞不前了？S 陷入了长长的沉默之中。笔者表达了以下观点：首先，项目总监批评他的话，是非常直率坦诚的，哪一天 S 真正理解了这些话，

哪一天他就真正成为一名合格的职业IT项目经理。笔者作为一名经历过上百个IT信息化项目建设的实践者，经历过成功，也经历过失败，如果一名项目经理定位自己是一名超人，那么失败就已是注定的事了，越是大型复杂的项目，越是如此。一艘独木舟一个人可以行驶在内陆小河流中，而一艘远洋轮船需要一个以船长为首的团队才能在浪涛汹涌的大海里航行。当前，企业信息化项目建设早已不是独木舟时代，而是面临风云瞬息万变的大海远洋航行的现状。项目经理角色定位的错误，思维僵硬，对个人、对企业或是对项目都是注定失败的结局。思想上不能转变，行动就不会改变；行动不改变，结局就不会改变。这听起来似乎是老调重弹，然而要抗住工作生活的惯性，使这发生一些改变，真正意识到要管理思维转变，角色重新定位非常难。现实中常见的情况是口头上讲改变，行动上仍然是不知不觉地在走老路。这也引出来IT项目经理管理第一原则，即正确定位角色职责，转变思维，勇于担当项目成败责任。

在与S沟通讨论案例中，我们自问一个关键问题：是否只要项目经理转变思维就行了？思维转变是开始，需要原则支撑才能真正落地执行。作为项目经理，在项目管理工作中执行任务运用的首要与最关键原则：IT项目经理需要认识团队的力量，即"不是一个人在战斗"，抛弃"独行侠"的观念，找合适的资源做合适的事，将资源凝结在一起，发挥团队的力量，按时保质交付项目。笔者与S一起回顾了不久前另一个项目团队在会议室里召开每日站会，项目经理去外地出差一个月，整个项目进度正常。然而S负责的项目，虽然他一直处于高度紧张忙碌状态，如他的孩子一周岁生日的当天，他加班到凌晨才下班，根本没有时间照顾家庭。然而项目并没有因为他天天加班而有好的进展。是不是有的项目经理运气好，事情到他头上就顺风顺水了呢？读者可以与S一起，静下心来，花些时间结合上述的首要原则来思考分析这个问题。

作为项目经理，第二个要掌握应用的原则是"放下技术"，换个角度处理问题。上述案例中的S是名校计算机应用专业研究生，有着深厚的计算机信息技术背景，然而这个信息化项目却濒临失败。笔者与他同事多年，知道他精通Java2平台企业版（Java2 Platform Enterprise Edition，J2EE）架构技术，但这个IT项目却是基于微软的.NET架构，编程开发语言是C#与C++。有段时间常常听到S说自己在刻苦钻研.NET技术，并表示目前由于技术原因，感觉无法保证整个项目的进度。笔者请S仔细观察周围的同事，如技术并不擅长的同事小H，虽然连基本的SQL SERVER数据库脚本都掌握得不好，但他的业务大数据分析系统项目却能做到成功交付，这正是技术背景成就了他，有句俗话"如果一个人手拿锤子，则他眼里都是钉子"，前面已经讲述了企业信息化项目建设的特点决定了项目的特殊性，即业务第一重要性。这需要项目经理从多个角度看问题，首先是从业务出发，然后才是技术角度。遇到问题时的第一反应应是这对业务会产生什么影响或带来什么收益，而不是技术实现复不复杂，要花多少人天等。这与上一节讲述的高效能人士的七个习惯之一双赢思维也是一致的，即站在非自身的角度来思考和解决问题。

放下技术不是指不关心技术，企业信息化工作的特点决定了项目经理需要有一定的技术背景。前面讲到多数企业在信息化项目建设过程中，由于自身人才资源紧张，或多或少地启用了外包资源，即与专业的咨询服务供应商合作，借助外力开展工作。如果企业甲方IT项目经理有技术背景，则更能适应企业的实际情况。一是项目在准备启动过程中，甲方项目经理可以有效地与服务供应商进行沟通，尤其是涉及预算时，能较为准确地预估成本，避免企业付出不必要的投入，同时在没有与服务供应商建立起足够信任关系前，能协助企业甲方管理层客观地评估服务供应商的报价，促进双方合作的顺利开展。二是在项目执行过程中，有不少项目实践过程中的经验教训，IT技术人员有时不能客观地估算任务工作量，要么自信爆棚，估算人天偏少（大多程序员会犯这样的错误，过度承诺）；要么非常保守，给出的人天估算漫无边际（通常第三方外包资源或服务供应商会出现此类情况，主因在于缺少自律与责任心），直接导致项目周期难以控制，影响到对用户的承诺兑现，从而给客户关系造成负面影响，严重的会使项目验收延期或失败；对于服务供应商而言，可能会因此失去了下一个销售合同机会；对于企业内部IT中心而言，失去业务部门的信任，信息化项目建设战略实施进程也随之受到阻碍。

其实，以上两个原则与"七个习惯"在原理是相通的，如果遵循这些工作原则，项目仍然没能取得成功，要么就是项目经理由于缺少实战经验，没有真正地遵守和运用这些原则；要么就是虽然运用原则，但由于客观不可抗原因导致项目取消或中止（比如，组织业务变动，项目依存条件不存在导致项目异常中止）。本书虽然是以项目阶段前后顺序组织章节内容，但在描述时将穿插笔者从过去多年上百个企业信息化项目实践案例总结出来的经验得失，读者如能从中借鉴一二，必能少走些弯路，更有甚者如能有更深领悟，触类旁通，举一反三，则是本书最高的期待目标了。

第 2 章

不忘初心，正确定位之项目发起

《项目管理知识体系指导（PMBOK 指南）第六版》一书中将项目管理分为 5 大过程组和 9 大知识领域。40 多个过程分布于这些大过程组与知识领域当中，并给出了项目管理过程组与知识领域对照表。但对照表只是从学术角度便于大家理解与认识，在实际项目执行过程中，大多数过程是互相融合在一起，不能机械地照搬 PMBOK 指导内容。本章节的内容将从以下主线展开，但就项目管理的每一阶段/过程组都视为一个完整的小项目组织管理讲述，即项目集成管理的思路贯穿每个环节。

对于一个企业而言，项目开展的典型过程是，项目发起/预研、启动准备、管理执行、收尾及运营。在方法论上将以前面章节论述的改进性"瀑布式"管理方式为主，图 2-1 为项目开展过程。

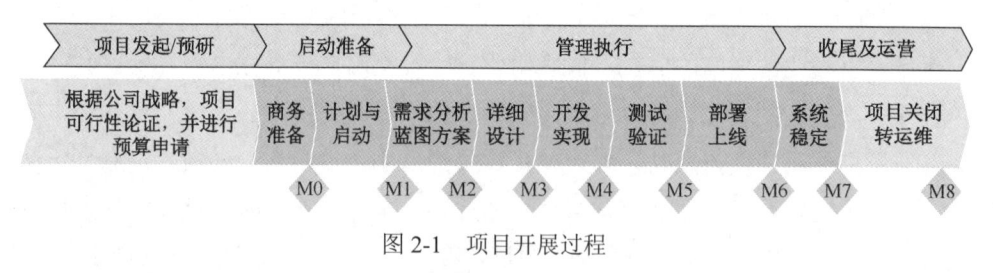

项目发起/预研	启动准备	管理执行						收尾及运营
根据公司战略，项目可行性论证，并进行预算申请	商务准备	计划与启动	需求分析蓝图方案	详细设计	开发实现	测试验证	部署上线	系统稳定	项目关闭转运维
M0	M1	M2	M3	M4	M5	M6	M7	M8

图 2-1 项目开展过程

2.1 我在哪儿，到哪里去

在第 1 章我们了解了企业信息化项目建设典型规划，任何部门发起的项目首先要企业在战略发展规划蓝图中找准定位，定义清楚与其他业务系统的关系，共同服务增值于企业业务发展。

不忘初心，正确定位之项目发起 | 第 2 章

发起项目的基本原则是"从业务中来，到业务中去；业务驱动，项目赋能战略"。信息化项目是为业务服务的，业务是围绕公司近期、中长期战略战术目标的，业务系统就是实现战略战术目标的有效支撑工具。遵循"要事第一"的工作方式，用定性或定量的条件标准，对每个潜在项目进行打分，从而评估定出优先级，并从高到低依次分配预算，无法满足的项目只能暂缓。

潜在项目的优先级可以从以下 5 个维度进行分析。

2.1.1 战略拼图建设

从支撑公司中长期战略发展及短期战术布局出发，借鉴业界其他公司的最佳实践，找出在整体框架拼图中目前缺少或不足的业务支撑系统予以补足。比如，公司现金流紧张，提出以 3 年内开源节流作为战术目标的建议，业务部门、财务部门等可以考虑借助于信息化系统工具来加快现金流的周转、减少开票时间以缩短回款时间等，这些符合公司短期战术策略的项目优先级设置高，是很容易通过管理层的批准的。

2.1.2 业务紧迫度

业务紧迫度是指企业信息化项目建设过程中需求的紧迫程度。这种需求可以是国家政策或行业新规定的强制要求，也可以是业务运作过程中急需解决的关键瓶颈问题。其中，国家政策或行业规定紧迫度最高。比如，如果企业是赴美上市公司，则需要遵守 SOX 审计法案要求（SOX—Sarbanes-Oxley Act 2002《2002 年萨班斯-奥克斯利法案》），相关 IT 项目需优先实施。再比如，某通信制造企业在生产通信设备时，需要从美国进口受管制的高精度电子器件，美国商务部要求对该类器件的使用必须全程可追溯，无论是报废还是正常消耗，领料及生产记录都需要清清楚楚，一旦违反规定则可能受到被禁售的严厉处罚。这样的特殊业务要求，当然需要高优先级建设信息系统作为运营保障，确保企业符合行规。

2.1.3 投入回报价值

投入回报价值指的是可以量化计算的价值，如软硬件投资、人力成本、维护成本、几年可收回成本等。其中，前 3 项预估容易量化，几年可收回成本则不容易量化，不少项目计算起来比较费力，如提高企业形象、竞争力等，很难给出一个量化数字。所以下一项维度描述这类难量化的收益。

2.1.4 企业受益成效

该维度更多的是从定性角度而非定量角度描述项目带来的益处。比如，项目对市场与销售、研发、制造、采购、物流、财务、后勤等业务组织工作运作能力的提升，如对市场与销售客户信息集中化管理形成企业资产的一部分，研发部门知识与经验共享以促进整体团队能力的提高，物流信息可视化提高管理决策水平等。虽然不能短期内量化回报，但这对提高公司软实力起到关键作用，不可忽视。

2.1.5 风险级别

需要考虑项目管理风险、技术风险、业务组织风险、财务风险等。

项目管理风险主要从可用的资源角度进行分析，如是否会有能力相符的人员参与项目建设或有先前类似经验的人员参与项目建设。毕竟在项目初期的发起阶段，只能粗线条地进行评估。技术风险主要指的是采取的技术是否成熟、可靠和安全，是否具有一定的先进性；是否在相关领域有成功的实施案例。业务组织风险是最容易被忽视的风险之一，主要指的是项目对组织业务流程与架构的潜在影响。比如，项目实施后，新的业务应用系统带来的各类转变上的风险是否会涉及员工岗位的调整，是否会对现有系统形成冲击等。当涉及大量组织、流程、制度上的变化时，"办公室政治"是无法回避的，正视它才能规避其带来的风险。在发起时需要充分考虑当前的时机是否成熟。财务风险主要指的是分析投入回报是否合理，对于投资成本估算是否全面且预算不会吃紧。

项目发起分析维度一多容易让人迷失方向，需要回到信息化项目的本质问题来思考这个问题：企业目前在哪，未来应该去哪，项目如何帮助企业实现目标？因此这5个维度如果要用来量化打分评估的话，权重是不一样的，第1至第3维度权重最高。有的公司在实践过程中简化评估为项目上马某项目的第一硬性指标是：为企业战略、战术业务目标贡献是什么，有多少？比如，公司两年内战术目标是库存成本降低5%，该项目如果在降本增效方面有坚实的数据支撑，则其实施优先级为高。其他与战略无直接影响的项目一律暂缓。图2-2是某公司项目评估示例，只使用了第2和3维度，其中投入回报价值指的是上线后3年期间的回报估算，综合优先级项目2与项目3为最高。

业务紧迫度/投入回报价值

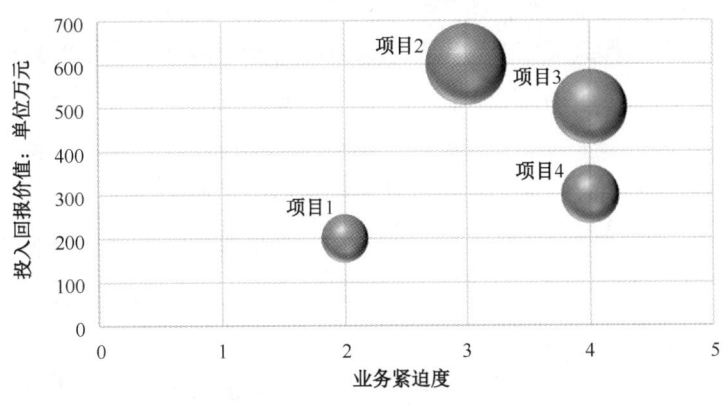

图 2-2　某公司项目评估示例

2.2　双轮驱动必须分主/从动轮吗

越来越多的企业认识到，信息化项目需要"双轮"驱动，其一是业务部门，其二是 IT 部门，共同围绕业务核心，IT 技术作为有效支撑，进行企业信息化、数字化建设。问题是不管是几轮驱动，总要有个"火车头"来"牵引"项目向前行进，然而"火车头"是业务部门还是 IT 数字化部门？这在企业内部却是个经常与"办公室政治"关联的问题，各家有各家的难念经。很多企业，IT 人员少，平时 IT 软件硬件运行维护已经占去了大量人员，似乎没有精力来"牵引"项目。于是各个业务部门纷纷来主导各自的信息化应用，短期看有助于企业转型升级，但长期看这种各自为政的情形必定无法完成信息化，资金投入与收益无法成正比，更谈不上效益最大化，笔者在实践过程中看到了太多这样的案例。在发起项目这项工作中，以下观点还是受到业界普遍认可的：IT 部门需要承担起"火车头"的责任。

IT 部门承担重担的提法主要基于以下 5 点事实与实践基础。

第一是企业信息化、数字化建设必须紧跟企业发展战略，统一规划实施。众多案例实践说明信息化分散实施是短视且无序行为，即使是跨国、跨地区企业也要坚持信息化统一建设实施这一策略。而各个业务部门从组织架构上天然地缺少这一属性，如让研发部门来统一规划企业信息化建设，估计采购、生产等部门都要提异议。而 IT 部门先天具有公共部门属性，可以较客观地站在公司发展战略、战术全局上进行切实的规划和执行。

第二是术业有专攻，信息化业务赋能的建设必须由 IT 部门主导。业务部门对于业务运作开展是行家，但对数字化手段却是外行，容易被一些时髦的术语所迷惑，缺少甄别赋能应用的能力。比如，流行一时的某移动开发应用平台，号称可以快速一次编码，跨平台运行在安卓、苹果等不同的操作系统上。某公司的一业务部门申请了项目预算，便匆匆进行移动开发应用平台的建设，结果一年多也没有真正地投入使用。当然业务部门或许认为可以借鉴靠谱的第三方服务供应商来实施，但在现实世界中操作起来比较困难，没有专业的制约与监督，第三方服务供应商并不总是那么可靠。

第三是业务部门推进信息化，缺乏持续运营的能力，无法长期为企业提供有效的服务支撑。笔者在实践中曾遇到过类似的案例，某业务部门利用内部预算启动了一套信息化应用，用了 3 年都还正常。但某一天系统无法使用，报数据库数据无法读取，生产线业务被迫停线。求助于公司 IT 部门，工程师检查后才发现系统使用的数据库是微软早已宣布退役的 SQL SERVER2000，且没有考虑数据库备份或磁盘 RAID 5 数据冗余措施，导致无法还原数据。IT 部门工程师协同专业机构人员花了一天时间也仅恢复了 90%的数据，才使得生产线业务复工。另一个案例更令人惊叹，应用系统业务方以及提供服务方人员频繁变动，有一天需要变更某功能时，发现这段功能的源代码没有了。更常见的则是部门自行建立的系统，缺少专业机房设施，如不间断电源（Uninterruptible Power Supply，UPS）等，业务提供有效服务靠"运气"而不是实实在在的实力。

第四是重复投资，无法做到效益最大化。无论硬件、软件，还是人力方面，"游击队"形式的服务，都无法达到提高企业效率与竞争力的要求。比如，某家企业由于是按产品线形成的事业部组织架构，A 产品线售后服务部门自建一套返修成品管理系统，B 产品线也独立建立一套类似的系统，引入不同的服务供应商与软件提供业务服务，导致重复投资建设，浪费资源。

第五是各业务部门建设更容易形成信息孤岛，互相不借鉴与共享，这给企业数字化制造了人为障碍。各业务部门站的高度有限，目光也大多只限于本部门，甚至只是体现了本届领导的思路，更换领导后或许会推倒重来。这种"烟囱式"信息化建设带来的信息孤岛问题正是当今绝大多数企业面临的问题，通常需要花更多的成本与时间来打通各个环节，才能形成真正为企业带来活力的数据流信息。信息化顾问是站在公司业务与技术全局角度分析问题，避免各个独立业务部门看待问题的局限性；同时，信息化部门作为独立于任何业务部门的功能部门，更容易站在较为中立的角度看待与分析问题，更利于项目的实施。比如，涉及组织架构变动、业务流程变动，必然相应地伴随着人员与岗位的调整。无论是何种性质的公司，这都需要大量协调、沟通与讨论工作，而信息化部门以第三方立场实施项目，无疑是最小化矛盾推进项目的较好选择。

当然，IT 部门统一负责信息化建设的管理方式也并非完美无缺的有效组织形式，也存在着一些实际困难问题，鉴于在前面章节有详细的讨论，在此不再重复。但相对以上 5 点突出问题而言，该组织形式是利大于弊，这也是目前众多管理先进的企业普遍的做法。

厘清了信息化的"火车头"后，让我们关注下它是如何执行其"牵引力"的责任的。

在项目发起筛选、评估准备过程中，减少"办公室政治"影响的工作开展基本原则是"透明、公正"。比如，在某大型企业，IT 部门将项目发起评估维度形成量化打分表并予以公开。由于公司年度预算在每年 1 月份，所以 11 月中旬向全公司各业务部门征询业务应用需要清单，业务部门提供业务紧迫度、投资回报、企业业务受益信息，然后由 IT 部门组织专家完善投资回报（如涉及 IT 软硬件投入等方面）、补充风险维度评估，针对每一潜在项目形成量化指标，然后在每年第 1 季度初根据指标优先级从高到低依次分配预算。在执行过程中每季度会根据公司业务发展及项目开展情况进行微调，年中第 2 季度末进行中期回顾，若遇紧急项目，可对执行项目清单进行微调。

在执行过程中曾听到不少业务部门报怨，项目已经提交 3 年了都没有分配到预算得以启动，是不是这样的项目发起评估方式不妥当？任何方式都有优缺点，该方式在实践中是可行的。如果一个业务部门连续 3 年都没有启动某需求项目，从另一角度也反映出该业务需求并非关键、紧迫，或许到了第 4 年，业务部门自己再评估下来完全不需要这样的需求了，在实际工作中这样的案例也不少。

项目发起过程中，IT 部门并非简单被动地接受需求执行，而是与业务部门紧密互动，方案实施顾问与关键用户一起沟通讨论业务发起需求的目标定位、风险及相关依赖分析，以及关键的预算估算，为项目优先级评估提供数据支撑的同时，也在为下一阶段的项目章程准备资料：项目目标和范围、项目收益及预算估算、风险与依赖初步评估、建议团队组织与初步路线图等。在此过程中项目实施顾问角色担当着重任：理解业务用户（内部客户）的需求，并结合自身信息化实践经验以及必要时借力外部服务供应商的资源，来引导业务用户走向正确的数字化之路，在后续章节将会对需求分析、方案以及测试上线各阶段的沟通交流开展进行详细的论述。在项目发起阶段，业务方案顾问如何开展项目初步章程的准备工作，每家公司流程与制度差异比较大，但工作内容与本质是类似的。下面将以某公司项目初步立项章程内容为实践案例进行讨论。

A 设备制造公司的业务方案顾问需要在信息化项目建设的发起准备阶段联合业务部门提供给公司的信息化管理层一份"项目可行性分析报告"。报告的目的是向管理层呈现项目的发起背景［为什么发起（Why）、做什么（What）］、实施影响报告分析（包括企业组织流程架构、技术架构等）、成本花费及收益回报、预算来源建议等内容资料。下面将根据某企业成熟的应用实践案例，一一介绍可行性分析报告相关项的准备内容。

第一，项目可行性分析报告概述中需要描述背景、愿景及项目发起目标。业务背景指的是需求概要，即要解决什么业务课题？什么需要应用系统支撑？以及该课题需求对业务有什么影响？愿景指的是长期所需要达到的理想业务发展状态。项目发起目标则是指在近期有限的一段时间内可以达到且可度量或定性评估的业务优化运营目的。

第二，既然是"一段时间内可以达到"，则项目范围成了关键因素，直接影响工期、成本。前面章节强调了最简化可实行产品（MVP）原则在信息化项目建设中的有效性，用于项目范围则主要指的是明确业务关键诉求，界定业务范围，如界定范围是部门级还是公司事业部级，会不会涉及跨事业部范围、跨地域/跨国标范围；对于产品线而言，是公司全部产线还是某条产线，任何一方面的范围产生偏差对项目的影响都是巨大的，典型的例子就是项目只是在企业本部使用还是在各地方分支机构都推广，项目工作量会有明显的差异，而工作量体现在工期以及花费成本这两个维度上。同时还需要明确不在范围内的业务范围。

第三，报告中需要清晰地分析出对业务带来的影响。主要包括以下方面：对企业运营能力方面、业务流程、组织架构、区域机构、应用系统（已有系统的关停并转等）、IT 安全防护等。企业管理层更关注前 4 项的工作内容分析，而 IT 部门、运维团队负责人则更关注后两项的工作内容分析。在项目发起阶段，重点应放在前 4 项的工作内容分析上。尤其在涉及业务流程重组或组织架构变动的业务诉求时，报告需要明确关键业务变化点。

第四，需要从业务角度，初步描述业务主要功能块。在发起阶段，功能块颗粒度比较粗，并且只描述要做什么，不必描述如何做。

第五，与 IT 实施相关的内容，从 IT 基础设施与方案信息系统顾问角度分析对该项目的影响。内容包括业务需求是否与其他部门早已提出的诉求类似并正在处理中（这是 IT 集中管理信息化的优点之一，可以业务全局借鉴与平衡）；如果与当前正在实施的方案应用类似或有关联，需要评估功能变更影响分析；另外，还需要分析该需求对哪些已经存在的应用系统有影响。对某系统有影响也意味着互联互通集成等扩展需求等潜在的工作量，需求考虑到本次发起项目的整体预算范围之内。同时要考虑新的发起应用是否会导致已有系统停用或发生大的变更等。

第六，发起项目假设前提/依赖条件及主要风险分析。从当前已有其他业务流程、功能运营角度分析该业务应用所依赖项。比如，实施某仓库成品发货物流透明化跟踪需求，其系统运用的假设前提可以是 ERP，也可以将发货单电子数据传递给新应用系统，从而实时传输信息；某来料检验功能自动化数据采集的前提是物料供应商在来料包装上打印可以扫描的二维码等。注意，此处的依赖有可能今后会成为应用上线的风险。风险分析也是逐步细化的过程，该阶段不拘泥模板形式进行分析，列出主要风险点及初步应对方案即可，也可以参考后续专门讲风险管理章节给出的模板。

第七，采购及预算相关内容。报告中需要描述项目的采购策略，该业务应用是公司完全独立客制化还是需第三方服务供应商？需要的第三方供应商在公司采购合格供应商清册中吗？供应商解决方案是否符合 IT 整体规划？另外，还要列出发起业务应用涉及软件版权费用（是否可以与其他应用共享版权等）。使用表 2-1 给出涉及第三方硬件或软件、服务采购预算。其中，资本性支出（Capital Expenditure，CAPEX），可计入多个会计期账。如固定资产的折旧，无形资产、递延资产的摊销等。软件版权费用可计入无形资产 CAPEX。需要提醒一点的是，除非是免费开源系统，如果是基于微软 Windows 操作系统下的应用，服务器 OS 版权费用要预留充分（有的企业与微软有使用协议，可以不考虑这块费用）。OPEX（Operating Expense）指的是企业的管理运营成本，如企业的管理支出、工资支出、日常开支等。有的企业以资产金额大小划分，同样是打印机，2000 以上的设备划到 CAPEX，以下的划为 OPEX，因此，具体划分需要根据各自企业财务规定执行。以下表格中合格供应商可以填写多个备选，若企业内部共享标示为 YES（是），则备注需要写明共享分摊比例（0~100%），CAPEX 还是 OPEX 都是分摊后数字，单位为万元/人民币。提醒一下，如果是跨国企业，预算提供部门来自其他国家/地区时，需要转换成相应预算提供方所在地币种。格外注意的是，与本地供应商签订合同使用的是本地货币,在汇率有大幅度波动情况下,在金额上会有出入。比如,有的公司部门之间内部结算,业务应用部门 A 使用了位于法国规划部署的预算(欧元),部门之间每财年结算一次,1 年前项目开始申请预算 100 万欧元,当时汇率欧元与人民币是 1∶10,与本地供应商签订的是 900 万元固定合同。项目结束时汇率成了是 1∶8.5,原先预算折合人民币 850 万元,本地部门会遇到资金缺口。所以在项目发起时需要考虑此类汇率影响,部门之间提前做好沟通,预算留一定的余量。

表 2-1 第三方硬件、软件及服务采购预算

	合格供应商清单	企业内部共享	CAPEX（初步预估）	OPEX（初步预估）	备注
服务器设计或云服务					
软件（版权 etc.）					
服务-咨询相关					
服务-实施相关					
运维-每年运维相关					

第八,发起项目初步路线图与项目组织架构提议。项目可分为初步预估启动、蓝图、测试验证、上线以及收尾关闭 5 大里程碑节点。如果涉及多个子项目的项目群也需要把其他子项目节点列清楚,同时明确标注出项目之间的依赖关系。例如,图 2-2 所示项目 A 有两个依赖项目,其中 A 项目的蓝图方案依赖于 B 项目,同时 A 项目的验收关闭也依赖于 B 项目,而 C 项目只是蓝图方案依赖于 A 项目,后续节点没有强依赖关系。

表 2-2 信息化项目里程碑初步计划

组织架构方面,最为关键的是识别出项目业务关键干系人,包括项目发起业务负责人、业务组织主管、项目资金预算负责人(项目赞助人 Sponsor)。在 IT 中心信息化统一管理模式下,预算归 IT 管理,但某些特殊情况下,IT 预算有限,

但某业务部门为了发起某业务优化应用，会承担部分赞助人角色，弥补IT项目的有限预算，使项目发起顺利开展。通常情况下，业务负责人、其组织主管是决定信息化项目成败的干系人，在发起业务负责人有多名的情况下，其上级管理层主管则成为关键角色，他们的决策与认可直接影响着项目的目标、范围以及效用收益。因此，在项目发起阶段就需要明确列出他们，并将他们列为即将启动项目的委员会成员，为项目发展决策掌舵。在现阶段还需要识别的关键成员包括业务接口人（作为关键干系人的代言人及项目全程参与成员）、技术架构负责人、第三方采购接口人、项目经理/负责人。通常在前面提到的"双轮"驱动信息化项目建设模式中，业务接口人作为业务项目经理，负责业务协调，而IT部门安排技术项目经理，负责项目管理方法论指导与执行、技术团队协调，互相配合共同管理项目。在发起阶段识别出以上项目干系人已经足够了。

以上内容形成可行性分析报告，通过管理层评审，如果最终项目审批通过（包括预算批准流程），具体与实施相关的资源与内容在项目启动前需要进一步完善，体现在启动报告、项目章程等项目交付物中。

2.3 "双轮"协作，各司其职

业务系统架构是任何信息化项目的基石，从多个项目实践经验看：任何信息化项目的系统架构综合评估分析是项目发起考虑的关键因素之一，确保所建系统符合公司级战略规划，并且其非功能需求具备落地执行性，同时后续系统建设与运维有持续的保障。

业务系统架构是从多个维度初步分析理解项目对企业流程、应用系统、公司主数据、人员等的影响。由业务方案顾问主导，分别从业务及技术两方面进行分析。与业务干系人沟通讨论发起项目对业务能力建设、新/变更业务流程的影响，通过了解目标用户群及业务性质，初步判断对IT基础设施、已有及新建应用系统、系统安全机制以及系统主数据的影响。业务系统架构分析的目的在于：①对项目发起在业务与技术方面进一步评估，作为项目规划及预算的关键依据之一；②这将作为需求分析与方案概念设计的指导，以及蓝图方案阶段系统架构定位与规划的直接输入。企业信息化团队需要在业务与技术等维度展开分析，对影响项目范围、成本、工期的因素一一识别，并结合最佳实践给出合理建议。

综合上述，在评估与明确项目目标与范围规划之前，首要进行业务系统架构影响分析，从业务层和技术层两大维度开展。其中业务层需由业务部门主导，在IT部门的分析方法论协助下完成；技术层这块工作对业务部门是透明的，交给专业的IT队伍主导，业务用户需尊重IT人员的工作，协助说清楚对业务系统架构统的要求，如要求 7×24 小时不停机等，干涉他们架构评估与规划都是不明智、不可取的。IT 与业务两轮互相配合完成项目平台架构整体规划与评估。

2.3.1 业务层维度

1. 企业战略支持度分析，项目对企业业务运营能力的提升贡献

表 2-3 是某企业发起对企业战略支持维度评估项，几乎包括一般企业战略或战术发展的多数出发角度。企业信息化过程中，需要不断完善适合公司自身的明细项，成为信息化知识资产的一部分，进一步指导项目的发起和立项工作的开展。

表 2-3　某企业发起对企业战略支持维度评估项

企业战略价值类	业务价值项	描述
市场与营销	洞悉客户	帮助企业更好地识别客户群、客户相关重要事件、客户需求
	客户满意度管理	提供客户满意度跟踪服务，收集直接或间接客户反馈，为聚焦服务于客户提供决策依据
	洞悉市场	收集各类数据，完善市场分析，为市场部等业务部门提供决策数据
	产品营销管理	优化销售市场趋势、定单预测等管理业务
	市场营销战略发展	为识别、定位、实施战略决策提供专业资源、经验知识
	销售服务管理	优化销售市场趋势、定单预测等管理业务
客户管理	大客户管理	提供客户关系服务，大客户管理标准流程及团队管理
	渠道管理	提供客户关系服务，渠道管理流程及团队管理
	合同管理	提供客户合同相关法务及相关流程管理
	机会管理	服务于公司管理潜在销售机会业务
	定单管理	为企业提供定单全周期管理（从定单接收到回款）
	软件知识产权管理	企业软件知识产权/版权法务/商务相关管理
供应链管理	物流管理	企业成品包装、发运、分发到客户等物流过程管理
	库存优化管理	提供据需求与供应运营计划优化供应商流程的整体库存量
	供需平衡管理	跨业务部门需求供应制定管理
	供应点管理	管理各分支节点接收、存储、拣货等业务
产品管理	产品商业化管理	提供商业化流程管理
	配置管理	产品项目管理过程中提供管理与维护产品完整性服务
	产品交付战略	服务于产品战略维护与产品发布管理
	产品部署管理	赋能企业业务组织对产品的部署管理

续表

企业战略价值类	业务价值项	描述
产品管理	产品退出机制管理	产品从决定退出市场到最终完成退出全流程管理
	产品工业化管理	产品上市管理
	产品创新管理	赋能业务新产品研发创新,为企业提供持续增长点
	产品全生命周期管理	提供从产品研发开始到交付退出全过程管理
	产品计划管理	为企业提供从市场客户机会开始到研发、生产计划管理
生产制造管理	现场运营管理	完善生产智能制造与运营
	设备交道绩效管理	提供对设备可用性、可靠性、维修维护管理
服务管理	整合、运营变革	应用整合,管理运营变更管理支撑
	维护与维修	赋能业务,为客户提供支持、产品维护与维修,产品售后质量保障
	客户现场服务管理	为各产品线提供工程设计、施工服务管理
供应商管理	寻源管理	为公司选择质优价格适中的供应商管理服务,与供应商建立中长期合作伙伴关系
	特别采购管理	为符合要求的供应商提供特殊流程与操作管理
	供应商合同管理	提供诸如商务条款管理、合同执行监控与过程管理
	供应商采购定单管理	对所有供应商提供订单、商品或服务采购管理
业务运营支持	企业架构管理	对公司业务流程、数据、应用提供管理,以提升企业竞争力
	宣传管理	提供企业宣传管理服务
	合规与法务管理	提供公司所有法务合规活动支撑管理服务
	企业战略管理	提供对公司战略相关活动支撑管理服务
	EHS管理	提供对公司环境、健康与安全相关活动支撑管理服务
	财务管理	提供对公司财务相关活动支撑管理服务
	固定资产与设备管理	提供对公司固定资产相关活动支撑管理服务
	人力资源管理	提供对公司人力资源相关活动支撑管理服务
	信息化管理	提供对公司信息化相关活动支撑管理服务
	公共事务管理	提供对外维系公司形象、声誉管理
	能源管理	提供对全公司能源创新管理
	全面质量管理	提供对公司全面质量管理相关活动服务
运营分析	公司绩效管理	管理企业运营绩效
	客户分析	从多个维度对客户全面分析服务
	客户需求预测	客户定单月、季度预测分析
	成本预测	运营成本分析服务
	产品分析	从财务数据、管理运营等角度全面分析产品市场、预算、利润等信息服务
	供应商分析	提供对供应商历史数据多维度分析

对以上维度的赋能与支撑则是项目发起的出发点及最终服务目标。从发起投资角度,可参考表2-4,然后结合企业自身情况予以调整。

表 2-4　投资分类

投资分类	描述
基础类	项目发起为一般企业运营所必备能力建设，如财务报税管理、工资发放管理等
公司战略转型支撑	为企业建设新能力，促进企业经营流程或组织转型
优化提高类	项目发起持续组织、流程进行改善加强管理
合规类	各业务部门运营必须遵守的财务控制、EHS、当地政策或法规规定等
安全类	企业安全标准强制性要求。比如，涉密企业信息保密要求等
升级改造	IT 基础设施、应用系统、生产设备技术更新、性能提升或运营成本下降等

2.3.2 业务流程方面

1. 对当前业务流程的变动或引入新业务流程进行概要分析

IT 顾问根据业界类似业务流程实施案例及经验，并结合企业业务现状，与业务关键用户一起综合分析业务流程变动带来的影响。必要时可"借力"，即邀请第三方咨询服务公司参与。

2. 分析在本次项目发起外有无其他业务应用相关流程受影响

鉴于部门用户的局限性，只关注自己部门业务操作流程，通常不了解其他部门可能因此受到的影响，此时 IT 顾问便起到了关键作用，需要其站在更贴近全局的角度，负责跨部门业务流程影响分析。缺少对此的分析会导致项目范围遗漏，影响整体实施效果。

3. 弄清本次项目发起涉及的组织区域地点，是否跨区域

这方面直接决定项目实施范围，随着实施区域的增加，甚至是跨国家或地区，项目管理复杂度增加，不只是地理因素，文化、环境、政策等因素对项目有着深远的影响。比如，基于云服务的业务需求，有的国家没有限制，有的国家云服务可能无法落地执行，这对于业务解决方案和技术解决方案往往有着根本影响。

4. 预计对哪些业务角色/人有影响，如库房管理员、财会人员等

5. 识别出新增、变更的业务角色/人

项目实施过程中，"隐藏"的阻力来自对原组织或个人的变动，业务角色新增意味着需要资源投入，需要有人承担新角色；角色废止意味着资源减少与释放，需要有人换岗位，甚至下岗失业。尤其是对后者的影响，有可能对项目的实施造成重要影响，故在项目发起阶段进行分析时需要谨慎评估，业务方案顾问以及项目负责人需要妥善地与业务部门领导、各级干系人沟通资源的重新定位与安排事宜。

6. 识别出对业务新增或变更绩效考核

信息化项目常常同时伴随着业务重组，为适应新的公司战略目标，业务部门绩效考核指标也会随之变动。业务方案顾问有效地识别出新的考核指标，与项目目标相结合，能更有效推动项目的执行。

7. 识别出业务主数据的变动（产品、客户、供应商、人员等）。

2.3.3 技术层维度

在业务影响分析完成的前提下，转而开展技术层维度分析，这主要是从 IT 技术架构及信息化应用、资源三方面来描述。明确的分析是对项目可行性以及预算预估准确性的基础保障。

1. IT 技术架构

以下是常用的分析点：

1）对信息化安全合规的影响。

保护知识产权信息以及企业敏感数据是项目的底线。判断项目是否涉及机密数据，需要对用户访问加以严格控制。比如，本地设备管理监控系统允许服务供应商远程接入调试或排查故障，提高系统维护效率的业务需求，但有可能信息化安全不合规。对信息安全方面的严格要求，不但对网络物理拓扑架构的设计有影响，而且对应用系统架构也有直接影响，如用户认证设计等。

2）对业务用户及系统响应性能要求的影响。

用户数为 100 与 1000 对系统架构会有质的变化要求，业务上系统性能要求实时度高，如设备实时数据采集，可能是毫秒级，则对系统实现采取技术有直接影响；如果业务用户工作时间是 5×8，即每周 5 天，每天 8 小时，则一般信息系统架构就可满足，但如果用户工作时间是 7×24 小时，则所需系统架构就趋向于复杂化了；即使用户工作时间是 5×8，但如果用户是跨国企业，存在时区差异，如跨亚欧美等多个洲的情况，几乎等同于 7×24 小时运营。不同的业务场景，对应不同的系统架构，其成本代价可能会有数量级的差异。

3）云化及存储需求分析。

业务适合云化方案，无论是公有云或私有云，其技术架构与传统 IT 架构极大不同。比如，对于云化方案需求，数据存储不需要做特别考虑，可充分利用云的"伸缩弹性"来自由扩展或缩减。然而如果是传统 IT 架构实体机形式，则需要与业务部门详细沟通确认预留 3~5 年的存储空间。

4）系统集成接口需求。

项目数据信息依赖于其他系统的输入或需要输出到其他系统，交互数据的需求增加了系统实现的复杂度，范围的扩大导致工作量的增加，以及产生对其他相关系统的更改需求。从企业系统互联互通，消除信息"烟囱"出发，完成系统集成需求分析。无论从范围梳理还是依赖项分析而言，这常是不被充分重视的工作，因而项目组会在项目后期遇到上下游数据不畅情况，对实施进度、效果造成影响。

2. 信息化应用

以下是常用的分析点：

1）系统接口需求对应用的影响分析。

集成接口除对系统架构有影响外，对上下游应用系统也有相应的制约及变动要求，因此这些相关系统的设计与实现工期、成本等方面都要考虑其带来的影响与应对措施。

2）主数据需求带来的影响。

在业务识别出主数据需求时，需要从应用系统角度分析对主数据系统的变更需求。

3）新发起项目对其他应用的影响。

针对新的发起项目，IT顾问需要全面分析受影响的相关系统：系统终止服务、变更增加、合并到新应用中等措施分析。针对原有应用系统的中止或被替代，IT顾问团队需要评估其影响用户、数据迁移以及迁移期间对业务的影响，与业务部门沟通，减少对业务运营的影响。

3. IT资源

以下是常用的分析点：

1）新发起项目对IT资源需求度。需求安排哪些业务方案顾问、开发实施人员以及项目管理人员，以及与当前实际可用资源的差距。

2）分析是否需要第三方合作伙伴，以及第三方服务供应商是仅资源外包服务，还是整体方案实施方。

3）根据已经完成的业务与技术架讨论IT基础设施资源的需求分析（增加网络布线、服务器、虚拟机还是云服务扩容升级等）。

2.4 项目立项准备的核心要素

在项目获企业初步预算前，项目章程中的核心要素需要开展起来。并不是所有的企业会要求有项目章程这一形式，但信息化项目准备与启动的工作内容在实质上却是相同的，也可以理解为项目正式立项书。以下沿用项目管理专业人员资格认证（Project Management Professional，PMP）管理术语，统一以项目立项章程代替此类工作。项目立项章程是项目实施的总体规划书，主要目的是"讲目标、谈计划、定规矩"，统一思想认识、行动节点。对于信息化组织成熟的企业都会有例行的要求与工作方式方法。

遵守"要事第一"工作原则，首先要知晓在项目发起准备阶段的主要工作目标以及工作对象，这样才能抓住主要矛盾有效工作。项目启动准备阶段主要服务对象是各级管理层，要解决的主要矛盾是消除关键项目支持层因沟通不到位导致的对项目理解的差异，确保项目发起与公司战略、战术保持一致，最终获得项目立项的通过。知晓当前阶段的主要矛盾后，就理解为什么在项目立项章程中不花费章节详细描述业务功能需求，更多是目标与方向、方式与方法等，毕竟主要对象是管理层，要从管理者角度出发组织内容汇报。举个实际例子来探讨下管理层视角。某年，公司董事长视察分公司工厂，笔者负责现场介绍信息化应用项目进展。听完笔者的一长串汇报后，董事长问了两个问题：一是该应用项目上线后给公司带来的经营效益最大改善是什么？二是现在项目按时完成，有没有困难？从这个例子可以体会到高层的关注点。项目立项章程就是要从公司管理者/项目管理者角度来组织内容。

项目立项章程通常包括这些内容：项目背景、目标和范围、项目收益、项目组织架构及角色定义、项目实施方法、项目实施计划及里程碑、项目沟通管理、项目假设前提与风险管理、项目变更管理、项目质量管理、第三方与采购管理等。上一阶段的可行性分析报告是项目立项章程的主要输入文档，其中前几项如项目背景、目标与范围是对发起阶段内容的丰富与完善，其他章节可遵守具体企业信息化流程规范并结合项目实际进行适当裁剪。项目立项章程也有一个逐步完善更新的过程，在项目关闭之前涉及范围、进度、成本的重大变更，都需要对该文档进行更新。

项目立项章程将作为项目执行过程的总体指导方针原则，尤其是中大型项目，它更是起到了统一成员认识的作用。然而在实际执行过程中,不少项目团队把制定项目立项章程当成了走过场。不可否认的是,有过项目管理经验的团队,可直接拿历史项目的章程参考形成本项目文档,被人认为是千篇一律的复制、粘贴内容,因而常忽视它起到的指导作用。一些章程制度可能是一样的,但项目是独特的,成员也都不尽相同,需要项目负责人有更严谨的作风来制定项目立项章程,并作为宣传工作,使得上下人员都真正认可与理解章程所述,起到它应有的作用。

首先看一个实际项目立项章程目录样例(图2-3),下面对其核心要求的准备展开描述。

目　录

项目立项章程介绍	1
总览	1
项目背景	1
项目目标	1
项目范围及描述	2
项目收益贡献	2
项目组织架构	3
项目组织	3
项目组角色说明	3
项目实施方法	4
项目实施计划及里程碑	4
项目实施主计划	4
项目里程碑交付物	4
项目沟通管理	5
项目风险管理	6
项目变更管理	7
项目质量管理	8
项目开发管理规范	8
项目测试规范	8
项目问题跟进管理规范	8
项目部署管理规范	8
第三方采购服务管理	9
项目各阶段交付验收标准	10

图2-3　实际项目立项章程目录样例

2.4.1 项目为谁服务、服务什么

项目准备阶段需要向管理层进行汇报，讲清楚项目的项目背景、长期远景与本期项目目标、对公司的回报、提供的服务功能及业务实施范围极其关键，其他内容都是围绕这个核心服务来实现项目。不少公司在项目准备初始阶段，引入一些意向服务咨询商进行预研交流，借鉴外力来找准项目定位与立项，这是非常有效的管理措施，在后续"项目是否需要外援"章节我们做详细论述。

对于项目背景，可以补充给出业界标准或同行业竞争对手开展情况，给出目前企业存在的差距，让决定干系人更清晰地认识项目立项的必要性。需要加以注意的是，外部背景只是引子，最终都要回归到本公司当前业务重点与痛点，引出解决方案项目的愿景及目标定位。

相比于前期预研类报告中的目标描述，章程中的目标需进一步明确，把长远规划愿景与项目目标界定清楚，毕竟项目是在一定期间内，有限的资源团队承诺交付一定的服务或产品，时间、范围、资源都有限的情况下，再宏观的愿景大厦都需要一个个可落地、近期可实现的项目目标搭建。

至于项目目标效益价值内容，引用项目可行性分析报告可量化指标加定性指标，并进一步与业务线的管理层沟通和确认。通常预期效益体现在六字方针"降本、提质、增效"：当中如人员数量减少、现金流增加、库存呆滞物料减少、产品质量提升（返工率下降、废品率下降、一次合格率提升等）、效率提升、设备利用率提高等。以上是可以直接引用并完善的可行性分析报告内容。

关于范围描述，在该阶段需要进一步更新，因为项目立项章程作为项目后续启动的关键输入物，尤其涉及有第三方招投标时，更是招标书的关键输入。在可行性分析报告中对范围已经有了初步描述，此时有三方面内容需要完善：一是需求范围存在模糊歧义的地方，且评估下来对项目成本及时间有较大影响的，必须与业务干系人沟通明确；二是对不在项目范围内的需求进一步沟通与澄清确认；三是对项目假定做分析与沟通，如果假设条件评估下来在短期内无法得到满足影响项目工期时，需要放到风险管理中进行跟进。范围内业务需求要点仍然是大功能模块级别，描述业务上要什么。业务方案顾问一定要把握住度，防止在描述业务需求时，没有站在业务角度，而是以方案顾问角度增添"如何做"等内容，因为"如何做"是蓝图方案阶段的工作。

在项目范围广度与深度的把握上，广度更需要重点识别与划分。当项目实施涉及多个业务部门时，难度指数会随着业务部门数量的增加而增加。例如，A公

司年度战略规划的重点是抓质量提升。多个业务部门把 6-Sigma 作为质量提升的抓手,联合 IT 部门推广质量管理信息系统,计划在 6 个月内,3 个产品生产线业务部门完成 6-Sigma 工作流程的电子化信息管理。然而 3 个业务部门对 6-Sigma 关键业务流程存在歧义,项目发起启动工作一度陷入停滞状态。以上案例最后的解决方式是缩小实施范围到两个意见一致的业务部门。笔者曾经服务过的一家跨国企业,信息化建设项目发起前需进行量化风险评估。当项目识别为多业务部门时,项目风险量化自动提升到最高风险量级;当项目与公司战略战术直接相关时,项目风险量化增加普通分值的 20%评估分。这也从另一个角度说明项目范围广度或深度增加时,会对项目产生直接影响,需要引起项目负责人的足够重视。

应用"以终为始"工作原则,围绕"项目为谁服务、服务什么"展开分析,在项目发起阶段的有效界定,不但能够顺利地触发项目启动,而且为项目最终交付打下了坚实的基础。

2.4.2 项目依赖谁来实现

纵观失利的项目,有一个共同点就是组织架构是个"空架子"。比如,表面上各岗位都安排有负责人,但这些负责人在整个项目执行中却不出一分力,有的甚至从项目启动会到项目收尾都不见面,只是挂名充场面。信息化项目建设是实实在在的工程,摆花架子、装腔作势可以糊弄一时,但不久就会"演戏穿帮"。项目经理需要从落地执行角度组织团队,秉承项目第一负责人的责任心来规划组织架构。图 2-4 是众多企业采取的组织架构图。

架构中成员项可根据项目灵活裁剪,比如最右边的供应提供商并非必要项。在项目启动准备过程中,需要逐步完善该架构中的人员,并与各部门进行沟通明确相关人员在项目中的职责以及预估占用工作时间的比例。尤其是业务线的负责人,确认工作时间占比便于项目执行阶段真正参与到项目中,而不只是挂名虚职。对于业务线干系人以及关键用户,或许是第一次参与信息化建设项目,对于方式方法论、承担的职责不会有深入的理解。另外对于合作的第三方服务供应商,不同的企业有不同的管理与分工方式,对该企业具体角色职责理解也会有出入。因此,需要在章程中明确项目的各角色职责,而最为常用的方式是 RACI 管理矩阵。RACI 指的是:

R(Responsible):责任人,责任执行人,实际行动做工作的人;

A(Accountable):负责人,最终负责任的人,对最终结果承担风险,如果出错，则为第一负责人；

C（Consulted）：被咨询人，在决定或行动前，必须被咨询、征求意见的人；

I（Informed）：被通知人，采取决定或行动后，必须被告知的人。

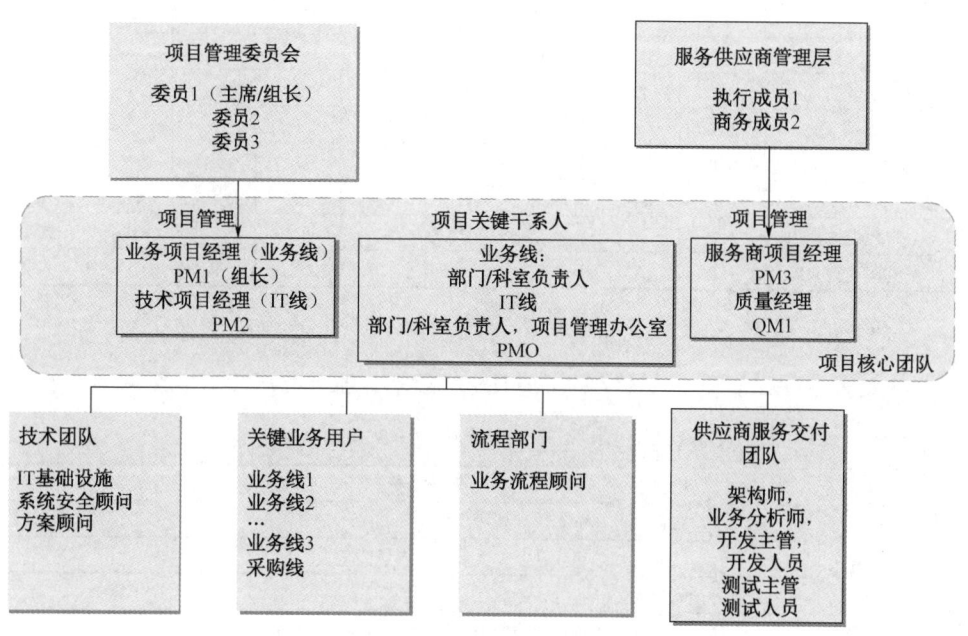

图 2-4　企业信息化项目组织架构举例

表 2-5 是某信息化项目在章程阶段制定的 RACI 角色/活动映射表。不同企业管理模式以及不同项目映射表或许有较大的差异，把握好 RACI 角色/活动映射表的意义就能排除杂音，因为它事先明确了项目执行过程中关键事件/活动的责任人与执行人，在一定程度上避免了扯皮或推诿现象的发生。

表 2-5　某信息化项目在章程阶段制定的 RACI 角色/活动映射表

角色 关键活动	业务项目经理	技术项目经理	服务供应商项目经理	项目干系人	技术团队	关键业务用户	业务流程	交付团队	项目委员会	服务供应商管理层
项目发起准备	R	R	NA	A	NA	NA	NA	NA	C/I	NA
项目各里程碑评审	R	R	R	A	I	C	C	I	A	A
需求调研与分析	A/R	C	A/R	C	C/I	R	C	R	I	I
蓝图方案设计	A/R	C	A/R	C	C/I	R	C	R	I	I

续表

角色\关键活动	业务项目经理	技术项目经理	服务供应商项目经理	项目干系人	技术团队	关键业务用户	业务流程	交付团队	项目委员会	服务供应商管理层
系统架构	C	A/R	A/R	I	R	I	I	R	I	I
系统实现	C	A/R	A/R	I	R	C/I	I	R	I	A
功能测试	R	A/R	A/R	C	R	R	C/I	R	I	I
用户培训	C/I	A/R	A/R	I	R	I	I	R	I	I
文档编写	I	A/R	A/R	I	R	I	I	R	I	I
系统上线	C/I	A/R	A/R	C/I	R	C/I	C/I	R	C/I	A
系统验收	A/R	A/R	A/R	A	R	C/I	C/I	R	A	A
系统运维	I	A/R	A/R	I	R	I	I	R	I	A

项目组织架构中各角色除 RACI 明确职责外，还有更为详细的角色说明，表 2-6 是多家企业在对信息化项目各角色的定义，有一定的通用借鉴意义：

表 2-6 多家企业对信息化项目各角色的定义

项目角色	职责分担
项目指导委员会	• 项目关键里程碑的评审会议，把控项目方向 • 决定项目实施过程中所涉及的重大决策性问题及重大变更 • 从管理层角度监控、指导、把脉项目进程 • 从支持者角度，根据项目实施需求，进行工作授权和资源调配
项目管理核心团队	• 定时向项目指导委员会汇报项目实施情况 • 涉及成本、质量、进度的问题及风险，及时组织解决并汇报 • 建立项目实施环境和项目组织结构 • 确定项目实施计划编制与更新、跟进 • 负责项目组事项的协调沟通，协调相关人员和其他资源的调配 • 监控项目进度，确保项目按计划进行 • 风险评估与管理 • 实施过程中各类变更管理 • 详细审核项目各阶段成果，协调问题的解决
业务项目经理	• 项目管理核心成员之一，更侧重于各业务部门的沟通与协调，以及一定范围内业务方案决策
技术/项目经理	• 项目管理核心成员之一，更侧重于服务供应商交付管理与各部门的沟通与协调，保持项目的透明度，负责项目推介与宣传 • 对项目交付指标负责直接责任 • 项目组织项目阶段任务执行，从需求分析、方案制定到开发设计、部署上线，直到系统稳定，项目关闭 • 虚心向 PMO 汇报项目进展，并接受 PMO 的指导与要求
业务流程团队	• 参与项目需求及方案分析讨论 • 对于涉及企业重大业务流程的优化或变动做决策与发布 • 参与项目蓝图方案确认与评审

续表

项目角色	职责分担
关键业务用户	• 配合需求调研，参与需求分析 • 提出各功能模块业务和功能需求，并确认方案蓝图 • 和实施顾问共同准备测试环境、数据；参与系统集成测试，校验测试结果 • 按测试用例测试并给出用户功能验收测试报告及确认 • 通过接收实施顾问的培训，担负起最终操作用户的培训与指导
IT 技术团队	• 作为项目公司内部顾问，负责项目前期需求分析与可行性分析报告沟通讨论 • 在项目执行阶段，参与并负责关键功能/非功能方案及设计的评估，以及执行阶段交付物检查 • 在项目收尾阶段负责与知识交接，承担起系统运行维护工作
实施交付团队	• 负责需求分析、蓝图设计、系统搭建，并对实施过程中出现的问题统一管理解决 • 负责需求分析、蓝图设计、测试用例、上线计划、验收报告等文档的编制 • 按功能方案蓝图开发、组织单元、功能以及集成测试 • 制定最终用户操作手册、培训关键用户 • 负责向关键用户进行系统操作和配置知识转移

项目立项章程准备阶段，各角色定义明确清晰并不意味着对应的人员都确定下来，如第三方服务供应商等，在招投标前是无法确定的。但是在项目启动会召开之前，这些资源必须明确，否则就意味着存在资源不足风险，项目需要考虑是否具备了启动条件。

2.4.3 项目里程碑谁说了算

项目里程碑主计划量化了项目各阶段节点衡量标准，依节点按时完成交付作为考核项目交付团队的主要指标。项目里程碑不同于其他计划项，制定确认后若再有变更，必须通过项目管理委员会专题评审才能生效。问题是里程碑由谁来决定？有多少项目的主计划是指定一个交付日期，倒排生成的？信息化项目的性质就是服务于企业的业务部门，因此在双轮驱动模式下，业务部门的期望上线日期，或者公司战略战术上要求的日期就是项目最初的追求目标，IT 部门则从项目实现与实施专业角度评并在计划、范围与成本三者平衡中给出专业建议。当大家对上线日期达成一致后，项目实施阶段划分与实施策略方法论则由 IT 部门主导，制定方案蓝图、系统搭建上线等关键里程碑节点，要不要制定试运行节点等。里程碑各节点以及各节点交付物就是项目经理工作的驱动点，遵守"以终为始"原则，所有工作安排都是为了当前节点服务，步步为营，向目标推进。

相信有不少项目遇到以下情形：管理层指定了上线日期，并且规定系统上线日期、范围与成本都是最高优先级指标，不能妥协平衡，有多少项目组是采取绝对服从方式，奉行鸵鸟政策，刻意忽视客观条件，寄希望于奇迹出现？然而不少项目只能是撞南墙后，在管理层面前只能展现团队的苦劳，于公司与团队都是双输局面。项目问题出在哪儿？不论我们是否乐意承认，其根本原因还是团队的失职，非职业化行为：对各方诉求工作没有理解到位，项目预研没有到位，沟通没有到位。我们不妨设想一下，假设公司是项目组开创运营的，那么以上情形会不会有所不同，项目团队还会是"你说什么就是什么，反正失败了我也不负责"这样的心态吗？退一步看，坐到管理层位置的，用俗话讲"都是有几把刷子的"（至少在某些方面能力出众的人），所谓的拍脑袋，在其心里也是有一定依据并进行了多方考量而成的。因此，项目筹备组应本着尊重、客观的态度，从项目执行专业角度分析目标交付的可行性，各方沟通讨论，最终对项目上线计划日期达成一致。道理大家都明白，不过在真正执行时，各方利益存在互搏，部门之间信任度有限，团队负责人与成员顾虑重重，导致项目交付日期评估上并非实事求是，而是带有一定的媚上情形。

读者可能会想到，此时请"外来的和尚念经"是否可以解决这个难题？小时候经常见到这样的情形：街坊邻居产生了纠纷，已经到了水火不相容无法解决的地步，通常双方会请村里一名德高望重的人主持"公道"进行调解，十有八九两家就和好了。当项目立项的关键点冲突不定时的确可以借鉴此类模式，即拿到业务类似案例来协助与各方沟通，案例可从多个渠道获得，如行业交流峰会、业界有信誉的第三方机构调研报告、线上线下国内外企业公开资料等。其中，第三方机构调研报告评估相对较为独立客观，有较强的公信力。鉴于正处在项目立项准备阶段，此时请服务供应商介入评估并不是较佳的选择：如果企业自身项目管理与咨询能力比较强，是不错的选择，但是如果自身资源能力有限的话，需要提防被服务供应商带到"沟"里去的风险，毕竟"无利不起早"，服务供应商免费或低价提供评估与咨询时，眼里盯着项目这个大蛋糕，或多或少无法站在中间立场给出评估，甚至启动售前模式，夸大困难或故意无视阻碍，一般企业可能会被误导，需要企业自行把控这个度，综合各方面评估，将项目工期定在合理范围之内。

总之，项目工期交付日期的确认是多方平衡得到的结果，"一言堂"模式下很难有真正成功的项目交付；工期内的里程碑节点应以 IT 项目管理专业方法论设置，节点交付也应依据 IT 管理规范，以下是实践样例可做参考。

1. 项目里程碑样例

在可行性分析报告中已经初步给出了里程碑规划，在项目立项章程中需要进一步评估明确，其表现形式可以继续沿用（图 2-5）。

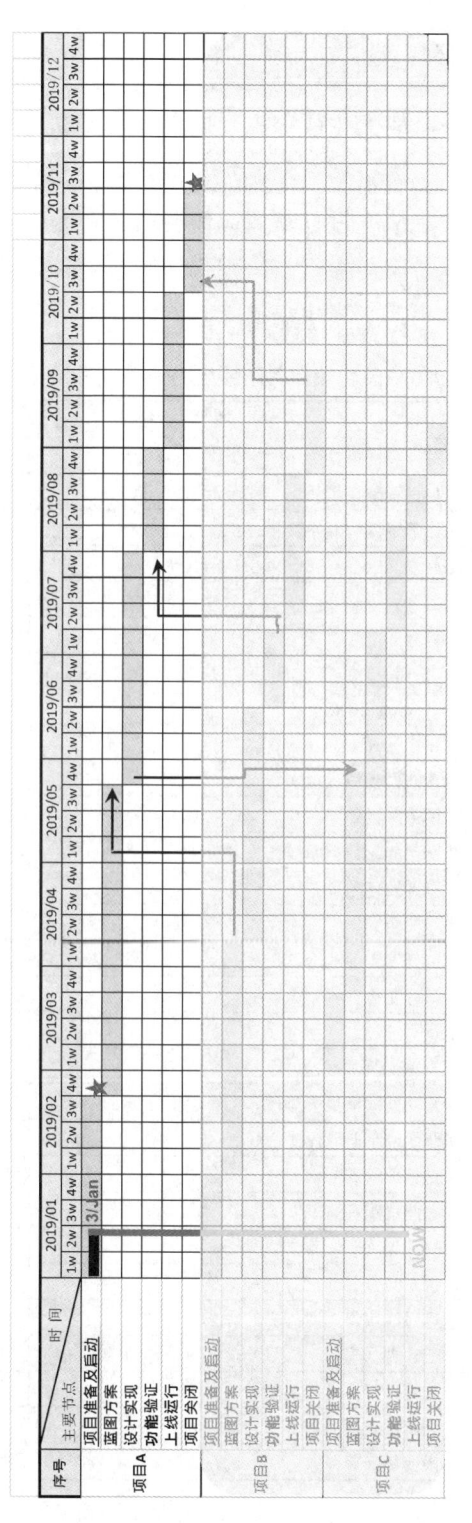

图 2-5 信息化项目里程碑

2. 里程碑节点交付物

项目交付物作为每一阶段的完成标志，也是阶段评审的主要对象，不同企业会略有差异，如文档类型、模板等，表2-7是某企业信息化项目各阶段/里程碑交付清单。各项目可根据实际情况进行裁剪，但在项目立项章程中一旦决定采用哪些项，如果项目需要第三方服务提供商，则将作为今后商务服务谈判的附件，具有合同法律效用，各方遵守，不能随意再次变更裁剪。

表2-7 信息化项目各阶段/里程碑交付物清单

序号		必 需 项	可 选 项
1	准备发起阶段	可行性分析报告	
2		项目里程碑及主计划	二级三级详细计划
3		工作范围说明书（Scope of Work，SOW）	
4		招标书（Request for Proposal，RFP）	评标过程文档
5		商务合同	
6		项目启动会	项目章程
7	需求分析、蓝图方案阶段	系统需求规范说明书（System Requirement Specification，SRS）	需求分析报告
8		测试主计划	
9		需求蓝图评审过程文档	
10		蓝图方案设计	
11		系统架构、数据库设计	IT硬件需求报告
12		详细开发任务计划	
13	设计、实现阶段	系统安全评估	
14		详细开发设计	遗留系统数据迁移方案
15		接口开发设计	
16		测试详细计划	
17		开发单元测试报告	代码走查检查报告
18	功能验证阶段	用户功能验证报告	系统性能压力测试报告
19		用户培训手册、操作指导书	
20		关键用户培训	
21		问题解决跟进清单	
22		部署计划	系统、数据迁移计划
23		IT系统支持培训	
24		所有最终用户培训	
25	上线阶段	上线计划	上线支持策略
26		上线阶段评审过程文档	
27		问题解决跟进清单	系统试运行报告
28		需求变更管理	

续表

序号	必 需 项		可 选 项
29	收尾阶段	知识交接及运维建立	
30		源代码版本冻结归档	分支管理策略
31		收尾关闭总结报告	
32	各阶段	项目周报、月报	
33		会议纪要及行动跟进	
34		预算成本管理报告	
35		风险管理报告	

2.4.4 项目谁来认可，如何界定成功

IT 部门可以提供阶段节点交付规范，但这只是通用验收标准内容之一，是项目成功交付的必要非充分条件。在前面我们讨论了项目为谁服务的问题，没有系统服务的业务部门的认可，功能再稳定的系统也是失败的（如果 IT 部门恰好是最终使用部门，则 IT 与业务为同一整体，如 IT 机房安全消防系统建设等项目，此时很容易界定项目的认可）。企业信息化项目的特点决定了 90%的都是与业务部门相关的，因此，业务部门对企业信息化项目起着决定性作用。

项目实施过程中常见的问题是仅把业务部门接口人当作最终确认人，导致接口人对部门管理层的意图理解有偏差时，项目就偏离了原有的道路，最终自然会受到挑战。对于技术出身或是实践经验有限的项目经理而言，迈过这道坎需要工作原则与方法协助。第一，仍然是"以终为始"原则，交付一份方案不是最终目标，完成一项功能测试并上线也不是最终目标，所有的工作指南针就是项目完成结项，项目团队解散（团队成立的终极目标是为了释放还原各成员）。还记得在方法论章节中讲述的"墓志铭"案例吗？想象一下现在就要开项目结项验收汇报大会，会议室出席的各方会议委员，哪些人会首先发言，谁最后总结发言，你期望各方如何发言对项目进行评价？项目验收最终签字或会议纪要中的结论会不会有人不同意？通过该方法可以帮助项目组真正识别出业务决策拍板成员，以及终验节点验收标准，并采取沟通措施予以管理。

作为项目负责人，必须时刻提醒自己与团队，并不是所有人都有契约精神，或者是理解这些约定认可规定，即使理解也有可能产生偏差，并且不排除成为项目执行过程一些人推诿扯皮的挡箭牌。因此，无论是阶段还是最终验收节点条件标准都需要书面化，体现在项目立项章程、商务合同（如果有第三方合作的情况下）中，作为对各方的约束。信息化项目管理过程中，项目负责人再怎么重复或

强调这些项目管理原则或措施都不为过。

2.4.5 项目是否需要外援

前期立项准备中，目标、功能范围明确了项目要做什么，另外一项关键内容是——项目由谁负责做。每家企业信息化力量不一，从大类分，有企业自行建设和服务合作伙伴两类主要形式。笔者在 Z 公司 IT 中心工作时，信息化部门有 500 人，足以抵得上一个中型软件公司，公司信息化以自行建设为主，偶尔开发人员会与外部合作，但从项目经理到业务分析师、技术架构师、开发骨干，都是由公司自己的员工承担；后来在 A 公司工作时，信息化部门（中国区）不足 100 人，遇到大型信息化项目时，通常与业界知名公司开展合作，如 IBM、惠普、微软等。这两家公司信息化做得都非常强，每类方式都适应自己公司当时现状，只有适合不适合，没有好坏之分。

站在公司管理层角度，只要把信息化系统建立起来并可靠地运作，具体实施方不是主要问题，长期运维才是持续支撑业务开展的关注点；从项目管理角度看，长期自有开发建立系统的机制，容易形成固执、封闭的风气，同时团队成员也会认为与业界脱节，成长空间不足，因此大多是倾向于选择合作伙伴共同实施的方式，通过学习与融合借鉴的方式，团队始终保持一定的活力与业界竞争力。所以对项目经理而言，采购与第三方成员的管理技能与经验已经不是可选项，已经成为成员必须掌握的工作方式之一。在本书需求分析阶段之后没有严格区分企业方（甲方）与实施合作伙伴（乙方）团队，之所以这样处理是因为项目启动之前，团队可能来自不同部门、不同公司，站在各个交付阶段看，启动之后就是一个整体，互相依赖，共荣辱、共进退，理应当作一个团队来考虑开展工作。

2.5 争取公司内最关键的支持

从前一节的内容可以看出，项目立项章程内容的制定离不开各部门管理层团队的密切沟通与协调，目标是使干系人对项目目标、范围、成本与回报、工期、风险等方面的理解达成一致。图 2-6 是项目干系人职权与项目关联度矩阵，对于干系人沟通并非无区别的平均用力，矩阵图中的 B 象限是重点沟通对象，其次是 A 象限，再次是 D 象限，最后 C 象限无须过多沟通。

项目干系人职权与项目关联度矩阵

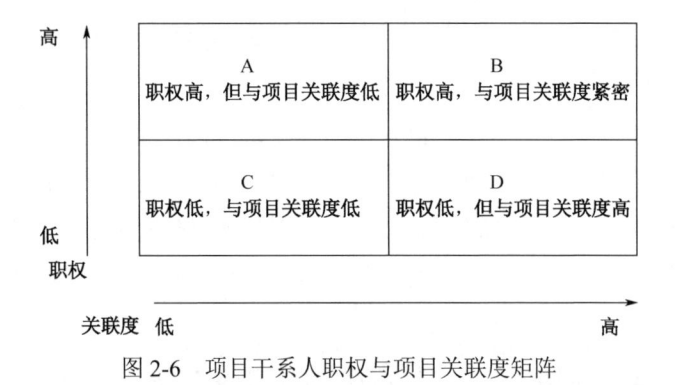

	关联度低	关联度高
职权高	A 职权高,但与项目关联度低	B 职权高,与项目关联度紧密
职权低	C 职权低,与项目关联度低	D 职权低,但与项目关联度高

图 2-6 项目干系人职权与项目关联度矩阵

沟通过程要注意处理好与代理人的沟通工作,减少因中间人信息传递导致丢失或曲解等情况。有些业务部门干系人身居要职,工作繁忙,只好安排一名代理人参与项目调研,与干系人的"代言人"沟通是常见的现象。需要特别留意沟通技巧,重要事宜落实到沟通纪要书面发给代理人及直接干系人,极其重要点务必找机会与干系人面对面沟通交流。其他一些沟通技巧与方式可参见后续专门沟通的章节。

我们来看一个信息化项目实践案例是如何在项目立项章程细化准备阶段开展沟通工作的。

S 公司设备仪器等固定资产价值数亿,为了更有效地管理与使用这些固定资产,业务部门决定利用信息化手段来实现这一目标。IT 中心安排了业务方案顾问与项目经理一起主导项目预研发起阶段,在与业务部门沟通讨论过程中,初步确认计划所有的设备都使用有源射频识别技术(Radio Frequency Identification,RFID)标签来管理,达到对设备的实时监控及定位管理,并给出了可行性分析报告。业务部门、IT 中心和采购部门负责人汇报了初步可行性评估报告,经过多次沟通与更新,最终业务部门、IT 中心和采购部门对业务目标及管理水平提升、工作效率提高等目标协调一致,在整体预算控制评估中,已经初步得到预算申请,这也标志着项目立项通过。但在项目启动准备前期,项目经理同业务方案顾问就章程制定明确项目功能目标与范围遇到了问题。本着消除项目目标及范围不确定性的原则,开展了进一步调研。业务方案顾问与市面服务供应商经过沟通了解,深入分析,发现市面上有源 RFID 标签尺寸有限制,而公司设备、仪器大小各式各样,无法做到统一尺寸贴在设备或仪器上。而采取悬挂方式被安全部门否决。因此,项目的目标及范围必须根据现实情况进行调整。业务部门多次沟通,明确了 80/20 管控目标，即对于 80%的体积大且贵重的设备、仪器采取有源 RFID 标签实时管理，而对于其他设备则采取无源 RFID 标签统一管理。项目经理评估了业务管理范围的变动对工期、预算的直接影响。幸运的是，从有源 RFID 标签调整到无源 RFID 标签，成本是降低的，因而采购部门没有反对意见。项目经理与业务方案顾问组织 IT 中心与业务部门重新核对的项目目标及效益提升度量，并且更新项目章程与之相关的内容，如目标、范围、项目收益、主计划等。

项目立项章程评估通过后，就进入下节即将介绍的项目启动准备。

2.6 帮你把关——项目实践案例

2.6.1 项目的前期准备检查单

项目的前期准备检查单见表 2-8。

表 2-8 项目的前期准备检查单

检 查 项	检 查 内 容	是否必须项
可行性分析报告	项目背景 项目目标与范围 项目系统预算与收益、业务功能块概述 项目风险评估 项目主计划与里程碑 项目各阶段交付标准	是
业务投资价值分析报告	量化、细化业务成本与收益各项	否
组织与系统影响分析	检查相关业务，识别出受影响部门及当前系统：部门组织变革、系统数据集成/迁移或被中止替代等需求分析	否
项目依赖评估	项目边界清晰 其他系统、业务作为前提依赖项明确	否
项目初步章程	项目背景（包括发起业务原因、系统在公司战略战术框架中的定位等） 项目目标与范围（尤其是非范围内工作要明确排除） 项目系统收益、系统功能概述 项目组织架构（包括角色分工 RACI） 项目质量管理项目主计划与里程碑 项目各阶段交付标准	是

2.6.2 项目的前期风险分析

在项目启动准备过程中，项目团队不可能把所有的风险都识别到位，毕竟风险管理是个逐步更新优化的过程，但重大风险在准备过程中不应该被忽视，如果风险管理清单中遗漏了某关键风险预警，则是项目负责人及整个团队的工作失误。企业信息化项目的风险来源是有章可循的，可从 5 大方面入手进行分析：业务、资源、环境、技术、资金预算。

1. 业务方面

项目顾问需厘清以下关键疑问，并给出分析结论与行动措施。

首先，项目业务干系人是否明确。哪些干系人是积极影响者/支持者，意愿参与、主导业务，期望项目来提升其业务运作；哪些干系人是消极影响者/反对者，否定项目目标，对项目提供向后推动力；哪些干系人是中立者，对发起项目观望，不参与、不反对，但一旦受积极影响，可成为项目推动者。

其次，针对识别出的项目支持与反对者，沟通计划是否制定并执行？项目反对者与中立者是项目风险分析的主要来源，他们更能让项目组意识到潜在的风险点，因此需积极地对待他们的意见与建议，主动沟通，"化敌为友"来规避风险。

最后，项目如果是跨部门多组织项目，则直接将沟通协调列为风险之一，且等级为高。

另外，业务需求是否涉及流程再造或组织变动？信息化项目建设多个实践表明，必须将该议题列入高风险管控，办公室政治、部门小团体利益冲突是项目执行的"拦路虎"，只有重视它，才能面对它、解决它。

2. 资源方面

业务部门、IT 部门或第三方服务供应商缺少可用的资源执行项目，是最为常见的风险及问题。笔者近三年来实践的信息化项目中，出现困难的项目 100%都存在资源问题，如人力资源、设施资源等。

来研讨某真实案例。S 公司在 A 生产线已经实施了生产现场管理系统，业务部门认可实施效果并计划推广到 B 生产线。在项目立项期间，由于是应用推广，风险评估为低，并没有安排骨干资源主导项目执行。项目很快启动并进行到方案规划阶段，项目团队发现 B 生产线所需计算机资源找不到提供方：业务部门以为扩展推广硬件由 IT 部门承担，而 IT 部门在 A 生产线实施时使用了部门预算，想当然认为 B 生产线也是部门自行负责计算机硬件设备。问题升级到项目管理委员会决策，管理层也对这"额外"出来的资源问题感到为难。最终 IT 部门协调部分办公计算机救场，临时解决了系统上线运行问题。

硬件资源相对容易协调解决，但如果涉及人力资源就没有这么幸运或简单了。A公司是一家跨国公司，公司位于法国巴黎，中国为亚太地区的信息化中心分部。亚太地区的信息化中心正在建设为整体公司服务的信息化应用系统，原计划7月底到8月中旬做用户功能验证测试（User Acceptance Test，UAT），8月底、9月初上线应用。项目开发设计工作进展顺利，似乎一切都在按计划进行。随着单元测试与集成测试的完成，即将按计划进入UAT。当团队邀请关键用户进行测试培训，并要求其在随后2周内完成测试时，遇到了麻烦：欧洲区的某些关键用户表示无法按时测试。通常欧洲七八月份是休假高峰时间，并且休假时间短则一周长则数周，正是由于用户的休假导致测试无法按时完成。在这个案例中除了资源计划风险管理没有到位，也存在项目管理其他问题，如沟通计划等。在此仅以该案例使读者认识到资源风险管理的重要性，提早识别，有助于正确的工作安排与决策。

3. 环境因素方面

环境因素泛指地理位置/时区、办公室政治、政府法规或行业制度、企业文化及团队风格等。

PMBOK指南非常明确地强调了环境因素对项目的影响。PMBOK指南列出了"事业环境因素"，如组织文化、结构和流程；政府和行业标准；基础设施；人力资源状况；市场条件；政治气氛，等等。然而理论通常给人的认识远没有现实实践深刻，笔者20多年前参加PMP项目管理认证考试，只是作为一个知识进行学习记忆，随后负责某一项目时，仍然没能规避这方面的风险。在此笔者将结合实践案例经验来讲述，希望能给予读者更深刻印象，以避免犯类似错误。

企业组织与文化潜在的风险发生概率最大，并且一旦发生其造成的影响也最大。每个企业都有独特的管理工作风格及企业文化，并且随着公司规模扩大，部门、人员越多就会产生摩擦与分歧，于是产生了办公室政治。正如本书中反复提到，项目涉及多个业务部门时，项目沟通协调风险从选答题变成了必答题。环境因素中的政府、行业规章制度对项目有较大的风险。比如，某制造业工厂正在推行生产现场管理系统，项目正在功能测试阶段，公司销售部门通知生产业务部门，公司8月份以后签订的发往欧洲地区的货物必须符合《关于限制在电子电气设备中使用某些有害成分的指令》（Restriction of Hazardous Substances，ROHS）规范（含铅等有害物质限制要求），这就需要在生产源头进行一系列的管理调整，同时满足欧盟 ROHS 要求以及非 ROHS 产品的制造生产。这一规定直接导致项目范围发生变更，资源调整，项目工期延长。再比如，对于在美国上市的企业，SOX 审计要求对信息化项目有着更为严格的管控要求。2002 年 7 月份，美国国会通过《萨班斯-奥克斯利法案》[Sarbanes-Oxley Act，法案名称采用参议员保罗•萨班斯（Paul Sarbanes）与众议院议员迈克尔•奥克斯利（Michael Oxley）的姓氏缩写，SOX]。同年 7 月底，由时任总统布什签署正式生效。

跨地理区域组织也需要考虑在内。比如，在跨国公司中，IT 数据中心通常有多个地方。在部署计划中需要规避时区差异、不同团队协作风险。在欧美等跨国企业公司工作的人肯定会对沟通上的成本有更深刻的认识：以邮件书面沟通为例，当地基本当天就能完成的沟通在跨国企业时间成本翻倍。常常当天发邮件，第二天看到回信反馈，第三天对方才能回复进一步确认，差不多是 2～3 天的沟通成本。

国家及风俗等因素也会对项目造成潜在风险。不同的国家有不同的节假日、不同的风俗习惯，负责跨国企业信息化项目就必须考虑该因素。比如，重要里程碑评审计划要避开每年的圣诞节、新年的重要的项目事件都需要提前意识到这些潜在风险因素，避开这些假期节日。

企业制度、管理模式的不同也会存在风险。例如，不少公司考虑到月底、季度末以及年底财务结账，要求 IT 应用系统保持稳定，形成固定"冻结期"，即在此期间系统停止变更，保持现状，时间上短则 3 天，长则 2 周甚至更多。项目启动准备制定上线部署日期如不考虑这些因素，则可能会导致项目延期上线的风险。

4. 技术方面

将技术风险放在第 4 点讨论，是有意而为之。信息化项目的负责人和顾问多数是技术出身，很自然会把技术看得更重些，在分析风险时常常先想到的是技术因素。多年的项目实践经验得到的结论就是前 3 点风险在各类企业信息化项目建设中更为突出，项目风险分析精力需要重点放在这 3 点之上。如果读者到此并不认同该观点，则建议把本书先放下，仔细地回顾下曾经的项目经历。如果仍然不理解、不认同这一观点，笔者建议要么考虑下自己从信息化项目管理换到其他角色，要么再继续思考与理解，而不必急于阅读后续章节。

对于项目负责人以及业务方案顾问，大都拥有丰富的 IT 技术背景。然而即使这样情形，在项目执行过程中仍然可能会不断有风险呈现，规避不当造成事实上的问题，导致项目成本、进度受到影响。但是相比较于其他风险类型，技术类风险更加有章加循,更容易进行把控,借鉴一些成熟的措施规范,完全可以规避其带来的重大风险的发生。

在实施某信息化项目时,客户要求中国区数据系统与位于德国的应用服务实时交互数据。因此项目组把数据交互延时、不稳定列为风险之一进行管理。风险规避措施是安排技术人员采取POC(Proof of Concept)验证模式,进行多次简单模型的测试,一周之内就排除了该风险发生的可能性,因为实验结果非常理想,交互响应时间以及稳定性都符合用户要求。并且项目团队在技术上进一步规避该类风险,给出了离线模式以应对万一出现风险不稳定情况,系统可以临时存放在本地,自动检查网络状态,正常后自动及时上传数据,来保障数据的可靠与准确。在项目设计开发阶段,项目团队都要求遵守"开发管理规范"以规避技术风险。所以说技术上的高风险比业务上的中风险还要好规避。

在项目发起启动准备阶段,团队所需要做的是根据经验判断技术风险度,如果是新技术,则需要按以下方式进行诊断:①该技术与公司IT中心制定的长期发展战略是否一致。比如,公司将开源体系作为主要技术平台,新技术采用微软.NET平台架构则不符合公司发展方面。②新技术是否涉及采购版权费,并且公司以前没有合作过,这将对项目预算带来风险。比如,在中国北方某企业信息化项目建设过程中,计划在全国4家分公司实施数字化仓储系统,在第1家实施成功后,随后推广其他3家。由于在第1家实施时采取某项新技术,与服务供应商达成免费试用协议,在后续推广过程中没有识别版权涉及相关费用风险问题,导致其他3家实施时出现免费版权用户数限制无法登录使用的严重问题,大量业务用户并发登录时无法同时使用,使效果大打折扣,后追加预算才得以解决。

5. 资金预算方面

项目管理关注的三大要素是时间、成本、质量,而管理层对项目经理的考核指标基本都是"按时且在预算内交付有质量的产品或服务",也有不少管理层简化为"按时且在预算内交付",体现出管理层更关注计划时间与预算成本这两大要素,不过能做到这个KPI已经在业界是不错的成就了。

在以上4点也提到与预算相关的风险案例,可见项目资金预算与其他风险点是息息相关的,因此放在最后一条进行讨论。比如,项目预算与项目范围正相关,范围扩大则所需预算增加,所以预算方面的风险是综合其他因素一起考虑分析。对于项目管理人员能够从管理层角度看项目是有效工作的起始点,遇到问题先看进度与预算成本是否会受到影响，时刻把 KPI 指标作为行动指南，项目工作将更有效率，能在"时间、成本、质量"三大要素之间找到平衡。

当信息系统项目涉及第三方服务供应商合作伙伴时，预算成本管理更为复杂与重要。首先，与合作伙伴为人天方式工作时，大家都容易理解预算成本管理是客户甲方项目经理的主要职责，然而与合作伙伴采取固定合同模式下，甲方项目经理常常因忽略对服务供应商的成本管理执行风险，而导致项目陷入延期等"泥潭"。因此作为甲方的项目经理不能因为对方是固定合同，他们执行盈亏与己无关，而放松把控，必须有意识采取"双赢思维，同舟共济"原则，作为大团队来把控，无论哪方出现资金预算亏损，对整个项目来说都是灾难。

作为项目负责人，不可能方方面面都是专家水平，但要求他要有一定的敏锐度，能有条理地带领团队梳理可能存在的风险因素，通过合理的行动措施预案，资源协调加以规避。项目管理是门艺术，有些门槛限制，可能并非所有人都适合从事该项工作，很多情况下需要有一定的悟性，就风险管理方面，更能体现这一点。

2.6.3 项目前期预算管理

对于企业信息化项目预算的管理前面已有介绍，在实践管理中，把项目当成一个企业来看待，就容易理解项目预算管理了：资金预算先天不足，企业就无法开工持续运营；预算投入过多，一是企业负担不起，二是其盈利能力有限，会造成低投资回报率，项目也是如此情形。作为客户，甲方的信息化项目经理常会忽视的管理之一就是预算管理，而乙方项目经理预算管理是其最关键的指标，前者部门属于成本中心，而后者属于利润中心，后者更需要精打细算过日子，否则就生存不下去了。下面以某世界 500 强公司甲方客户项目经理角度来讲述某信息化项目准备过程中预算管理案例。

从工作方法论方面，项目发起负责人仍然遵守"要事第一"的原则，识别出准备阶段的工作目标是获得预算审批，所有的工作都围绕这一目标来开展。该公司项目负责人首先明确公司对预算的管理标准。公司 IT 中心在预算工作指导书中明确说明，预算估算是一个逐步明确的过程，从初期大致数值到相对靠谱估值，在执行过程中可以调整优化。在项目发起立项之前预算容忍度可以在 ±30%，启动准备阶段可以在 ±15%，执行阶段可以控制在 ±5%。其次企业 IT 部门长期积累了项目管理共享知识库，在项目启动准备时，能借鉴历史项目数据，参照同类规模信息化项目制定初步预算。然后再从信息化项目综合成本（Total Cost of Ownership，TCO）的三大要素：硬件设施、软件服务、维护运营来分析。最后，明细估算与历史借鉴估算对照，参照公司预算容忍度指导评估估算可行性，给出初步汇报估算值。

例如，B 公司在某分公司建立了一条电子设备生产线，需要一套现场管理系统软件，而总部在 5 年前有同类 3 条生产线已完成实施。5 年前项目实施相关数据显示总成本在 800 万元人民币左右，考虑到知识积累和生产线数据减少、人力资源成本增加等多项因素综合影响，一条产线的实施预算预计在 250 万元人民币左右。

接下来从以下三大方面给出预算分析：

1. 硬件设施

由于有对照项目，硬件从服务器和现场终端两个方面进行了估算，合计 40 万元人民币。预算风险较低，可不加预留资金额度（表 2-9）。

表 2-9　项目硬件预算预估　　　　　　　　　　（单位：千元）

	硬件项	数量	预算	小计	备注
服务器	Web 应用服务器	1	70	70	可使用虚拟机替代
	数据库服务器	1	70	70	物理实体机
	报表数据库服务器	1	70	70	物理实体机
	SAN 存储	1	0	0	1T 空间，利用已有设施
	开发测试服务器	1	0	0	部门内共享
	小计			210	
现场终端	操作计算机	30	3	90	
	扫描枪	30	2	60	一维、二维通用型
	Printer	3	3	9	普通激光打印机
	PDA/平板电脑 PAD	5	2	10	工业用平台终端
	有线网络	30	0.5	15	
	无线网络	2	3	6	
				190	单位：千元

2. 软件服务

参照以往项目，成品软件版权和服务费合计在 170 万元人民币，其中成品软件版权 80 万元人民币，服务费 90 万元人民币。由于服务费是按以往项目预估，并未得到潜在服务供应商的承诺，因此预算有一定风险，可加 20% 的预留资金额度，即服务费为 110 万元人民币，总费用为 190 万元人民币（表 2-10）。

表 2-10 项目软件预算估算（单位：千元）

软件项		数量	单价	小计	备注
成品软件版权	授权费	1	800	800	一套，限用户数 100 之内
	小计			800	
服务费	人天工作量	300	3	900	服务供应商费用，按各角色平均单价
	小计			900	
操作系统	服务器企业版	3	0	0	企业协议框架内使用
	小计			0	
数据库版权	SQL SERVER 2012	2	0	0	企业协议框架内使用
	小计			0	

3. 维护运营

严格来说，这不属于本期项目预算。但对于信息化项目，管理层不只关心本期项目花费多少，也关心今后项目日常运维花费，所以要求项目团队在项目发起准备阶段就需要有 TCO 概念。并且项目上线只是万里长征的第一步，今后运维才是系统发挥价值的关键时期，运维团队需要一定的资金支持来保障系统的平稳运行。根据多家企业信息化团队实际运维经验，每年应用系统运维、优化工作量与项目阶段相比占 15%～30%，系统上线后第一年运维费用取上限，系统优化进入稳定期后，每年投入将逐步下降，最终稳定在项目阶段的 15% 左右（下降原因是业务稳定后，系统软件需求变更减少，而硬件设施保养费用不会随着时间变化而有大的变化）。因此本项目预估第一年维护费用为 60 万元人民币。

通过以上的分析，初步项目预算估计 230 万元人民币，第一年维护费用为 60 万元。通过横向和纵向对比以往的项目数据，项目组以及公司管理层一致认为估算费用在合理范围之内，项目形成预算概算。

2.6.4 沟通，沟通，再沟通

无论把沟通放在多重要的地位都不为过。企业信息化项目有其自身的特点，如果最终失败，首要原因往往就是沟通不畅。某公司一真实案例，公司服务部门计划采取信息化应用系统帮助其进一步提升工程服务业务管理。在项目发起准备期间，IT 中心安排顾问与业务部门讨论整体需求，其中某仓储主管对库存管理提出了非常高的要求。为了准确把握库存管理，顾问团队调研了大量库存管理及预测参考案例，由于该主管在所有关键用户中反馈沟通最为积极，因此顾问花费了近一半的时间与之沟通，而顾问在其他用户及利益相关方的沟通相对偏少。IT 中心给出项目发起预案申请时，业务部门的领导给出了否定票，认为项目发起目标及方向偏离了本部门的战略方针，指示项目工作暂停。事后顾问团队复盘整个事件，认为问题出在沟通上，顾问团队认为调研沟通充分，把握住了部门利益需求，但实际上与部门管理高层缺乏有效的沟通，没能把握住管理层的近期工作重点，项目目标和范围出现重大偏差，项目中止是在所难免的事。

不但业务方案顾问容易犯疏于沟通的错误，其实技术开发人员也会出现同样的问题。技术开发人员相对性格比较内向，而且越是技术强的员工越自负，更容易发生想当然、少沟通的情况。有个项目 H，合作的服务供应商是业务知名公司 M，大家对技术从来没有想过会有什么风险。项目进展看起来非常顺利，直到开发完成，集成环境下，用户功能验收也比较顺利，并且通过了项目管理委员会的上线审核，一切准备就绪，只等部署到正式环境，宣布上线使用。然则问题出现了，正式环境无法部署，原因是某一关键功能模块基于商业软件企业版，而企业所购买部署的软件标准版不支持这一功能，因此部署无法完成，系统上线被延期。技术团队在开发测试时，使用的是非正式评估版，技术主管也没有与运维团队沟通，运维团队则按一般项目要求准备了系统环境等基础应用软件。这可以归结为项目开发管理不规范，但其根本原因还是缺少沟通导致的严重问题。

有效的沟通是项目成败关键，最为常见的无效沟通是没有结论导向的沟通，以及有结论没有落实跟进的沟通。对企业信息化项目管理而言，涉及部门多，流程复杂，沟通事件无论大小，沟通方式无论是面对面还是电话会议讨论，抑或是邮件方式，都需要形成纪要文档，并且需要相关人员备案。这是多个项目积累的实践经验，是多个案例总结的教训，希望读者能领会这一做事方式，并在企业信息化项目管理中加以熟练应用。

第 3 章

万事俱备，项目启航

3.1 招投标综合管理

当项目启动的准备工作结束后，下一步工作重点就是招投标工作的开展。

每家企业的 IT 管理模式虽可能不同，但大多都面临招投标管理工作：有的企业的 IT 部门资源配置全面，有能力完全自主设计开发系统，几乎等价于一家从事 IT 行业的软件公司，因此在软件设计方面不会面临供应商选择难题，一是不需要，二是即使需要也有能力甄别选择较优的合作伙伴，但硬件方面却无法避免供应商选择（除非自己就是生产服务器等设备提供商）；另外，一些专业性较强的企业软件应用，如：ERP、PLM/PDM、MES、APS 等仅依靠企业内部人员很难成功实施，不可避免要与外部供应商协作实施。当前，不少企业的 IT 部门选择和外部供应商合作来建设企业内部的信息系统，部门员工与外部供应商协同完成信息系统的建设。总之，作为企业的 IT 部门，信息系统建设的招投标管理是极其重要的一个环节，如果管理方式方法不当，即使预算再充分，也有可能选错的供应商，毕竟"土财主"还需要"妙管家"来打理，作为信息化建设主导的 IT 部门需要在管理措施、预算、战略中长期以及战术短期目标、业界系统现状把控等多方面平衡，使得企业获得最大的投入产出回报。考虑到招标相关的商务内容几乎都是企业的成型格式条款，经过市场、采购、法务多轮审定而定，所有项目直接引用，无须过多考虑。下面就标书业务需求技术协议部分（以下简称"标书"）准备及管理方法做详细讨论。

如何准备完整标书内容呢？是不是把项目立项章程进行复制从而形成技术协议章节，并加上公司商务格式条款，就可以发给各潜在供应商进行应标？要想回答这个问题，我们首先需要理解标书的目的再讨论如何准备标书。标书是投标方

（甲方）与应标方（乙方）双方对项目的需求实施基石，应标方的方案必须按照标书（技术协议内容）的要求而制定，当然也可以给出超出企业的期望，如果在应标方成本可控范围内又能提供额外惊喜功能，对于甲方而言，少花钱多办事，当然是乐见其成的事。既然标书是供应商应标方案建议书的指挥棒，那么标书的质量是直接影响项目是否能成功开展的关键要素。

3.1.1 标书的准备

项目准备工作在前期已经有了大量的累积与铺垫，尤其是项目立项章程，它是标书的基础与主要输入。需求描述准确不含糊令人猜测是最基本的要求，如果在需求理解上有差异，很容易导致应标环节或后续执行陷入困境，比如，在应标环节若使应标方在理解上出现大的偏差，直接导致建议方案、报价与标的产生大的差异，则极有可能造成招投标的失败。再比如，最常见的企业在描述某项功能时使用"实现以下需求包括但不限于……"，表面上是对企业自身的保护，实际上是非常不明智、非职场专业人士的做法：其一，开放性需求本身界定就有一定的模糊性，给服务供应商成本过高估算留下借口，不利于公司有限预算的有效利用；其二，此类描述埋下了各方（项目组、最终用户、业务部门等）推诿扯皮的隐患；其三，从多个项目实践看，如果制定标书时还没有考虑到的需求，一般不会是业务的关键诉求，本着抓大放小的原则，在有限的时间与预算前提下，没有必要将精力花费在对业务部门回报低的方面；其四，即使在项目执行过程中有原先未识别的需求出现，项目组可按照公司变更管理流程予以处理，完全可以有效地应对此类情形。

从标书技术协议检查角度看，首先核查目标的描述是否明确，是否存在夸大或较为空泛的口号式提议，如果目标能量化是最好不过了，如库存周转率比当前情况提高51%等。其次项目范围必须确切，项目边界是什么，哪些工作在项目内，哪些工作不在项目内。比如生产线上的信息管理系统，所有生产线都在实施范围内还是只是一个样板车间实施系统，这对项目计划周期、成本都有着直接重大的影响。正如前面所述，清晰明确无异议是对各方负责的职业做法，是应该坚持的原则。

接下来更为重要的核对点就是项目涉及的企业需求概要描述，最基本的要求就是描述清楚业务要什么，但又要避免过于详细(比如到了要怎么做的描述地步)。限制供应商的方案建议书的发挥，不能充分发挥供应商顾问的角色作用。总体概要需求可分两部分描述,第一部分为业务功能性需求描述;第二部分为非功能性需求描述。其中,业务功能性需求指的是对系统业务功能的期望与功能点,应避免使用技术语言来描述业务需求,讲清楚要什么就可以了,切不可夹杂如何做等方案性描述,这方面的论述在前面项目准备阶段已经做了详细的讨论,这里不再重复讲述。对于非功能性需求,重点放在系统技术要求,如系统支持 7×24 小时高可用性或是 5×8 小时一般可用性的要求建设等。这部分需求将直接影响系统的技术架构建设,从而影响项目建设中基础设备的投入成本占比。

招标书的通用部分不做详细描述。比如,对供应商应标的基本要求,建议书提交截止时间点以及联系人信息等。其中,对供应商应标的基本要求包括保密原则、建议书格式与必须包括的内容、本项目合同方式等。这些都可以是格式条款,不必为每个项目独立起草本部分内容。特别需要指出的是,保密原则是双向的,供应商不可将此招标书透露给第三方,以免被企业同行业竞争对手得到一手资料,对公司产生不利的影响;同时企业甲方也有义务对各潜在供应商的建议书保密,不能泄露给第三方,避免对供应商的竞争力造成影响。

对于沟通与联系人需要明确到人。例如,对标书有疑问时联系人是谁,标书需要在规定的时间内提供给公司指定的联系人。应标方案建议书格式与内容也可以形成规范要求点,对供应商应标书的章节结构不做要求,但必须体现要求点,如企业简介(含资质证明等)、方案必须同时提供业务方案与技术架构方案。

3.1.2 由一个实际案例经验教训谈招标管理

Z 公司为推进产品质量改进活动,增加公司产品竞争力,减少运营成本,计划启动产品售后维修管理信息化项目。项目的重点功能是产品维修环节信息的采集及流程跟踪,如为质量及研发部门提供准确及时的维修记录,用于成本核算、产品研发质量分析及技术改进。在准备标书过程中,有一项业务功能被提及描述为维修备件库的预测管理。业务部门的原意只是取得库存信息的及时统计报表,用于线上分析决策的依据。但几家潜在供应商在拿到标书,准备方案建议书时,把该附加功能扩大化,运用了 APS "高级计划排程系统"的相关理论知识,给出了极其复杂的系统解决方案,项目报价与预算由于该项原因高出了近 20%。当然不可否认供应商希望借此扩大系统项目范围及功能,有利于拿到一个较优的销售额。然而客户预算有限,并且业务重点也不是这块内容。曾有一家公司 CIO 非常形象地说:"我们甲方的预算只能买一辆普通汽车,而服务供应商根据标书给出的解决方案却是让客户买一辆豪华法拉利超跑，报价远远超出客户的期望。"可见一份明确清楚的 RFP 对于客户自己以及服务供应商是多么的重要。

各位读者可能会问：从发标书到方案建议书议标，中间是否缺少了沟通环节才导致上例这样的结果？可能有其他读者会关心对于这个项目后来 Z 公司是如何应对，让项目进一步开展的。下面笔者将重点讲下议标的过程管理，在描述过程中大家自然会得到这两个问题的答案。

标书的制作是多个部门协作的结果，对于企业信息化项目，通常由 IT 部门牵头主导。正如上面所描述，当项目的标书准备好后，即将进入发放与议标阶段。发放由采购部门操作完成。IT 部门需要将标书以及建议的潜在服务供应商名单提供给采购部门，毕竟信息化系统有一定的专业知识门槛，IT 部门可以根据业务标准，并结合与公司有过合作的资质好的供应商清单，给出本次项目的候选参考名单，当然采购部门也会给出他们认可的其他候选服务供应商，邀请他们一同来应标。采购部门标书的发放工作是较为正式的商业活动，因此供应商务必看清项目的各项要求与特别条款，尤其是应标截止日期与时间，原则上采购部门是"过期不候"，即使再大牌的供应商，只要未在截止日期按时提供方案建议书等交付物，都应被视为自动放弃本次应标。这样规定是有一定道理的，除商业契约精神外，客户甲方通常这样认为：如果不能按时提交交付物，则可以认为服务供应商乙方没有能力实施项目，或是人手不够无法应对，抑或是对本次项目不重视、不关心，总之，各种迹象表明这是一家不合格的候选服务供应商（至少对于这次项目而言）。从笔者多年的甲方工作经验也认同这一原则，并且也是非常实用的一招来区别优质和非优质供应商。

在建议邀请书（Request For Proposal，PRFP）中，一般都会明确说明"如果供应商在准备方案建议书时，对于 RFP 内容有不清楚的地方，则请与甲方客户联系沟通，予以澄清。"沟通过程必须由一个部门作为接口人主导（比如 IT 部门），统一解答。为什么建议由 IT 部门主导，根本出发点是一般部门或用户没有信息化项目管理概念，也缺少系统功能的理解，在供应商澄清会上，很容易陷入需求随意扩大，或者只从自己或部门出发，可能会提供一些非核心功能以外的附件功能，而这些需求有可能与整体项目需求有冲突。此时就需要 IT 部门顾问介入并主导沟通会，以项目立项章程为根据，平衡时间、成本等因素，合理引导需求。在前面提到的例子中就是沟通澄清环节出了该类问题：前期沟通环节缺少了 IT 部门的介入，后期 IT 部门安排的实施顾问资历较浅，无法主动引导整体问题的沟通环节，这是造成方案建议书报价与预算相差较大的主要原因之一。在事后工作复盘时，大家发现，所有的候选服务供应商都报出了比预算高出很多的价格，而原预算是 IT 部门经过充分调研分析后得出的数字，原则上是较为实际、公平合理的。多个服务供应商彼此没有见过面，也不会为了本次标的而串标。合理的解释是 RFP 及沟通确认环节出现了理解上的偏差，没有起到澄清的作用。

在招标过程中，业界遵守的重要原则就是称之为"Apple to Apple"的比较原则，以保证应标的公平竞争。首先，客户投标方需要不带偏见，对所有候选服务供应商一视同仁。候选服务供应商拿到的标书、得到标书的时间、对标书的截止日期及要求都是一致的，毫无差别。其次，在沟通环节，涉及的业务澄清内容部分，对所有候选服务供应商答复应是一模一样。最后，也是更为重要的一点，评判标准是一样的，不存在厚此薄彼。如果候选服务供应商 A 提供的方案建议书包括了 10 项功能点，而候选服务供应商 B 提供的方案建议书却只包括了 8 项功能点，两者提供的报价则失去了对比的意义。当然如果出现这类情况，我们需要反思 RFP 以及沟通上是否出现了问题（除非候选服务供应商 A 说其中 2 项功能是免费赠送）。

有一点可能无法给出标准答案：在讲标前的沟通过程中，候选服务供应商 A 提的问题，在解答过程中是否要同时抄送给其他候选服务供应商？笔者认为，要针对不同的情况进行不同的处理，但总的原则是一样的，即公平、公正的原则，确保是"Apple to Apple"的比较。我们来看一个真实的案例：前面提到的招标例子中，候选服务供应商 A 在建议方案书中明确给出了历史遗留系统迁移计划及方案，而其他 B、C、D 候选服务供应商都没有明确给出。但候选服务供应商 C 在与客户沟通过程中详细地询问了原系统的运行情况，并告之如果做系统迁移的话，工作量比较大，希望客户重新考虑下该需求。甲方客户明确答复希望备选方案考虑新旧系统的关系，给出较优的方案建议。那么对于 B、D 两家候选服务供应商，客户要不要把对 C 供应商的答复主动告之这两家，以便保证竞争的公平、公正的原则？笔者认为，不告之是合理的做法，如果主动告之，反而违反了公平、公正的原则。有的供应商在方案中考虑到，有的没有做到。对于没有考虑该方面的供应商，正好体现了他的技术、业务方案实力、方案可落地、可行性方面存在薄弱的地方，客户需要借此选择较优的供应商，以最大概率地保障项目的成功实施。如果是一种情形就需要区别对待了，例如，关于物料信息需求从 ERP 中取数据，标书中只是要求从 SAP（ERP）中取基本物料编码等数据信息，应标的 4 家候选服务供应商中只有一家来电话询问接口事宜，并表示，从标书上无法得到明确的业务系统接口要求（自动或非自动接口等）。此时甲方客户有责任发补充说明函，明确系统需要从 SAP R3（ERP）中自动取物料编码等基础信息。因为这是标书描述不清导致大家理解上的差异，所以甲方客户有义务向各个候选服务供应商澄清需求。

在规定的时间内，发标方收到方案建议书后，IT 部门需要先组织内部（采购、业务、IT 等部门）审核标书，并与采购部门、业务部门协调给出议标、讲标时间安排。对于标的额比较小的情况，如果在审核过程中，IT、业务、采购各部门都一致认为某候选服务供应商方案建议书清晰、合理可行，其他几家与之相比有明显的水平实力差异，在此特殊条件下，可以无须走讲标过程，内部评比后，直接选择实施的供应商。

在大多数情况下，讲标过程是必不可少的。主要原因有三点：一是通过讲标面对面的沟通，客户可以进一步考察各候选服务供应商的实力。通常讲标由将来负责此项目的项目经理担任，客户可以全面地考虑实施团队的水平；二是讲标过程有利于双方加深互相理解，尤其是客户对方案建议书的理解，毕竟仅凭几份文档来了解实施方的思路有一定的困难；三是客户可以借助讲标过程，解决对方案的一些疑问，进一步评估供应商的能力，以及判断合作的可行性。

讲标邀请函并非要发给所有的候选商，如果方案明显不符合需求，则就没有必要邀请相关候选服务供应商前来讲标。例如，发标 5 家，实际讲标可以只邀请 3 家左右，因此讲标会可以安排在一天内完成。对于甲方指定的讲标时间，通常候选服务供应商不应该对日期提出特殊要求。笔者认为如果候选服务供应商此时连讲标人员都安排不出来，有理由推测其实施能力或资源存在问题（至少对本项目是这样）。估计很多人对此有异议，但多年的项目管理经理告诉笔者，这一原则在招投标环节还是比较靠谱的。

讲标过程同样需要遵守公平公正原则："Apple to Apple"。不能针对某一候选服务供应商人为地制造一些困难问题。正如前面所述，同样的问题需要发给所有的候选服务供应商，这样通过考察不同候选服务供应商的答复，也可以对他们进行横向对比，有利于选择更为合适的实施合作伙伴。另外，给每家的计划讲标时间长短也需要一样，不能因为候选服务供应商 A 的标书清楚就给予比较短的讲标时间。

前面已经提到，无论是甲方客户还是乙方服务供应商，都需要遵守一条"潜规则"，那就是"谁讲标，谁实施"：讲标人及应标关键团队成员必须是今后项目实施团队的关键成员，避免讲标是一个团队，而实施却是另一个团队。在实际工作中，笔者多次遇到过这样的现象，即讲标团队只是"打单"，其能力的确比较优秀，实际执行却是另一帮成员，项目实施困难重重，即使成功，也需要花费比预计多几倍的资源与精力。其实这一要求对甲方客户来讲是非常容易理解的，对于乙方服务供应商也都是合理的要求，出于建设长期合作伙伴关系，互惠互利原则，乙方项目负责人有责任有义务确保团队资源的实施能力，无论是对个人还是公司，都是负责的行为表现。

"谁讲标，谁实施"这一原则是公开透明的，把游戏规则公布于众，让所有候选服务服务供应商都明确表态遵守。正如前面所述，我们常常会听到来自甲方客户的抱怨：应标或讲标时都承诺的没问题，而定单真正下达给该服务供应商后，项目启动实施时，实施团队甚至是不了解项目需求的，需要从头开始交流，更有甚者，直接表示这是"售前团队给埋的坑，我们实施团队的确无法实现"。笔者参与的项目中，此类现象也曾有发生，甚至发生过有的服务供应商将项目当作练兵场。项目经理需要采取必要的措施，来有效规避此类项目风险的发生：一是把这一原则放在桌面上，并且给出惩罚措施，如果不遵守，客户可以直接取消合同；二是该原则可以作为采购协议的附件，从合同商务角度进一步约束服务供应商，从而在一定程度上避免这一情况的发生。从笔者多年实践经验上看，这是项目管理的有效措施之一。

服务供应商对客户也有同样的需求："谁提出，谁主导"，即需求提出方是项目实施验收方。我们也时常听到服务供应商抱怨客户需求提出者在项目实施过程中退出，导致方案没有及时确认，甚至是上线或验收时没有人拍板确认，直接导致项目延期或是失败。国内某个知名500强企业，项目实施上线运行3个月，业务负责人离开原部门，由于种种原因，新来负责人对前任确认的功能一概不予认可，服务供应商与甲方客户一直争论不休。期间导致有的服务供应商成本压力过大，直接放弃项目功能模块任务工作而退出实施团队，导致项目上线验收拖了半年才完成。业务方责任到人这一原则对双方都有益处，作为项目经理必须有主动意识去落实该原则的执行。

这一点甲方客户往往会忽视，一味地对乙方提出人员的要求，而对自己的配合支持团队没有给予同样的重视，这样直接带来三个问题。问题1，缺少负责担当人员，轻则导致项目延期交付，重则导致功能偏离实际，无法满足业务需要而失败。问题 2，项目交付上线运行只是第一步，系统日常运维才是持续保障系统正常运行的关键，发挥业务赋能作用，为企业创造价值，然而如果在项目执行实施期间，客户没有培养出自己的系统及业务支撑骨干员工，就很难使系统发挥业务赋能作用。众多的案例都验证了这一点。问题 3，实施部门发展受到负面影响，无法促进团队成长及建设。通常实施主导部门是信息化 IT 部门，糟糕的项目使实施部门在企业内部声誉受损，人员士气低落，严重的会导致部门无法立足于企业。

投标管理负责人在执行过程中或许有各种意外干扰因素产生，但本着客观公正、共赢原则，必定要为项目后期执行打下坚实的基石。

3.2 "外援"的选择

3.2.1 业务评估标准

全面性：方案是否完全体现并包含了招标书的所有需求？这是评估的硬性考核项，如果业务点理解不到位，就无从谈起合作实施项目。

针对性：是否抓住业务特点，有针对性地给出建议方案措施。这是在考核实施团队的业务能力，防止服务提供商未经全面思考，直接生搬硬套其他的项目方案。

抓关键：对需求重点把握是否准确，抓住业务问题实质提出相应的方案。其出发点同上一条，确保服务供应商给出的方案是"对症下药"。

有创新：对业务需求是否有独特的理解与建设性意见，引入令人耳目一新的建议。这是对服务供应商的加分考核项。当有几家服务提供商水平相当时，可以借鉴该项，选择最优合作伙伴。

可行性：方案不飘在空中，可落地执行；并且具有较少的假设条件以及实事求是地考虑了当前现状。这也是评估的硬性指标，可以把华而不实、夸夸其谈的服务供应商识别出来。

前瞻性：业务方案不只是为了迎合当前现状，而是要对今后几年的发展有一定的引导措施及建议。这是对服务供应商的加分考核项，不做必要要求。

风险性：方案要有风险意识，并明确给出风险评估及减轻规避风险行动预案。这也是评估的硬性指标。一般风险项与可行性是密切相关的，风险识别充分的方案，其可行性自然有保障。

3.2.2 技术评估标准

系统架构：方案给出的系统架构与公司整体战略发展规划是否一致？比如，有的公司全面推行微软技术体系，这样.NET架构就比较合拍。

易维护性：系统实施的技术架构是否考虑了维护的方便性与易扩展性？IT部门运维人员可快速掌握并以较少的工作量投入运维中，即可保障系统的可靠性、可用性。

可扩展性：针对今后业务的快速发展，系统具有较方便的方法进行硬件、软件扩展（当前的云架构非常满足这一点）。

避免"吃鲜"：这是一个有争议的标准。信息化部门一方面要把握时代先进IT技术，将其应用到企业管理系统中；另一方面，大多数企业不是实验室，即不是一个让团队放手试验的场所，对项目要求只有成功这一条路。因此常常面临如何选择合适的技术来实施项目这一问题，因循守旧会导致故步自封，停止发展，被时代远远地落下；而如果急于冒进，尝试各类新技术，就很难担当起企业赋能的重任，助力企业的现代化管理。这里指的避免"吃鲜"，特别是指对于"第一个吃螃蟹"的技术要慎重。如果评估下来项目可以承担失败的后果，或者是对企业运作影响有限，则可以尝试；否则以成熟技术为准。一般项目都建议使用业务成熟技术，这也可以从一定程度上降低项目风险。选择适合的，而不是选择最先进的。

服务供应商资质：项目级别大小不同，对服务供应商要求也不一样。通常时间跨度超过6个月的项目，就需要一定的硬性指标来要求服务供应商，比如各类企业资质、注册资金，有无通过CMM5等国际软件管理认证等。

实施技术团队：对于项目实施团队，需要重点考察三类人（三个负责人），一是项目经理，二是业务分析师，三是系统技术架构师。这三个负责人是团队的核心力量，与技术要点比起来，更需要重点评估。随着开源等技术的发展，技术已经不是项目成败的关键，而人的因素对成败却起着关键作用，对于以实施为主的项目更是如此，如ERP、MES等。这三类人中，最为关键的人物就是项目经理。笔者曾经接触过一个项目，服务提供商是一家著名的跨国IT公司，但派驻项目的开发技术人员却较初级，有的甚至是刚刚毕业的大学生，几乎没有实际项目开发经验，大家对这个项目非常不看好。但这个项目的项目经理是位工作经验丰富的IT管理者，其采取了一系列措施与行动，居然使项目成功上线。项目运行一段时间后，客户反馈还不错。可见一个合格的项目经理能够起到中流砥柱的作用，带领团队成功交付项目并运行。

类似项目经验：这一条是考查如果服务供应商有类似的实施项目经历，则本次合作风险将大大降低。这儿要注意一个"陷阱"，即服务供应商需要实事求是地提供过往项目，而客户甲方也有责任及能力来甄别服务供应商提供的历史项目是否是过度包装，甚至是虚假信息。这儿的矛盾常常为服务供应商过度宣传与甲方无法识别之间的矛盾。有的客户会要求服务供应商走访考察，以进一步确认其真实性。对于重大项目，非常推荐此类考察行动，可以有效地选择优质服务供应商，降低项目实施风险。

项目周期系统维保：通常在标书中会指定基本服务要求、维保周期（项目上线后的 6 个月或 12 个月），基本都是格式化条款，因此只需要检查服务器是否响应了这些需求。

项目计划的可行性：大多数服务供应商都会按标书要求给出执行计划。对于过于短或过于超期的计划需要特别注意，这可能意味着服务供应商没能完全理解需求，其提供的方案可信度不高。不过对于执行周期超出的则需要特殊对待，有可能是标书制作时有疏忽，对实施时间要求估算有较大的偏差，该类服务供应商有可能正是我们要找的合适的合作伙伴，因此其能更为全面地评估，而不是一味地按标书要求，盲目给出执行计划。服务供应商为了迎合客户业主的期望，为了拿到订单，即使分析出给定执行计划周期不可行，也仍然按给定项目周期给出方案，结果常常使双方都成为利益受害者。因此一方面，甲方客户要持有开放心态，允许各服务供应商表达真实建议；另一方面，服务供应商也有责任与义务，给出公开、可行的方案建议。在实际工作中，遇到此类情况并不少见。A 公司有个项目，计划 6 个月上线运行，招标时服务供应商都反馈没有问题，却听到技术人员背后议论项目至少延期 3 个月。各部门领导在得到各供应商（都是国内外知名 IT 服务供应商）可以准时完成的答复后，都以为这个周期定得非常合理，"择优"选择了一家进行合作实施。实际项目延期 3 个月不止。经了解，服务供应商为了赢得订单，隐瞒了实施技术难度，为了中标，按给出周期给出了"不可能完成执行计划"的安排。对于指定完成周期的项目，需要重点检查下服务供应商提供的团队资源计划。笔者曾经遇到一个项目，服务供应商为了满足客户的实施周期，在资源计划中提出开发小项任务需要 15 人同时进行，而这么多人在现场开发是不现实的，所以资源计划是有问题的。由此看出，以项目计划与资源团队规划是紧密相关的，不能分开检查，需要联合检查才能发现服务供应商是否有能力交付项目。

3.2.3 商务评估标准

实施人天数：基于"Apple to Apple"原则，考核各服务供应商给出的实施工作量，一般以人天为单位，这是比较客观的评估项，因为对于同样的功能服务供应商实现工作量的人天基本是一致的。如果服务供应商的某功能项人天工作量比较高，只有两种可能：一是其没有完全理解业务功能需求或是提供了"画蛇添足"的镀金功能；二是故意提高人天数，以增加订单金额。

人均单价：这是一项有争议的指标。人均价格低有可能是服务供应商为迎合客户预算，没有按实施执行应该配备的资源进行核算，比如说架构设计阶段，只安排架构师利用少量时间参与，其后便交给其他技术人员来实现，有效地降低成本，从而人均单价被拉低。

项目报价：项目总价是关键指标，如果总价超出预算很多，再合作的可能性已经几乎没有了。通常企业从节约成本出发，会选择最低价服务供应商中标。但2017年国家修订的《中华人民共和国招标投标法实施条例》规定，"最低价中标"被限制。因为最低价中标并不意味着是较优服务。综合各类项目实践看，性价比最优比最低价中标更理性，也是甲乙双方切实能合作共赢的前提。通过多年的IT信息化实践项目，笔者深信"质优价廉"是一个伪命题，商业世界里根本不存在这样的规则，也不允许有这样的规则。从服务供应商来看，如果坚持这一原则只有两种结果：一是企业最后无法经营而倒闭；二是失去"质"，只有价廉。对于所谓的"质优价廉"，在实际工作开展中，经常遇到的情况就是，服务供应商调整团队成员，招募一些资历浅的技术人员到项目团队中，甚至让其承担较为重要的技术开发工作，更有甚者，直接安排一些尚未毕业的实习生来项目组工作，其交付质量与项目风险可想而知。对于IT运维人员而言，这简直是一场灾难：系统交付运营后，有的功能可能长时间也没有使用到，问题也没有及时暴露。过了维保期，随着业务的开展，大量问题涌现，企业IT维护人员就如同"救火队员"一样，四处灭火，疲于应对各类系统问题。笔者在IT信息化建设从业20多年来，这样的案例数不胜数，希望明智的企业实施部门吸取这一经验教训，意识到"低价"中标的危害，切实维护企业自身利益，坚持双赢原则合作共事，共同发展，毕竟服务供应商是公司，不是慈善机构，需要一定的盈利利润，来维持良好的服务水平，一味地打压服务供应商，最终只能是双输结局。

SLA 服务承诺：服务水平协议（Service Level Agreement，SLA）。各服务供应商提供的 SLA 不尽相同，从具体承诺项可以看出服务供应商实力水平。

合作意向：有的服务供应商可以扩展某行业或领域内业务，会急于达成合作，甚至不惜低于成本取得订单。当然甲方客户作为试点单位，对乙方潜在客户起到模范作用，从这个角度看也补偿了本期项目上的成本，也是一种双赢合作模式：企业大幅度节约了成本，服务供应商得到了更多的潜在客户订单。

大家可能有一个疑惑：以上评估标准的主观题居多，并非所有的考核点都可以形成量化客观打分题，所以即使拿到最终评估分数，也不能简单地以分数论长短。比如，有的企业的某一单项分数超过某个数值（比如80%），就说明服务供应商已经具备潜在合作的资质，因此第一轮评估后可能会有多家符合，那么如何判断各个潜在的服务供应商，识别并选择出性价比较优厂家？正如前述，性价比高绝对不单指价格低，这要综合各类需求而定。对于同样的需求服务供应商 A 安排了 3 年工作经验员工，完成工作需要 100 人天，服务供应商 B 安排资深技术员工只需要 50 人天就可完工，然而 A 报价可能比 B 报价低 20%。如果项目周期对实施部门很关键的话，B 性价比是高的，用 20%的钱可以换来一半的工期。当然如果项目周期不是问题的话，A 性价比就是高的。对于甲方客户而言，量体裁衣，实事求是，不好高骛远，根据业务与企业发展定位要求，来平衡找到合适的服务供应商。以上列出的考核项是常见且普遍适合于各类 IT 信息化项目。在实际执行过程中，可根据项目具体情况增加或减少考核条目，以及各条目的优先级和占最终考核的比重。比如，有的项目业务需求明确，且业界已经有较为成熟的解决方案可参考，此时对方案风险评估、可行性分析要求可以降低，其所对应的考核项评分值可适当降低。灵活运用上述评估项，可以帮助企业实施部门选择到合适的服务供应商作为实施合作伙伴。

一般决定最终服务供应商需要 2 到 3 周时间，时间再长会给项目带来风险。毕竟乙方服务供应商并不仅仅服务招标方这一家，时间拖得太长，则服务供应商本身可能无法保障所承诺的资源按时到位，临时换成员的事情也屡见不鲜。笔者在过去多年的信息化建设项目上，类似的事情遇到多次，有的项目最终实施效果，无论是从交付时间还是从质量等方面都打了折扣。更有甚者，曾经有个项目由于前期决策花了太多时间，所有潜在服务供应商都一度认为这个项目已经中止不开展了，而选择的最终服务供应商早已经将原定安排在项目中的多名资源骨干调往其他项目，且无法回到该项目上，造成了项目几度延期，游走在失败的边缘。

3.3 有约束的合作是可执行的合作

在项目正式启动之前，有一项极为重要的工作要完成：工作范围说明书（Scope of Work， SOW）。如果说招投标过程中的方案建议书只是"建议书"，供企业初步审核来决定选择服务供应商的话，那么 SOW 可被视为甲乙双方进一步对项目具体目标、范围、功能交付达成一致，可作为项目最终验收检查以及需求变更判定的依据标准。很多企业会将 SOW 作为采购订单的附加文档，与合同一起作为生效条款。既然如此重要，对于企业信息化项目，SOW 有什么特别的注意事项吗？

3.3.1 SOW 之范围描述

企业信息化项目的范围主要指业务范围、用户范围、实施部署范围。

同样的系统功能，业务范围的不同，会对项目成本、进度、风险有着极大的影响。例如，某公司的办公自动化审批系统初期规划只是在中国区实施，后来计划在美国、欧洲同时上线使用，抛开文化差异不算，仅是三地时差就会对项目周期、成本带来显著影响。即使是在中国区实施，不同的城市或地区，也会对项目产生不小的影响。当然，除了对项目管理带来影响，业务范围不同，对系统技术架构也会产生深刻的影响，尤其是跨时区的信息化项目，一般 5×8 工作周期的技术无法承受多时区的使用。如果跨亚、美、欧三大洲时，对技术架构就会有接近 7×24 工作周期的要求，系统可用性、可靠性的提高，将导致此方面的投入增加。

用户范围同样关键，10000 名业务用户与 1000 名业务用户、100 名业务用户对系统架构、硬件环境要求是不一样的，预算成本会增加，同时实施周期也将延长。

3.3.2 SOW 之变更管理要求

企业信息化项目几乎不可避免地会在实施过程中发生需求变更，这是企业信息化项目比较棘手的工作，对承担项目工作的客户甲方与实施服务供应同的乙方都一样。虽然处理变更是项目管理软技能之一，但解决处事的原则、方式方法才是解决之本，因此，需要在 SOW 中将变更管理所约定遵守的流程、方式及原则定义清晰，给各方一个解决冲突矛盾的理性依据。

3.3.3 SOW 之交付物

通常，各类文档如软件需求规格说明书（Software Requirement Specification，SRS）、详细设计文档、架构文档、指导手册是各项目团队必须交付的文档。笔者所要强调的是压力测试报告、源代码。

单元测试报告、集成测试报告是测试阶段的必要交付物，但压力测试报告通常会被忽略。用户量大或是用户量虽不大，但系统存在某段时间访问高峰，并发量比较大，则需要在交付物中明确压力测试报告，报告中明确给出系统预估可能承载的最大并发用户量，同时给出进一步系统调优的措施。这也是压力测试的目的所在，即通过测试，发现问题，并找到提升系统响应能力、解决存在问题的方法与步骤。

源代码问题是比较敏感的话题，涉及知识产权 IP 的管理。客户与服务供应商需要明确指出知识产权的归属。通常客户会要求项目中客制化开发的源代码公开，并有权在代码基础上进一步优化系统。笔者认为客户方需要认真地考虑这个问题，尤其是 IT 部门有责任全面管理企业信息化方面的知识产权。一方面，企业信息化作为公司管理战略、战术思想与制度的实施手段与载体，本身就是企业知识产权的一部分，通常要求服务供应商在未经企业授权的情况下，禁止泄露给第三方，尤其是企业的行业竞争对手。另一方面，从企业信息化安全角度出发，必须对源代码进行严格审核管理。笔者在 IT 业界也曾经不止一次听说过，甚至亲身经历过对源代码审核不严，对企业造成的损失或不利影响。比如，南方某著名制造业工厂，企业生产制造管理信息系统被服务供应商注入恶意代码，在特定日期将导致整个系统发生瘫痪，无法为生产提供服务。上海某公司人力资源系统代码中，被程序员增加了恶意注释，甚至出现了咒骂等语句，给团队带来了不良影响。再者，信息化系统的特点决定了其长期维护运维的性质，尤其是二次开发扩展、定制是不可避免的情形，因此运维团队必须完全掌握源代码。曾有过这样的案例：由于源代码归属不明确，导致系统上线一年后，系统面临修改变更以适应业务时，由于原服务供应商人员变动频繁，导致某段代码无法找到最新版本的情况发生，最终只能重新编写该功能点来解决系统整体变更编译问题。如果企业有能力自身维护运行系统，则源代码需要明确掌握在企业自己手中，即使是外包运维，也要这样做，并且需要更为严格地遵守执行源代码的管理，因为外包运维相对于企业自身运维，人员组织更不稳定，人员流失，甚至是外包运维公司直接更换也时常发生。因此通常情况下，建议在 SOW 中明确源代码的归属，即使服务供应商拥有 IP，企业也要争取源代码使用权及扩展权。

真实案例：笔者在某家大型公司工作时，曾遇到过因 SOW 交付物没有明确源代码作为交付验收项，导致源代码管理不善，运维工作无法开展的情况。公司某部门自行负责开发的管理信息系统，原应用模块由部门与某合作服务供应商联合开发，人员频繁更替，到接最后一棒的维护人员时，只有一大堆可执行程序，没有源代码，没有开发文档。当部门业务调整，需要更新系统模块业务逻辑时，才发现已经无法变更系统。还好系统功能并不复杂，并且是用.NET C#语言开发，笔者只好安排技术人员采用反编译方法，试图还原主要的功能点，并且花费了几乎重新开发的工作量才完成了业务逻辑的升级变更。

3.3.4　SOW 之项目工作主计划

在 SOW 中需要体现项目主要里程碑节点，但细化到具体工作项没有必要也没有意义。通常假定某一项目启动日期，从该日期起给出诸如蓝图方案、开发设计、集成测试、系统上线等节点。

3.3.5　SOW 之验收与售后服务标准

通常验收与售后服务标准，各公司都是格式条款，经过法务审核，各个项目通用。如果要修改格式条款，甲乙双方法务部门都会涉及，对每条逐句审核，遇到双方歧义比较大的地方，来来回回沟通交流，甚至会影响项目的正常启动进程。但作为项目负责人，不能因为怕麻烦而放之任之，尤其是验收与售后服务标准，花时间让各方确认一致是值得的。

对于验收标准，一般分为两部分：一是功能要求验收标准，二是非功能要求验收标准。对于功能验标准，可分别列出项目每一阶段的具体交付物要求，每阶段通过进行到下一阶段的条件等；对于非功能要求则需要甲乙双方协调给出合理的验收依据，比如说客户端精通查询页面响应在 3s 之内；系统可用性达到 4 个 9（99.99%可用性），即一年非计划停机时间控制在 1 人之内等。

验收标准中一般都会明确给出各阶段的付款比例，比如"3、3、3、1"模式，即合同签订首付款 30%以启动项目，项目需求方案确认付 30%，系统开发完成并上线付 30%，另外的 10%作为项目尾款，通常是上线后 3~6 个月通过最终验收予以付清。验收标准中是很少会明确给出奖惩措施的，如果项目进展拖期，每拖期 1 天，乙方需要给出补偿；如果项目提供交付验收给予乙方明确的奖励条款。笔者认为主要是这些条款，在中国实施信息化项目时，可操作性差，如拖期责任界定就很是问题，双方都会找出对方的失误，以推卸责任，因此该条款几乎是形同虚设，现实中可行性差。另外，如果项目实施过程中闹到双方找 SOW 合同书，看条款来解决问题的时候，已经没有任何挽回的余地，项目已经注定走向失败了。

对于售后支持服务，信息化系统大致可分为两大阶段：一是系统全面上线到最终验收，二是验收通过后的日常运维阶段。大多数项目终验后，要求乙方提供 1~3 个月的免费日常运维服务，并且该阶段服务结束后，也可以继续签订一份增补合同，服务供应商持续提供日常运维服务。二者最大的区别有两点。第一点是人力资源安排上，前者还会有一部分项目成员保留在项目上，不是全部，但至少有全职人员在项目上；后者项目资源已经释放，项目组成员陆续进入其他项目，不再有全职人员照看项目。第二点是在运维管理模式上，前者项目仍在进行中，仍采用项目管理方式（比如定期项目报告等）；后者项目已经关闭，采用的是日常运维模式，更多的是日常问题跟进与日常需求更变的管理。因此根据这两大不同点，需要在 SOW 体现出可落地执行的实施条款。对于第二类支持条款，一般都需要体现对以下两类问题的处理流程及方式：一是系统的缺陷，二是新的需求变更。对于系统缺陷，可采用与开发阶段类似的分级管理方式，即分为高、中、低三类来处理。甲乙双方需要对划分级别的标准达成一致，另外对各级的响应时间、解决周期也要统一明确规定。对于需求变更，由于项目已经结束，项目委员会已经不存在，无法按项目管理中的变更处理，双方可以约定明确的流程，比如可以按甲方信息化部门日常变更规范来处理此类变更。由于对于需求变更，乙方没有责任义务来负责开发与实施工作，此时需要双方友好协调有偿服务解决。建议对于自身 IT 部门资源紧张的情况下，可考虑整体日常运维外包给原服务供应商或其他第三方厂家，直到系统退役。

3.3.6 SOW 之其他附加项及杂项

附加项及杂项中比较常见的有对乙方项目成员的约束；出现争议双方如何处理等。

考虑到软件项目实施周期比较长，而服务提供商乙方人员流动率相对比较高，因此需要对乙方成员变动有明确的约束（甲方客户内部也需要有类似的约束，但不会体现在 SOW 上）。一般对项目团队关键成员如项目经理、架构师、技术主管等三类成员的变动，可以在条款中体现出来，比如约定乙方提前与客户沟通申请，并给出相应的解决措施，以得到甲方客户的同意。在实现执行过程中，并非所有成员都会按章办事，有时项目负责人也是临时才知道某成员一周内将离职的消息，来不及甲方与客户详细沟通协调，因此条款无法防止此类事件的发生。但是条款存在的意义在于，双方表现了一定的诚意，增加互信，有利于项目的执行。因此条款在一定程度上为项目提供了资源保障，常常作为附加项写入 SOW。

对于出现争议的处理，通常都会将其描述为"双方友好协商解决"。这也是东方商业惯例。在读索尼公司创始人盛田昭夫的《日本制造》时，其中一章写到美国人对东方商业合同中的"双方友好协商解决"一直不理解，认为这不应该是走法律程序解决吗？这或许就是东西方文化的差异，至少在中国实施企业信息化项目这么多年，在合同协议中这句话是最常见的，从来不认为有什么不妥之处。

3.3.7　SOW 之保密协议

保密协议（Non Disclosure Agreement，NDA）对项目甲乙双方有着同等的约束。对项目建设内容、涉及的数据、工程进度等各方面都有约束力。而每个项目的脱敏期不尽相同，如人力资源系统一般要求对敏感数据有三年甚至更长的保密期。这方面大多公司也是格式条款，但也需要双方法务介入审核，以在最大程度上保障双方公司的利益。

SOW 是项目的基石，也是项目启动后双方合作开展工作的指挥棒，无论是在前期的需求分析、方案制定，还是后期的项目验收都起着关键作用。那么 SOW 与前面所提到的 RFP、建议书（Proposal）、SRS 又有什么样的区别与联系呢？能否合成一份文档，以节省项目工作量呢？

信息化系统作为公司战略赋能的重要手段，与管理层战略战术方针密不可分，具体到执行业务部门，则会烙有部门负责人管理风格/思路印记。项目常常遇到的一个问题就是部门领导替换后，原系统流程可能会发生较大的变动。随着业务发展变化越来越快，建设者一开始也只能是总体上把握目标方向，因此信息化系统注定是一个循序渐进、逐步优化的过程。企业信息化项目的特点决定了传统的软件"瀑布式"开发模型是不太适用的，然而就甲乙双方合同模式联合项目建设，从商务角度、职责划分上看传统模式又是更为清晰的。由此，各阶段对应不同形式的商务文档。RFP 可视为信息系统最高层面需求概括，除了目标明确，其他甚至业务范围也具有较大的可变性。而 Proposal 是服务供应商根据 RFP 的理解，结合自身的行业项目经验，给出的可行建议方案。注意只是建议方案，具体建议点是否全部落地执行，分几期建设都待商榷。SOW 则是在 Proposal 得到初步认可后，确定的方案建议书，它除去了建议书文档中不明确的内容部分，以及非本期项目范围内的功能需求描述，着眼于本期项目的功能清单，通常作为正式合同的附件，因此具有一定的法律约束性质。相对于 SOW，SRS［或蓝图方案设计文档（Blueprint）］则是将 SOW 各项要求功能细化到落地执行地步，从业务角度阐述系统系统的各项功能，作为系统开发设计的输入源，也是测试、验收的检查依据标准。

总之，这几份文档在不同的阶段，面向业务对象不同，着重点不同，但又前后相关联，RFP 作为 Proposal 的直接输入，Proposal 书又作为 SRS 的直接输入，而 SRS 又是系统详细开发设计、集成测试工作的直接输入，共同为实现项目目标而服务。

经过以上一系列准备工作，项目已经具备启动、正式开工条件了。不过，在此之前还有一项重要的工作要——资源计划制定与确认。

3.4 99%信息化项目管理都会犯的错

无论是 RFP，还是 Proposal，或者 SOW 工作范围说明书确认阶段，项目计划不但是项目经理的重要工作之一，也是公司管理层最为关心的一项工作。通常领导层会关心三个问题：项目目标是什么，花多少钱，什么时候完成。笔者在某公司负责实施信息化项目，正好遇到公司董事长视察，笔者清楚地记得他就问了以上三个问题。项目需要围绕这三点更新工作计划，才能确保在有限的时间周期内完成项目各项目标。

对于项目计划，不同的角色有不同的理解与看法。企业甲方客户存在的一个误区就是：如果项目与服务提供商签订的是固定合同，则不再关心其任务资源成本计划，认为这是乙方自己的事，不需要甲方客户关心。在笔者过去接触的项目服务案例中，至少 99%以上的人都是这样的看法。这是非常致命的错误看法与做事方式，作为一个项目团队整体，当项目宣布启动后，无论项目成员来自甲方还是乙方，大家都已经定绑定在同一条船上。从交付目标角度看，已经区别不出甲乙双方了；从责任角度看，甲方客户项目负责人有责任义务监控项目各类计划。对于各项任务安排，关注点在于什么时间开始，什么时间结束，由谁负责执行。通常时间节点是关注的重点，而由谁来做此类资源计划常常被甲方忽视，有时乙方也会反驳说甲方客户不用关心谁来做，到时完成任务就行了。脱离了资源计划的任务计划是个"伪"计划，没有人执行的计划只是在做表面文章。因此，为了各任务项能按期完成，甲方客户项目负责人必须审核并监督资源计划执行情况，确保乙方有合适的、足够的资源按计划投入项目中，使得各任务按时、有质量地完成。从项目管理企业积累看，甲方客户公司可以借此积累一定的项目实施指标数据，为今后优化项目管理提供决策依据。从执行与成本角度看，资源意味着成本，投在项目上的人力资源越多，尤其是资深人员，则成本越高。乙方通常会尽量少地投入资源以获取最大的利润。无论甲方还是乙方都不是慈善机构，盈利、促进企业战略实现是最根本的需求，无可厚非。甲乙双方共同配合，既保障了乙方的一定利润，又高效交付项目为客户服务。从项目管理角度看，乙方作为服务供应商同时运行多个项目为多家企业服务，单一项目执行与资源的矛盾一直存在并且非常突出，甲方客户项目负责人有责任支持乙方项目负责人，优化资源结构，争取最佳资源进驻项目服务。帮助乙方负责人项目管理就是帮自己公司、自己项目，避免一般甲方客户负责人的短视与不担当，与项目整个团队"同舟共济"，成就公司战略目标的同时，也成就自己的业绩。然而意识到这一点并不容易，尤其是传统国有大中国型企业工作的员工，工作责任心淡漠，缺乏主人翁意识，这是一个企业发展过程中长期面临的巨大挑战。

项目资源计划另一个误区存在于甲方客户资源的评估，这也是常常被项目组忽略的工作项。对于项目各项工作而言，无论是前期需求调研分析、方案沟通讨论，还是后期功能测试确认、上线培训都离不开客户方资源的配合与支持。因此资源计划中需要明确客户方资源的需求，并得到相关部门领导的确认。毕竟甲方客户资源大多都属于兼职参与项目，手头都有自身份内工作要做，需要其相关领导在项目期间，对其工作内容有所调整，以保障他们能有时间确实参与到项目中。资源安排不当，直接影响项目进度，比如说需求方案迟迟不给出反馈，或者草草给出确认，而导致功能测试阶段才发现功能不符合业务实际要求，引起大量返工，造成项目延期等。

在招标过程中，服务供应商会给出资源计划评估，与项目最终报价一致。原则上项目启动后需要按该资源计划执行。但不能想当然认为资源计划已经落实，甲乙双方必须在启动项目前加以确认，这是项目经理的主要责任之一。双方初步合作或是项目团队刚刚组建，成员之间工作的默契程度有限，还需要不断地磨合。双方项目经理必须坚持多沟通、多确认、摒弃想当然的思维，这是项目成功的秘密捷径之一。对于项目经理的考验之一就是能否在短时间内，让团队成员彼此信任，发挥出应有的战斗力。如果在资源执行过程中发现，乙方承诺的关键人员如项目经理、架构师、开发测试主管等资源无法按时到位，或是甲方相关支持资源无法参与到项目工作中来，需要及时向管理层汇报，请领导知晓项目状态，并介入协调支持，严重时，可以做出项目暂停或中止的决策。

  捷径提示：项目经理及时汇报工作并获得上层领导的支持，是项目成功的保障之一。

  汇报是有一定方式方法可遵循的，如采取正式汇报或是非正式汇报形式。其中，非正式汇报有各种渠道方法，喝咖啡或上班途中偶遇打招呼，顺便提下项目问题。通用电气（GE）提倡电梯游说（Elevator Pitch），即假定你在电梯里遇到项目领导，如何在 30 秒之内把事情讲清楚，让高层领导对项目进展状态或相关诉求有明确的理解。而对于关键的问题事宜，还是以正式沟通为主，如邮件、会议等。

  无论是初级项目经理还是资深项目经理，都会犯疏于沟通或汇报不当的错误。初级项目经理，一是不熟悉管理流程，二是缺少正确的管理方式方法，有的负责人把一切责任都有意或无意揽在自己身上，不能正确认识与运用团队的集体力量，而过高估计自己的能力，掩饰问题，反而成了项目各项工作的瓶颈与绊脚石。此类情形下，一旦问题暴露，就是极其严重的问题，甚至因介入太晚错过解决问题的有利时机，而无法对问题解决有所帮助。资深项目经理常犯的错误是忽视问题，对一些问题熟视无睹，未能及时响应问题，因而错过最佳沟通协调窗口，导致项目进展受到影响。无论是初级项目经理还是资深项目经理，作为项目负责人需要保持一颗"如临深渊，如履薄冰"的警惕之心，善于观察，在不断学习丰富理论知识的同时，结合实践，提高沟通协调能力。

  有不少人会有疑问：管理层对项目具体业务要求的理解似乎没有项目成员透彻，技术上更是不了解，那么及时汇报，果真能把问题给"逢凶化吉"解决了吗？在实际工作中，时不时会听到有人这样讲。不同角色的人员，出发点、视野、信息广度与深度都不一样，项目委员会作为项目最高管理机构，对项目目标有更深的理解，抛开琐碎杂乱事项，更能把握大局，做出合理决策，为项目前进规划出正确的方向。项目负责人不能要求所有成员都理解汇报的重要性，但是其自身需要切实担负起沟通协调的责任：让高层领导知晓项目进度状态，并及时得到必要的支持；让项目团队成员理解管理层制定的项目目标，消除理念上的差异。

3.5 并不是所有人都期望项目成功

在项目启动前的准备工作中,组织架构是制定项目立项章程的重要内容之一。在启动前需要再次确认各组织成员角色,并做好沟通工作。

在整个项目组织架构中,通常大中型项目,其项目管理委员会、核心团队、开发团队、业务关键用户、服务提供商团队等组织成员来自不同的公司、不同的部门,即使来自同一部门,有可能来自不同的团队,因此各成员在视野、知识面、思路与做事风格上差异较大,因此项目经理需要有娴熟的协调与沟通技能,具备团队内外部冲突管理能力,尤其需要领悟的一点——是不是所有点头微笑的人都会支持项目?是不是所有坚决说不的人都是反对项目的?所以至少做到识别关键人员,系统性思考如何有效地组织各方资源完成项目交付目标。

3.5.1 项目组织成员确认

在项目立项章程中规划出了组织架构,项目启动前夕,项目负责人需要协调资源,明确架构中各角色具体成员清单。

首先看项目管理委员会成员。邀请各业务部门管理层领导为项目把握大局,对关键问题进行决策。在各级领导中邀请职位最高的或是威望最高的人员担任项目委员会小组组长,主持委员会工作的开展。其次项目核心管理团队成员确认。对其中项目干系人小组,从前期项目发起调研阶段沟通交流关键干系人中邀请,其中项目影响的主业务与流程部门主管、信息化部门、公共服务部门主管是首选,如果主管业务繁忙也可指定代理参与;而对于非关键业务与流程部门主管不建议邀请。如果此时发现有关键干系人表示有异议,这属于"定时炸弹"型高风险,必须升级问题到项目筹备委员会去决策,在项目启动前需要解决:要么通过高层等手段说服该成员,要么项目延期开动或调整范围。核心团队需要执行一定的决策权,这也是其成员多来自企业组织中层主管领导的原因。这样的层次团队的设置实现了有效的分工合作,让上层委员会管理层集中精力处理关键战略相关议题,保障了执行与决策效率。小组团队成员选择确认方面,项目负责人需要考虑利益驱动点,项目成员要么是其工作考核与项目成就挂钩,要么是项目实施后的受益方(业务工作方面有积极影响作用),避免出现事不关己、出工不出力的现象,减弱小组团队执行力。

企业信息化项目管理实践

从"双轮"驱动原则出发，项目管理由来自业务部门的项目经理以及来自IT中心部门的（技术）项目经理，以及第三方服务供应商项目经理（如果涉及第三方服务时）共同担任。项目管理负责人对项目交付成败承担直接责任，因此人选对项目至关重要。对于业务方项目经理的首要选择标准是沟通能力，向上能与业务部门管理层沟通到位，向下能兼备一定的沟通与领导能力；其次是拥有一定范围内的决策权限（或被领导授权决策）。如果是涉及多个业务部门，选择标准依然不变，在多个部门中选择，但不建议从中选一个代表作为业务项目经理，应该采取联合小组形式，每个部门都有代表其业务的项目经理角色，这是由部门相对独立性质决定的。信息化项目对IT中心（技术）项目经理依赖度更大，对他们的资质要求也就更高。他们定位于懂技术的管理复合型人才。在不同的企业IT组织、管理方式下，对IT项目经理的技术层面能力水平要求不一样。在大型企业，IT部门人员多且分工设置细致，企业信息化项目基本由IT内部人员主导实施，IT项目经理要求更偏管理；而中小型企业项目实施以第三方服务供应商为主，因此对IT项目经理技术、业务管理齐头并进，两手都要硬，一人要承担项目管理、技术主管等多个角色。但无论处于何种企业组织内，IT项目经理的管理水平要求是一致的，一个优秀的IT项目经理选择标准是"平衡"管理大师，带领团队平衡业务需求与技术支撑，为达到项目按期上线而平衡各团队利益与行动。

关键业务用户小组成员的选择确认同样采取"利益驱动"原则。如果关键干系人小组中允许持负面成员加入是一种合理做法的话，关键业务用户成员则绝对不能采取类似策略方式。该小组是业务需求分析、蓝图方案讨论、功能验证测试的最关键执行对象，执行力是主要衡量因素，也是符合该小组的架构角色定位。另外当系统上线稳定，项目关闭后进入日常运营维护状态，需要从关键业务用户中选拔一线支持联络或负责人，在系统持续发挥效益过程中起到关键作用，所以关键用户的选择需要多方面考虑与协调，最终确认成员名单。

并不是所有企业都配备完整的业务流程、系统架构、安全小组团队，对于大型企业可得以这些资源支持，而对于中小型企业或许没有专职资源可用，但是信息化项目建设过程中可以借力来达到同样的管控目标，比如借第三方服务供应商之力等，以通过每个项目的提升来增强公司整体市场竞争力。

技术团队构成角色在架构中已经明确，尤其是涉及第三方服务供应商资源时，架构师、分析师、技术主管、测试主管名单在启动前确认，并且检查其提供的资源计划，即各成员在项目中的具体计划时间。项目负责人尤其要避免"临时挂名"

充面子的资源计划，这对项目实施执行有害而无一利，谨慎识别并及时纠正。

在项目资源组织协调过程中，项目经理一定要抛弃这样一种思维或观点：这个项目要围绕"我"为中心，"我"起到不可或缺的关键作用，离开"我"这个项目就不能正常开展了。该危险的思想问题在于项目经理没有真正理解其角色定位及价值所在。读王石的书《道路与梦想：我与万科20年》，从中能领略他作为一名管理者对团队资源的组织与协调智慧，以至于可以做到他长时间在外去攀登珠穆朗玛峰，丝毫不影响公司运作。项目成功依靠的是团队的力量，在有限的时间内组建一支团结有力的团队，是项目经理的首要责任。项目资源永远是有限不够状态，项目经理最重要的行动就是协调各方资源，平衡各方诉求，"以终为始"驱动团队开展各项工作，完成里程碑目标，交付信息化系统并部署上线。

3.5.2 项目冲突管理

对于同一问题、同一件事，不同角色的人肯定有不同的看法或意见。例如，项目经理可能会认为某件事不重要，而项目委员会管理层却认为这是关键问题，必须优先解决；项目经理认为是第一优先级的工作，管理层却有可能认为这是次要事项，可以放一放再说。笔者曾遇到的一个真实信息化项目案例可以很好地解释这一点。某信息化项目经过甲乙双方3个多月的沟通交流，SOW基本得到双方确认，即将签商务合同时，突然被叫停。双方项目经理都没有预估到项目被叫停的风险。业务部门主管对项目预算有异议，提出项目暂缓。IT部门领导层认为这是非常严重的风险，项目组需要立即执行暂缓操作。而当时客户方项目经理考虑到与服务提供商沟通交流充分并且比较融洽，在谈SOW工作范围时，对最终用户提出的范围蔓延造成预算一定程度的超出是清楚的，但其并没有把预算问题当作高风险问题对待。事实上，该项目被叫停是由于成员冲突造成的问题，项目高层委员会之间对项目意见冲突，并且分歧较大，而预算只是表面风险而已，或者说预算只是根导火索。然而这个项目延期一段时间后，最终再也没有启动。

管理冲突是项目经理的关键技能之一，从项目准备筹建启动时，就需要时刻警惕。按布鲁斯·塔克曼（Bruce Tuckman）的五个阶段团队理论，一个团队从建立到真正融合成一个集体发挥作用将经历以下阶段：始建期（Forming）、激荡期（Storming）、规范期（Norming）、执行期（Performing）和休整期（Adjourning）。成员冲突在团队形成的前两个阶段最为明显，尤其是甲乙各方来自不同的公司、部门组织，建立初期，人与人之间缺乏信任，互相防范。项目经理应该制造互信的团队氛围，尽快促成团队进入第三阶段。

以上冲突案例是最难处理的一类，因为多发生在公司管理高层，这是一般项目经理难以协调沟通的。这需要项目经理有一定的"办公室政治"敏感度，然而这项工作对一些人来说挑战比较大。曾经有一个企业信息化项目把二位有矛盾意见的领导列为项目管理委员会成员。在项目启动前，项目经理已经识别出该风险，但没有提出更好的解决方案，默认该状态存在。项目执行与实施过程可想而知，项目曾经一度处于失败的边缘。

从图 3-1 可以看出，随着时间的推移，不及时解决的冲突最终将演变为危机。就如同上面的例子一样，在没有及时阻断冲突的发展曲线后，危机直接导致项目的终止。冲突是不是越早解决越好？不一定。管理冲突的原则——识别是"危"还是"机"，衡量以度，做到"尽在掌握之中"，时刻准备着潜在的予以解决方案。有时矛盾激化不一定是坏事，巧妙利用危机，会成为事件或任务的催化剂，加快问题的解决。具体到项目成员之间可能发生的冲突，作为项目经理，要明确一点，即无论你以什么观点介入冲突，都是你自己的理解与见解，并且也仅仅是你自己的，即使你自以为是以客观、公正、全面的角度在介入。坚持这一点将迫使项目经理运用"高效能人士的七个习惯"中的"知彼知己"，更为客观全面地了解问题，了解各成员的观点，更有效地找到解决冲突的方式方法。抱着学习新知识或提高新技能、人际关系的积极态度去处理冲突，面对风险，对应《高效能人士的七个习惯》中的"积极主动"习惯。

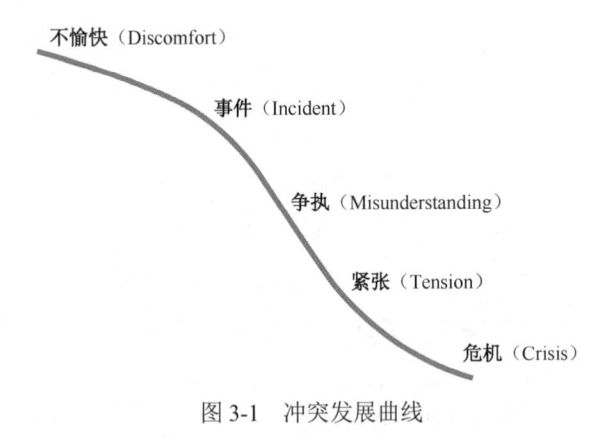

不愉快（Discomfort）
事件（Incident）
争执（Misunderstanding）
紧张（Tension）
危机（Crisis）

图 3-1　冲突发展曲线

3.6　项目启动会形式必要吗

经过前期充分准备，项目的第一个里程碑——启动大会已经水到渠成了。该会议的主要目的可以总结为 6 个字——"沟通、确认、动员"。其仪式意义不亚于一场婚礼，各方理解一致，执行方面对目标与任务，由衷表达"我愿意"，从而投入项目建设实施过程中。

项目启动会议准备工作可以充分利用前期已经形成的内容资料，如项目立项章程等。通常包括：项目背景、目标范围、功能概述、收益成效、组织机构、职责说明、项目风险、项目里程碑主计划、沟通计划、变更决策流程、下步计划任务安排、领导寄语等。一般会议的目的主要有知晓（传达）、讨论决策、寻求帮助，而对于项目启动会主要定位是知晓目的。如果在项目启动会上还有后面两个相关议题，坦率来讲，项目启动会准备是有问题的，最好延期再举行。如果坚持召开，结局极大可能是不欢而散，起不到本次会议应该具备的作用。当然并不是项目启动会必须追求一团和气，不能讨论任何问题，讨论是正常的，但需要把控好，对项目根本性的目标、范围、关键业务功能点不应该有争议性的讨论。对于项目计划或风险分析有讨论沟通都是正常的，如对于风险识别点以及管理应付方案，项目组可以借此机会让团队较为深入地理解。

在多年项目管理实践中，笔者认为项目启动会上有必要在一般的议题内容上增加各阶段的验收标准。主要原因有三点：一是并不是所有人都了解 IT 信息化管理流程、系统应用软件交付方法。在会议上统一各成员的认识，了解 IT 常用术语及规范，可以让大家保持在同一频道。二是明确各阶段交付验收标准。通常有服务供应商参与的信息化系统建设都是分阶段验收并付款，大家将各阶段标准摆在桌面上，减少了阶段验收时不必要的争议。三是运用"高效人士的七个习惯"中的"以终为始"方式，让大家明确阶段目标，以交付标准/交付物为目标安排更高效的各项工作。同时阶段交付标准对团队起到"灯塔"作用，在一定程度上可能避免项目执行过程中走偏，远离既定目标。

通常项目启动会上各方高层领导都将出席，项目委员会、核心团队以及关键用户代表全部到场，这是一个绝好的正式沟通交流机会窗口：确认项目目标、范围、主计划等项目关键要素与指标。同时大家面对面沟通，会议也起到了动员的作用，即项目成员共同乘坐的这艘大船正式扬帆启航，在座各位都是船上的一员，中途几乎没有下船的机会。该船上的乘客只有互相支持配合，才能按时顺利到达目的地；大家共同承担可能的风险：行进中触礁、冰山而沉没或被迫返航，中止航行（这也是所有成员不乐意看到的情况）。由于同处一船，各成员需要以到达目的地为导向目标，搁置公司之间、部门之间、团队及成员个人之间的争议矛盾，本着共同利益最大化出发，同舟共济。这或许是项目启动大会最关键的作用之一。

项目负责人（项目经理）从此时刻起，做一个"情商"超人，需要时时警醒自己的职责，把握好成员情况以及船航行状态，平衡各方利益诉求，凝结成一个团队执行任务。

捷径一：项目经理要学会"察言观色"。

学会观察，尤其是对与会关键人员的"洞察力"，对会议进行管理，掌握会议议题及节奏，避免会议开成讨论会，超时且达不成共同结果。

"察言观色"即有效的"倾听"，是项目经理基本技能素质要求之一。通过观察与会人员、发言人员的言辞、语音及语调，以及肢体语言，可以分析出人员非表面更深层次要表达的意义，听出"弦外之音"，达到更高效理解与沟通。比如，通过观察分析与会人员发言与神态，可以判断出项目的积极支持者、中立者以及消极甚至是反对立场人员，以及各人员的职场风格，便于今后工作的开展。特别强调一点的是，学会倾听反对者、持异议人员的声音，这是项目风险源，需要项目组抛开成见，实事求是地分析异议相关问题，排除项目前进道路上的风险阻碍。因此，从另一角度看，项目反对立场人员也属于项目"积极"支持者，正是他们的反馈才使得项目组蓝图方案、实施步骤考虑更为全面，减少了项目的整体风险。通常持中立立场人员不需要项目组费时间进行沟通交流，因为他们是对项目贡献最小的团体。

在会议过程中，项目经理需要不断地快速深入自问为什么：为什么他（她）们对此有强烈的不同意见？为什么有人似乎听不进项目经理的解释而自顾自地说一些貌似无关的议题或问题点？在应答提问进行解释时，放慢节奏，有意识地缓和可能要出现的冲突气氛。掌握问题的沟通两个关键技巧，一是先站在他人角度理解提问人的真实想法与意图，而不要简单地试图直接反驳他人的观点或意见。这也是"高效人士的七个习惯"中的"知己知彼"。二是把握住会议主题，对于无关议题或无法短时间内达成一致的问题，以主持人身份宣布把议题放在会后跟进。第二个技巧也是非常实用的，作为项目经理主持启动会议，有责任避免项目启动会开成"头脑风暴"讨论会。在遇到影响到会议议题进展情况时，项目经理需当机立断，并在会议表示将作为一项具体跟进工作，明确给出执行负责人、计划预计完成日期，使各方"搁置"争议，保障会议主题的继续进行。

捷径二：项目经理要学会"见机行事，不留后患"。

通常项目各利益方高层都出席项目启动会，这也是取得高层领导支持，以及对一些模糊事项进行澄清、给出明确表态的机会，以进一步消除项目在组织管理方面上的风险。尤其是在涉及跨部门协调时，把需要当面沟通的议题借启动大会得到最终的明确结论，借高层之影响力凝结团队，消除日后可能起争议的事项。因此，对于处理此类议题，在会议上必须有明确的表态，不能放到事后跟进项，因为如果当面都无法取得明确结论的话，会后肯定不会有任何进展。

项目启动会的召开意味着这艘大船已经离开码头，扬帆启航，项目进入需求分析及方案蓝图制定阶段。

3.7 帮你把关——项目实践案例

3.7.1 双赢思维招投标及其他工作中的应用

在过去笔者负责以及参与的近百个信息化应用项目实践中，无论是企业方完全自主开发实施，还是部分外包，抑或整体请服务供应商实施，在工作中真正运用双赢思维的组织或个人几乎是凤毛麟角，这或许能解释为什么信息化项目建设在各企业中开展得并不理想，有的企业对外宣传非常高大上，但了解内幕的 IT 人士都不屑于提。

笔者在 A 公司工作时，公司 CIO 是一位外籍资深人士，笔者在负责一个信息化项目时，曾受到他的批评，因为笔者在企图用 100 万元人民币的预算做超过 200 万元人民币的事。他的话让笔者至今还记忆犹新：不要手里只有 10 元钱，却想让服务供应商做 50 元钱的事，这样做事离失败不远了。在工作中，笔者常常把自己想象成对方来考虑，比如笔者做甲方时，常想如果自己是乙方，会如何应对问题或管理项目；笔者做乙方时，就常常把自己放在甲方角度，思考如何做事会更合理、更可行。正是因为笔者作为甲方、乙方的多年工作经验，笔者才更加意识到一些鸡血口号或策略的不靠谱，尤其是"多快好省"（Do more with less）。

讲一个小故事：有次小王的同学小李来上海出差，那天上海正好下着中雨，小王开车去接小李。小李说小王的前挡风玻璃视野不好，非常模糊，小王才意识到汽车雨刷已经使用了近 5 年，工作时吱吱呀呀，已经不能起作用，需要更换了。记得上次在 4S 店换雨刷花了不少钱，在当前的经济形势下，必须节流，于是网购了一副雨刷，买一赠一，价格出奇的便宜。昨天到货后立即兴高采烈地去安装。当卸下原雨刷，准备安装时，忽然发现一点：买的雨刷比原来的从质量上要小将近一半。仔细对比发现产品质地也相差较大，立即感觉有点"康师傅"VS"康师傅"产品的异样。小王立即明白为什么商家买一赠一——这个坏得快,必须有"备品"。

在特殊环境或情形下,是可以做到"多快好省"。然而这只限于特殊情形,对于常规运营管理,这是不符合事物客观发展规律,注定要失败的策略。对于企业内部资源来说,可以给团队打鸡血,让他们"996"或"007",短期内或许可以做到"多快好省",用较少的成本,无论是人工成本还是时间成本来做出一些事情。然而从长期看这样的团队是没有战斗力的,一有风吹草动或一点点诱惑,就会作鸟兽散。对于企业外部资源,限于某些情形,服务供应商会做些一些较大的让步,如急于扩展市场,会不惜亏本做生意。但服务供应商公司不是慈善机构,它需要盈利才能持续运营下去。所以常规运营时,各类企业的生存游戏规则也不允许"多快好省"成为主流。

由此笔者想到中国在2017年年底,修改了招标法律条文,从法律角度废除了"最低价中标",这是社会发展的巨大进步。越来越多的企业已经意识到这个问题,开始综合考虑,选择对企业发展更优的合作伙伴来实施项目。笔者曾接触的一家企业领导,就公开对我们说,你们作为国际知名跨国企业,鉴于你们的团队实力,可以品牌议价,即我们接受你们的报价比其他服务供应商高。但并不是所有的企业都有这样的眼界与视野,笔者也常常听到有的企业负责人一味地主张"低价中标",或许他们有更合理的理由来这样做,但如果企业想在国际竞争中保持一定势力,如果思维不改变,估计离走下坡路就不远了。

同样,对于企业内部资源,也是如此。让马儿跑,不停地跑,就要给他加些草料。最近比较热的是"996"的讨论。笔者的观点是如果能够"多快好省",这也是合理的。笔者认识的几位博士朋友,当年毕业选择去H公司就是为了高薪,当时明确表示赚几年前就移民,他们也的确做到了。当然H公司也不吃亏,较高的待遇换取了众多优秀人才的青春与汗水,现在的产品与业绩把当年多家通讯界企业甩了几条街。丢掉幻想,实事求是,按客观规律办事,保持双赢思维,站在对方角度考虑,工作才能持续开展下去,对企业、对服务供应商、对领导管理层与个人,都是一个道理。在项目各个阶段管理中坚持双赢思维,项目想失败都很难。

3.7.2 目的启动准备检查单

表3-1是某项目启动阶段工作检查清单,具有一定的通用性。

表 3-1　某项目启动阶段工作检查清单

检查项	检查内容	是否必须项
项目章程/启动会资料	项目名称及代码（需按 PMO 项目管理办公室定义规范） 项目背景（包括发起业务原因、系统在公司战略战术框架中的定位等） 项目目标与范围（尤其是非范围内工作要明确排除） 项目系统收益、系统功能概述 项目组织架构（包括角色分工 RACI） 项目治理计划（包括汇报沟通计划、需求变更、软件质量保障流程等） 项目问题与风险分析（包括项目已知前提限制条件及依赖项，风险项及减缓应对方案措施） 项目主计划与里程碑 项目关键工作项计划 项目各阶段交付标准（包括 Go/No-Go 是否可以进行到下一阶段的标准）	是
项目资源计划	关键 IT/业务用户，合作方、外包资源 如果资源非全职在项目，指定其大致工作时间占比	是
项目组织	组织结构（通常为树形结构图，从项目管理委员会到各团队），角色与职责描述	是
项目沟通	例行周/月度汇报会 关键里程碑决策会 日常调研讨论会 紧急/关键议题专题会	是
组织与系统影响分析	检查相关业务，识别出受影响部门及当前系统：部门组织变革，系统数据集成/迁移或被中止替代等需求分析	是
项目依赖分析	项目边界清晰 其他系统、业务作为前提依赖项明确	是
工作分解结构（WBS）	该阶段并非需要将项目所有工作详细分解，需求阶段明是必须检查内容，其他阶段可逐步细化	否
项目风险管理计划	管理并跟进已经识别风险及减缓计划措施	是
项目问题跟进机制	管理并更新当前问题状态，决策及行动跟进	是
招标文档、SOW、询报价、合同	招投表相关文档，服务供应商选择过程及结果备案，解决方案建议书，合同及工作范围文档等	是

3.7.3　连续问三次"为什么"，理解"弦外之音"

无论是对人表达的意见或建议，还是对暴露出的问题本身，都需要多思考一层。项目相关成员并不都是"直率、外向"性格，有的成员职位比较高，表达的意思比较隐晦。作为项目负责人，无论是听到利益相关人或用户的抱怨还是赞扬，需要综合当时的场景与前后相关已经或即将发生的事件，连续问三次"为什么"，从而抓住问题实质，理解出用户真正想要表达的意图。虽已经讲述过该类问题，但笔者认为，再怎么强调理解沟通的重要性也不为过，有必要以实践案例让读者更加重视并较深入地掌握此类工作技巧。

在某企业信息化项目启动会上，出席会议的客户中有副总裁，在领导致辞环节，该副总裁对某部门负责人说："希望某部门能够大力支持项目的开展，配合公司战略的落地实施。"一般人也没有在意这句话，但项目负责人注意到副总裁说话语气及肢体语言，自问："多个业务部门领导都出席了会议，副总裁单独提该部门，为什么？从项目实施风险角度看，会后有必要跟进了解下。"会议了解到该部门负责人对项目工作是支持的，安排到项目中的资源也合理。项目负责人接下来的问题是："为什么副总裁会认为该部门对项目支持不力。"进一步了解发现在其他项目中该部门曾起到过负面作用，导致副总裁对该部门领导有些成见，而在启动会议的组织架构资源介绍中，该部门资源也明确标识出来了，但所涉及人员除部门负责人外，未出席当天的会议，可能导致副总裁认为"工作是在糊弄，没有真正投入"。项目负责人进一步自问："为什么启动会准备了这么久，并且会议通知也明确要求各关键业务用户出席，还出现这样的问题？"进一步反思会议通知，发现约会邮件清晰地要求人员参加会议，但并没有指出如不能参加，务必安排代理出席。而当天启动会该部门的两名关键人员因出差无法参加会议，既没有向会议组织者请假，也没有安排个人代理人参加出席会议。项目负责人意识到工作方式方法有待改进，以后的会议通知增加了"会议重要，如不能出席，请安排代理参加"，并且在会议的前一天，检查约会邮件回执，对于没有给出"接受"或给出"临时待定"的人员，电话询问关键人员是否能准时参加，如果安排了代理参加，则与代理再电话确认。通过以上项目工作行动改进，加深了部门之间理解与互信，保障项目工作的正常开展。

有一本书叫《思辨的检查：有效解决问题的终生思考优化法则》（*Think Smarter: Critical Thinking to Improve Problem-Solving and Decision-Making Skills*），2014年由约翰威立国际出版公司（John Wiley & Sons）出版，作者是迈克尔·卡莱特（Michael Kallet），书中指出了多问几个为什么是弄清问题实质的有效工具之一，有兴趣的读者，建议读一读。

3.7.4 项目周报案例

项目周报是项目管理的重要沟通交流手段，从项目周报的质量上基本可以判断项目的最终成功与否。图3-2周报模板案例在多个项目实践中应用，得到各方广泛的认可。

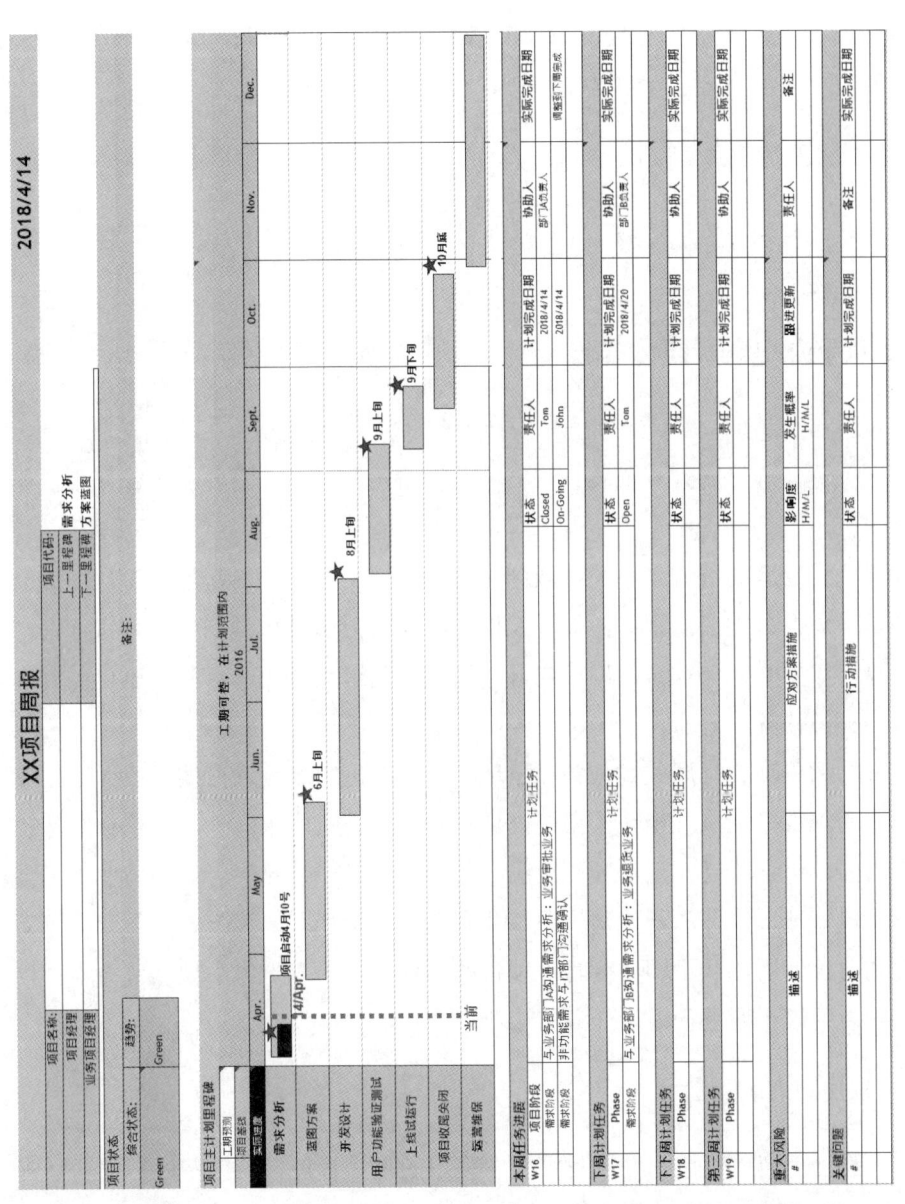

图 3-2 项目周报板模板案例

项目周报分五大汇报点：

1. 项目整体状态

红黄绿，分别对应项目关键指标如工期、成本等出现延期、超出等失控状态、关键指标有风险但可控、项目关键指标正常。

2. 项目工期进度

项目基线与当前进度比较。如有延期可直观展示延期比例，引起管理层注意，并采取措施避免。

3. 周单位关键任务项状态

在项目启动初期，项目经理可先规划 1～2 周的关键任务；在项目需求分析后期，可将关键任务扩展到 4 周内；在方案蓝图阶段通过后，需要将关键任务扩展到 8 周内。

如果项目经理的周计划不能扩展到 4 周以及之上，需要引起项目管理委员会以及项目管理办公室的重视：4 周以及以上的风险无法有效预判，项目执行存在较大风险，需要介入与项目经理就资源、计划一起审核讨论，直到可以扩展到 4 周及以上关键任务。

另外，如果项目每周关键任务项出现多数情况下实际完成日期滞后于计划日期，则表明项目控制执行出现了问题，项目管理办公室应该介入，与项目经理一起分析原因，纠正项目非正常进展势头。

有效地管理每周任务开展是项目整体状态正常的基石。该方式应与双周滚动详细计划结合使用，从不同力度管理项目的各项任务。对于中小型项目而言，也可以直接使用该计划进行活动任务的管理。

4. 项目重大风险警示

与风险管理清单相比，在项目汇报中突出的是"管控"两个字，即向项目管理委员会表明关键风险在管理之中，措施的执行应在状态更新栏中标示。

另外，周汇报中更关键的一点是，除向管理层传递信息之外，如果需要管理层支持与帮助，则项目经理必须明确清楚地表明，以寻求高层的支持。

5. 项目关键问题跟进

与重大风险汇报内容一样，此处不是问题所有清单的罗列，要么向管理层表明问题都在掌控之中，要么寻求管理层的支持。

以往的众多项目实践证明，项目经理若能真正运用该模式组织项目执行，并能自始至终每周进行汇报，项目至少有了八成的成功保障。对于项目经理比较有考验的是每周组织汇报，而不因种种原因停止这样工作。在多年前，笔者与中国区微软团队共同交付某信息化项目，在执行过程中，曾几次遇到在业务繁忙时，业务人员到场很少的情况，但作为项目经理，我们与团队骨干约定，即使是没有业务人员到场，我们周会也照常进行，一旦由于某原因取消周会，后续就会有更多的原因取消。因此只有项目经理从理念上认同此管理模式，行动上才能坚持如一，"如履薄冰"地交付项目，项目才能真正开展起来。

3.7.5 项目启动管理实践经验

1. 你明白不代表别人明白

IT咨询界有个比较流行的说法叫"智者无知"，即在任务安排、问题讨论时，为了保障交流到位，项目经理须先假定管理团队成员、项目干系人等完全不了解沟通内容，但他们具有足够的能力，只要我们切实交流就能真正理解所传达意图及安排。工作不到位的常见原因之一就是项目经理想当然，假定对方拥有与自己相当的背景，导致模糊不完整或歧义信息的传递。比如，经验丰富的项目经理都清楚项目实施方法论是信息化项目成功的基本保障之一，然而不同企业工作过的人的认知、工作套路有着明显的差异点，甚至在方法论上有着重大不同，本章节从开始就明确了本书所倡导的九大里程碑的项目管理阶段论具有一定的通用性，在对需求蓝图的要求及理解、测试验交付等节点，不同企业有着自己特色的需求，只有深刻认识到这一点，项目才有可能有效地管理与执行。笔者认识几位教师出身的咨询项目管理人员，发现一个共同特点就是教师从业经验，使得以上原则已经潜移默化地固化到他们的骨子里，成为一种工作习惯，所有的项目经理都必须掌握这一技能。

项目启动阶段与各方对齐方法论至关重要，不怕别人知道就怕有人不知道不清楚，项目经理需要采取"祥林嫂"式的"唠叨"对齐方法论，总之不论采取什么样的形式与措施，项目关键干系人达成一致是终极目标。经过多年的项目实践才真正理解了 PMP 项目指导中，为什么把项目立项章程放在那么高的地位，这是众多经验丰富的项目经理踩过的坑，作为实践方法集大成者的 PMP 指导，加以明确指引是非常自然的事。

2. 生于忧患的风险管理

正如众多项目管理书籍所讲，风险管理是逐步完善更新的过程，并持续到项目收尾关闭阶段。因此项目管理采取不断更新、迭代的方式。项目立项章程中明确给出项目所采用执行具体方法，以下所述的风险管理方式在各项目上通用，与普通非信息化项目管理没有特殊之处，主要分为 6 大步骤：

1）风险收集与识别；
2）优先级识别及分类；
3）制定风险应对计划与转移方案；
4）行动方案跟进执行；
5）风险更新与控制；
6）团队内或跨团队经验分享与知识积累。

6 个步骤形成闭环管理（图 3-3），持续优化改进。在信息化项目管理实践中，最常见的问题是"视而不见，见而不思，思而不行，行而无果"。视而不见有两类情况，一类是不知道如何做，这也是项目立项章程中给予明确内容规定的意义之一，用于规范项目团队的行为与工作方式；另一类是知晓风险分析方式但未予重

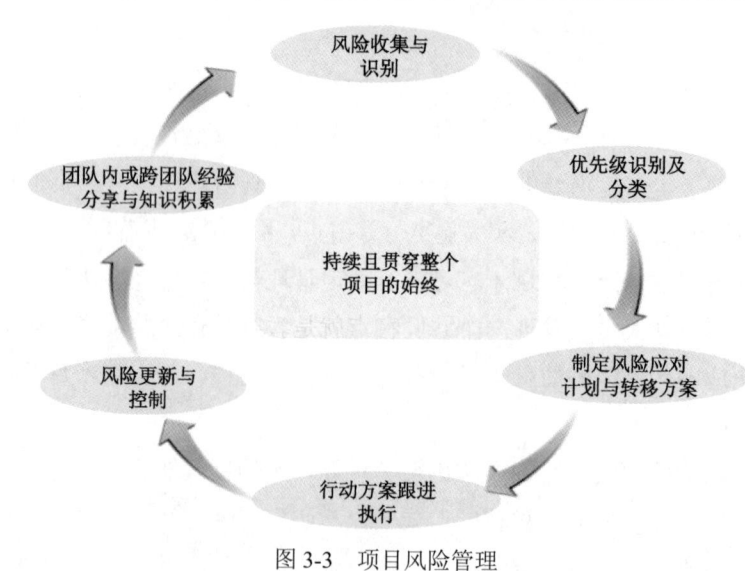

图 3-3 项目风险管理

视,这需要项目经理不要想当然认为团队所有人都对风险有足够的理解,要反复沟通强调工作方式方法。见而不思,则属于工作能力与责任心的问题。思而不行、行而无果则属于团队执行力方面的问题,项目经理负有不可推卸的责任。在某企业重大项目上,某项目经理曾经历过眼看着风险预警一天天变成现实存在的问题,造成近 3 个多月的进度延期,这就是典型的行而无果案例,项目经理没有坚持风险预警升级到适当的干系人,虽然每周项目例会都在警示,但行动措施效用不大,付出没有得到相应的回报,没有采取进一步升级处理措施导致项目延期。

3. 上通下达的沟通管理

在实施各个管理阶段,不论是发起阶段、需求分析阶段,还是蓝图方案、设计测试以及上线运行阶段,有效的项目沟通都是项目实施成功的最坚实的基本保障。笔者在多个项目实践案例中也充分验证了以下沟通计划模式的有效性(表3-2)。沟通计划中特意将现场开工会列出,是因为其具有重要性,在后续启动章节中将

表 3-2 有效的项目沟通管理计划模式

沟通类型	建议沟通内容	方式	频率	参与者	交付物
现场开工会	介绍项目组织结构,项目进度计划等项目立项章程相关内容,团队建设	面对面会议	一次	项目委员会成员 项目团队 关键用户	启动报告 会议纪要
项目月汇报	汇报项目月度任务计划进展,风险及问题跟进,需管理层决策的事项等	面对面会议/ 邮件	每月	项目委员会成员 项目团队 项目管理办公室	会议纪要
项目周会	周任务汇报与沟通,本周的主要工作、下周的工作计划、存在问题和解决方法	面对面会议/ 远程,周一早上或周五下午	每周	项目组核心团队 关键用户	周任务计划 会议纪要
项目站会	日工作安排与汇总	面对面会议	每天/ 双天	项目组技术、交付成员	任务计划更新
里程碑汇报	里程碑节点评审汇报,节点交付物审核与签字	面对面会议	按主计划	项目委员会成员 项目核心团队 关键用户	节点评审报告 会议纪要
质量保障会	确保项目活动符合项目管理办公室 PMO 规定,文档及代码走查,沟通交付物质量合规检查结果及推进改进行动	面对面会议	每月	交付团队 技术团队	会议纪要及行动跟进方案
特定事件	业务调研、执行期间遇到的需讨论沟通的问题及事件等	面对面/远程/ 电子邮件	按需	项目组核心团队 关键用户	问题处理决议及行动跟进方案

详细描述。每日站会是借用了敏捷开发管理的方法，在前面立项章节中有介绍，从项目启动到收尾关闭整个阶段都可以有效地应用到团队管理建设中。沟通的方式并没有特殊之处，关键在于执行。明确在项目章程中，使所有项目成员理解并配合遵守，这是本节内容的主要目的。

4. 最难以执行的变更管理

信息化项目管理突出难点之一就是不确定太多，如需求不确定，甚至到上线一刻，客户仍然会有不少新的想法冒出来；上线后变更会愈加频繁，从小到按钮、字体调一下，大到整个流程操作都推倒重来。变更问题是项目延期、成本增加的最主要的影响因素。项目立项章程中明确给出变更管理流程，是项目执行过程中处理相关问题的最有效手段。然而如果查阅信息化项目实施归档案例，不难发现多数项目在执行初期和中期，都缺少需求变更管理规范，即使有，也是未经思考拷贝粘贴些内容走形式。导致项目进行到测试验证以及终验收时，面临不断涌现的变更，毫无章法的应对，陷入几乎无法跳出的"泥潭"之中。既然大家都认可变更是对项目成本、工期计划以及成败的关键因素，那么花几分气力制定规范并遵守才是解决问题的根本出路。

笔者在多家信息化成功项目经验总结的基础上，制定出以下值得推广应用的三线需求变更控制机制（图 3-4）。首先，项目团队对所有需求变更书面管理，即使是非常紧急变更，也需要进入需求变更清单中统一管理（紧急变更常常与忙中出错成对出现），交付团队不接受任何非清单内的变更处理。其次，在变更得到处理之前，需经至多 3 层评估审核后，才进行列表清单按优先级次序开展。管控一线，任何业务用户都可以提出变更需求（需求新增、当前功能增强或当前功能变更），业务接口人（关键用户代表，部门中或许有多名关键用户，但接口人只有一位，担当业务与项目组之间的桥梁角色，可减少项目团队沟通工作量）初步评估，可直接否决。但如果经过业务部门内部沟通评估后觉得有必要且可操作、可行的业务，则提交给管控二线。管控二线先由项目经理评估可行性，其中，业务项目经理从业务可行性角度进行评估，技术项目经理从技术可行性、项目管理规范角度给予评估，服务供应商项目经理综合业务、技术、商务角度进行评估，形成评估报告提供给项目核心管理团队决策，可直接否决。如果项目经理评估变更合理且可行，在项目紧急预算可用的情况下，则更新需求变更清单项状态，批准实施；如果合理且可行，但紧急预算无法支撑该需求变更，则转向管控三线。管控三线由项目管理委员会承担最终决策角色，拒绝该变更或进行商务协调，同意后放到需求变更清单列表中转实施。

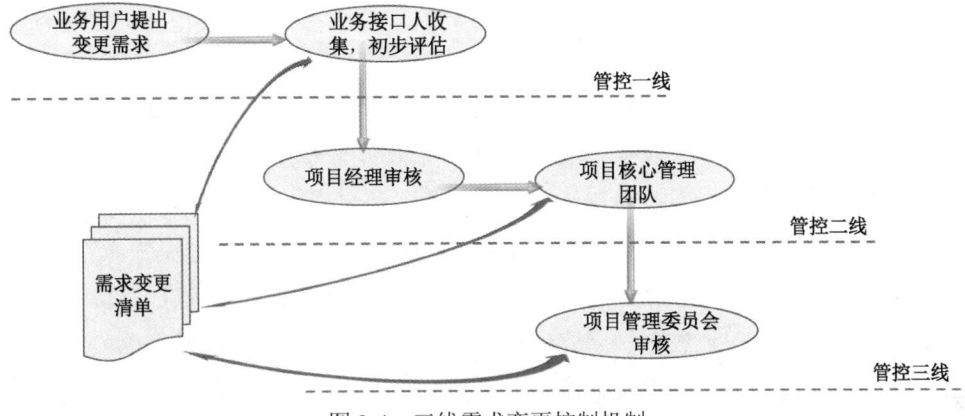

图 3-4　三线需求变更控制机制

变更管理难处理的是管控三线，涉及商务或是合同变更，流程比较复杂。应对原则仍是"透明，各司其职"。项目负责人、业务用户、第三方服务供应商之间沟通以职业态度透明化管理，避免"拖"或"掩盖"的战术。在这方面外企做得比较专业，值得借鉴。例如，某德国服务供应商在项目执行过程中，负责商务与负责交付的团队分工明确，交付团队不做过度承诺，按 SOW 协议执行，出现异议从交付角度给出解决方案，涉及变更部分采取了二线管理模式，类似于前面提到的管控一线与管控二线，由商务同事主导管控三线事宜。这不是推诿，而是专业的处理方式，对各方都是负责的态度，从项目交付角度看，更有利于项目的按期实施。

5. 防微杜渐的项目质量管理

各企业都有相应的信息化交付质量管理要求，包括开发管理、测试管理、问题管理、部署等规范。

6. 项目开发管理规范

在信息化项目实践过程中，常常发现通过代码走查，即使开发人员未做相关注释，基本通过编码风格就能判断开发团队由几名程序员组成，这事一点儿也不夸张。开发管理规范可用于统一技术开发人员的行为，除有质量保障作用外，同时也使得交付的应用系统便于今后运行维护。

在项目立项章程中不需要详细地列出开发详细规范，比如C#、JAVA编码规范等。只要明确本项目所要遵循的管理有哪些方面维度，具体规范给出可引用相关说明文档即可。

1）源代码管理

项目团队使用统一版本的管理软件进行管理，遵守分支与合并管理方式，以及每日提交与编译。至于使用何类管理软件，在项目立项章程中暂不指明，在项目启动前必须向所有开发团队明确源代码版本管理软件。

源代码版本管理范围，常见的有HTML、JAVASCRIPT、C、C#、JAVA、PYTHON等，且不容易遗漏，但数据库脚本（表、视图、存储过程、定时执行JOB、触发器等）被忽视的情况比较多，因此项目立项章程中需强调这方面的内容。

源代码管理备份机制，除非是采取了分布式源代码管理软件，否则需指明定期备份要求。

2）开发环境与工具管理

信息化项目一般需要三个环境：开发、测试、正式环境。有的企业还有预部署环境（Pre-production）。所有环境都必须安装相同版本的操作系统与软件，开发成员也要使用相同版本的开发工具；对于引入的第三方插件/软件，企业必须有完整的版权。

某些企业缺少这方面的详细规范，则可以利用与第三方服务供应商项目合作的机会，从服务供应商处多加借鉴，建立起适合本企业特性的管理要求。

7. 项目测试管理规范

质量管理有句名言："质量不是检测出来的，而是生产出来的。"然而对于信息化项目而言，规范的测试工作是打造健壮性系统的有效利器，测试环节管理不规范，不但会将缺陷带到上线阶段，影响业务运行，同时会使客户满意度下降，给长期信息化项目建设制造障碍。

每个项目都需要裁剪所适用的测试类型，如单元测试、功能测试、集成测试等，并规定测试前提以及通过可进入下一阶段的评估标准。

常用的测试前提判断标准项有：

（1）测试场景用例准备好且通过审核；

（2）测试环境准备好（包括软件应用与硬件设施）；

（3）用户通过培训掌握测试工具或方法；

（4）测试数据，如果包括敏感数据，则要提前特殊处理脱敏［如人力资源信息系统（Human Resource Information System，HRIS）包括人员薪资、人员职级等敏感数据］；

（5）定义明确的系统需求变更过程（测试阶段是变更高发期）；

（6）缺陷汇报跟进管理流程。

常用的测试通过判断标准项有：

（1）所有高优先级测试场景都通过，非关键场景80%测试通过；

（2）所有缺陷或问题都书面记录与管理，无中高严重度缺陷问题未解决。

8. 关键用户要对测试报告签字确认

可使用表3-3量化的测试标准，不同项目需适当调整。

表3-3 常用的测试通过判断标准项

	单元测试	集成测试	用户验证测试	其他类测试
测试场景总量最低覆盖率	100%	100%	100%	100%
测试场景最低测试通过率	90%	90%	90%	90%
关键问题最高未解决率	0	0	0	0
非关键问题最高未解决率	90%	90%	85%	80%
其他指标	保留	保留	保留	保留

9. 项目问题跟进管理规范

项目各个阶段从项目启动到上线关闭，必须采取有效的书面跟进处理方式，无论是使用问题管理工具软件还是借助Excel来跟进，只是形式不同，其实质都是确保团队高效地有始有终地工作，减少由于问题遗漏、拖延对项目进度、成本、质量带来的负面影响。

项目立项章程需要明确问题管理机制，统一团队工作模式。本书将在后续章节中详细讲述以Excel为工具的管理方式。

10. 项目部署管理规范

几乎每个信息化项目在部署环节都会遇到问题，这一点毫不夸张。项目立项章程中有必要明确部署管理规范。除项目开发环境外，测试（预部署）、正式环境部署须有书面部署文档，书面部署文档中要描述所有的操作步骤，IT人员不需要额外支持，只需按步骤操作完成部署工作。部署职责中，正式环境一般只能由

IT 部门指定的专业人员部署，开发与测试可以由项目交付团队部署。

对于每次部署 IT 部门都需要详细记录部署日志。一是为今后排查问题或系统回滚做准备，二是为内、外部审计提供有力证据。表 3-4 是某项目部署日志案例。

表 3-4　某项目部署日志案例

部署申请日期	部署编号	部署状态	申请人	测试环境	正式环境	要求部署日期	部署完成日期	部署负责人	部署确认	部署确认日期
2019/4/20	IT-1920	待部署	项目PM	MOMUAT	MOMPRD	2019/4/20				
	*链接到部署文档	*状态：待部署 部署待确认 确认并关闭 确认但打开			*部署多台服务器时，部署文档可使用一份，此处为正式环境服务器清单				*项目组负责确认并完成确认反馈	

第4章

运筹帷幄，项目决胜的关键

切实可行的工作计划是项目成功的基石，是所有工作开展的依据，不过这也是项目经理难以掌握应用的能力之一。

计划是一个逐渐清晰与细化的过程，始于项目立项章程的初步主计划到需求明确后更为详尽的任务明细计划，这并不意味着需求分析阶段过后计划就静止不变，而是在执行过程中在主计划框架内不断地调整优化。通常情况下，主计划是严格控制不能随意变动的，尤其是系统完成上线时间节点。但随着计划明细化，执行过程中发现主计划已经无法按期完成，必要时主计划也需要做出一定的调整，此时意味着项目成本、时间受到了影响，需要向项目管理委员会汇报，得到批准，继而对主计划进行变更管理。

4.1 项目经理必须掌握的三面镜子

项目经理必须具备看远、看近、看细的识别与规划能力。看远指的是高于项目其他成员的"望远镜"能力，可以预估从项目开始到项目收尾整个项目周期关键事项，通常要求项目经理至少规划出当前阶段、下一阶段里程碑节点主要任务项；看近指的是根据"望远镜"的中长期目标之关键任务细化的"放大镜"能力，列举出支持关键任务实现的子任务计划项，通常指的是双周或是月度计划；看细指的是根据双周或月度计划细化当周/每天的执行工作安排，称之为"显微镜"的能力，不放过任何阻碍中短期关键任务的琐碎项。俗语讲就是"低头赶路，时常抬头看天"的工作模式，下面首先详细讨论项目经理的"望远镜"能力建设。

项目主计划指的是关键工作项计划，包括各阶段的里程碑节点，每个里程碑阶段内的关键任务项，但不包括更细致的任务项。比如，需求调研阶段，列出架构调研分析节点、各大模块分析节点就足够了，至于模块中再细的功能点，不需要列出来。另外由于计划都是逐步明细，在制定项目主计划时，更明细的小项任务可能因考虑不周，也不可能当时就列出来。

对于企业信息化项目，都会因为配合公司高层战略战术的实施，对系统上线日期有着严格的要求，所以项目主计划有很多项目都是倒推计划，即以上线日期为终点往回推各项任务必须完成的日期，这样的计划几乎没有时间缓冲区，赶工几乎是常见的现象。

在项目前期准备的项目立项章程以及 SOW 中，体现的都是项目主计划中的里程碑信息，一般分为启动、需求分析、方案蓝图、设计开发、测试、试运行及上线、项目关闭等几个阶段点，有时在项目立项章程起草时只是一个开始基线，并没有给出具体日期。随着需求调研进行，企业信息化项目团队需要结合管理行政需求和以往类似项目经验进一步具体化几个关键里程碑的计划日期。

在招投标期间，各潜在服务供应商也会根据其对项目的理解与自身资源情况，在应标方案书中给出可行的项目主计划。在实际执行过程中发现，客户招标书中给出的主计划要求会束缚服务供应商，导致他们为了迎合客户而在给出的方案建议书中对主计划不做任何调整，即使有不合理的地方，也不修正。其实站在企业客户角度看，企业客户希望服务供应商能给出中肯的可行的计划更新，而不是为了拿订单这个眼前利益，给项目执行阶段埋下地雷。对于潜在服务供应商给出的主计划，客户方项目团队会进行评估，并与项目准备期拟定的主计划进行比较，决定是否接受服务供应商给出的有差异的主计划。客户除了判断关键交付日期是否满足要求外，也可以从项目计划周期配合资源计划方面进一步评估项目成本是否合理。

项目的主计划，在服务供应商选择并签订服务合同后，正式启动以及到需求分析阶段结束为止，相对比较平稳，不会有大的调整。但随着需求明确，尤其是软件需求说明书得到客户确认后，项目团队基于对整体需求及可采取方案有了更深的认识，需要重新评估项目主计划的其他未执行阶段是否合理可行，通过召集各类资深顾问、开发设计人员，对需求功能重新加以评估，此时给出的主计划才具有更高的可信度，可正式作为考核项目的基准。

项目团队在更新项目主计划的同时，项目详细计划工作分解结构（Work Breakdown Structure，WBS）也逐步形成。准确来说，正是因为工作分解结构细化到位，才支撑了项目主计划的可行性。

项目主计划一旦通过了需求方案阶段，就基本确定不再变更，其将作为项目执行基准，指引团队向目标前进。

4.2 项目"放大镜"之详细计划

项目详细计划指的是以主计划为基准，对各个关键工作项进行细化。细化的过程也是一个逐步优化的过程，通常在制定当月工作任务的基础上，看后面数月规划，至项目结束为止。对于信息化项目，可以参考一些计划框架模板，然后再根据情况做进一步的更新与裁减。

在制定项目详细计划时，常常面临赶工、进度压缩等情形，尤其是上线日期被限定，需要倒推出前面完成的工作项时。在需求分析、方案蓝图、设计开发、测试等阶段中，有压缩、赶工空间的一般都选择"设计开发阶段"。根据问题放大效应，如果在需求分析、方案蓝图阶段出现遗漏或不清晰功能点，到了后续阶段再纠正的话，需要额外付出数倍的时间与人力；而测试阶段，如果测试条件范围不全面，有可能会导致系统上线暂停的严重后果。所以这几个阶段都不是赶工的好窗口。然而开发阶段赶工也是导致项目质量返工等问题频发的原因之一，技术人员往往乐观预计开发所需时间，导致项目延期，于是触发更多的赶工、压缩进度的行为。而赶工这个手段要慎用，赶工不是走捷径，细化之后的工作项是盖系统这个房子的一砖一瓦，任何偷工省料、投机取巧的行动，甚至是想法都是风险源；不能实事求是地对待问题，遇到压力不能坚持原则，违背客观规律，不切实际地减少细化之后的工作项或工作用时或必要资源的做法都会使系统这幢房子变成"危房"，运气好可以"住"几年，运气不好，则不等盖好入"住"就会塌陷掉。赶工不是堆砌人员，搞人海战术。正如《人月神话》一书中提到，软件系统开发过程没有所谓的万能"银弹"或是灵丹妙药。安排更多的人员赶工绝对不是"银弹"。有些任务进度不会随着人员的增多而成比例加快。同样，试图以加班的方式赶工也不是"银弹"。曾经引起热议的"996"（工作从早上9点到晚上9点，并且一周工作6天），如果成为一种常态，则不但不是"银弹"，还会成为"脏弹"，一方面会导致产品交付质量下降，另一方面也可能导致人员流失而得不偿失。但对于企业信息化项目而言，在特殊时期却是必须的，比如系统上线运行阶段，尤其是一些与生产制造相关的系统，停几分钟就有可能影响当天的加工产量，对上下游产物料产生直接影响，需要项目团队快速响应解决出现的问题，项目成员可能会分批次形成小的支持小组，一天24小时连续不断地在现场提供支持。2017年年底，特斯拉生产Model3的生产线自动化系统由于出现问题，每周原计划产量5000辆，但实际才数百辆。其首席执行官马斯克就表示，有近1个月的时间，他指导软件团队重写软件代码，在超级工厂生产车间待到深夜甚至熬通宵，解决现场生产线存在的问题。他一度都直接睡在生产车间一个办公室的沙发上，只是为了有更多的时间在现场工作。各个新闻报道后，并没有人跳出来指责特斯拉是"血汗工厂"，在压榨员工。这类赶工加班是临时的，非常态，对项目来说也只是权宜之计。当然赶工的直接副作用就是成本增加，即使员工是弹性工作制（与固定工作制相对应，不要求员工每天工作固定小时数，如8小时等），工作到深夜不需要付出额外的费用，对员工身体与精神也是一种透支，是无形资产成本的增加。

  常见的进度压缩做法是把原计划串行工作安排调整成并行工作，比如说原计划需求分析完成签字才能进行开发设计，可以把部分开发设计工作提前到签字前，与需求分析过程几乎并行。带来的风险是可能会存在返工，增加不必要的工作量。对于信息化项目，这类风险还是比较大的，尤其涉及业务流程需求，用户在签字确认之前，随时可能有较大的变化，提前开发不可避免会存在一定程度的返工。随着敏捷开发管理模式的应用，项目团队可以采取分模块、分功能、分步骤确认，确认一个模块则开发测试团队立即配合进入设计开发阶段，在很大程度上可以压缩项目进度。当然这样做是存在项目管理风险的。通常项目分几个阶段确认并付款，方案分析与开发设计是两个不同的阶段，如果客户与服务供应商对于方案阶段有争议，最坏的情况是双方争议无法调和导致合同中止，对于服务供应商而言，开发设计阶段的工作量就没有回报，属于沉没成本，所以服务供应商项目负责人还需要谨慎地使用进度压缩方式来赶进度。

  制定详细任务计划需要推演，尽量确保任务项的全面，并且没有多余项。在实施项目过程中，我们常常发现，项目经理在带领团队细化工作项时，任务罗列看似详尽，但经不起推敲，比如说需求分析整理完成，然后完成需求确认节点，但只计划了半天，即一个沟通确认会的时间；开发任务安排时，没有计划安排一定的开发人员自测时间；功能用户验收计划直接安排在开发完成后的一周之内，还没有预留一定的集成测试时间；功能验收持续时间只安排了三天，没有预留问题修正时间，直接安排上线部署。任务项都是在较为理想乐观的情况下安排计划的。例如，某公司项目实施过程中曾遇到类似的情况，双方（客户、服务提供商）

项目经理反复沟通，但没有意识到以上提到的详细计划的几个风险点（或是意识到了，但迫于各管理层对上线具体日期的压力，对项目执行抱有一丝侥幸心理），整个项目实施过程非常困难，最终双方管理层都不满意项目状态与交付，最终业务部门用户也是抱怨不断，原计划 5 个月完成，最后拖延成 9 个月才勉强完成，项目团队成员疲惫不堪，项目上线试运行 2 个月，由于问题太多，最终系统下线，未能成功使用。

4.3 项目"显微镜"之周滚动计划

WBS 仍然还是有一定颗粒度的，指导项目成员每周具体工作安排，可以按项目详细计划进一步细化为项目周工作安排。项目工作启动初期，可以是固定一周、预估第二周的双周滚动计划，一段时间后（比如一个月左右），待团队磨合得差不多了，可以按 WBS 展开为固定一周、预估四周的周滚动工作计划。

通过周计划制定与执行情况，基本能判断出项目经理和项目团队的能力。观察持续一个月左右基本能看出项目接下来的开展趋势。如果项目经理以各种理由，提供不出周工作计划，可视为项目工作处于暂停状态；如果有周计划，但每个工作项持续延误或不停地变换，则可以得到结论：项目管理存在重大问题，需要资深管理人员介入指导。

双周计划与项目主计划、项目详细计划配合使用，类似于开车导航：驾驶员需要看缩略图了解从起始点到终点的距离，了解大致行车方向；再放大比例，了解最近十几千米的地形路况；驾驶时则需要看眼前几十米近况，以及直行、弯车道具体标识。一个好的驾驶员会合理使用这三类信息，即使路况熟悉不看导航，实际在头脑中已经有对应的地图以潜意识来行车。合格的项目管理人员也是如此。

表 4-1 是某项目双周滚动计划样例。

表 4-1 双周滚动计划

两周计划表

时间		星期一		星期二		星期三		星期四		星期五	
		工作项	资源安排	工作项	资源安排	工作项	资源安排	工作项	资源安排	工作项	资源安排
第一周	上午	已有业务现场调研、沟通	业务分析师B, 项目经理C, 关键业务用户	现场沟通:1 明确主要依赖关系、头脑风暴讨论（资源、计划、问题风险）	架构师A, 业务分析师B, 项目经理C, 关键IT用户	现场沟通：物料管理模式	业务分析师B, 项目经理C, 关键业务用户	调研分析、初步报告	项目关键成员	分析报告沟通会	项目关键成员, 业务关键用户
第一周	下午	现有系统调研	架构师A, 业务分析师B, 项目经理C, 关键IT用户	现场沟通:2 ERP工单管理、车间工单执行方式沟通	业务分析师B, 项目经理C, 关键业务用户	调研分析小结	架构师A, 业务分析师B, 项目经理C	调研分析、初步报告	项目关键成员	项目周会, 本周总结及下周安排	项目关键成员, 业务关键用户
第二周	上午	模块功能点1沟通讨论会	业务分析师B, 项目经理C, 关键业务用户	模块功能点3沟通讨论会	业务分析师D, 项目经理C, 关键业务用户	功能点小结分析会	项目组关键成员	模块功能点1、2、3、4沟通会, DEMO展示	业务分析师B、D, 项目经理C, 关键业务用户	模块功能DEMO聚焦与提问题用户，一一专门沟通	业务分析师B、D, 项目经理C, 关键业务用户
第二周	下午	模块功能点2沟通讨论会	业务分析师B, 项目经理C, 关键业务用户	模块功能点4沟通讨论会	业务分析师D, 项目经理C, 关键业务用户	1 模块功能点初稿编写, DEMO初稿; 2 系统集成技术架构	业务分析师B、D, 架构师团队	模块功能点, DEMO更新	业务分析师B、D	项目周会, 本周总结及下周安排	项目关键成员, 业务关键用户

4.4 资源永远是不够且冲突的

详细计划形成后，相应的资源计划随之确定下来，明确每个任务由哪些资源来承担实施。再完善的计划，不能落实执行资源只能是空头支票。

资源计划需要包括甲方客户相应人员、乙方服务供应商项目成员。双方资源都需要与相关部门进行沟通，得到明确的确认。项目经理需要明确哪些资源是实资源，哪些资源是虚资源（只挂名，荣誉成员，真正用于项目建设的时间有限）。被动等资源与无限制地占着资源不释放都是资源管理的常见问题。项目经理必须记住两点：一是资源永远是有限的，不争取他人不会主动给予你项目资源；二是公司是需要盈利的，项目必须为公司利润做出贡献。项目经理一般第一点都可以做到，但是第二点就有些力不从心。如果为保障个人负责的某个项目却牺牲了其他项目的进展，导致其他项目延期、亏损，从他负责的项目看，是成功的，但从公司综合项目群来看盈利是减少的，则是失败的，这就需要项目总监或项目群经理介入进行全局平衡把控。有时从公司（无论是甲方客户还是乙方服务供应商）全局看，某个项目具有战略意义，即使资源成本再大，中长期看是值得的，则也会大力投入支持项目的开展。因此资源计划不是项目经理与项目成员讨论完就结束了，还需要客户方、服务供应商双方管理层的介入，优化并落实资源安排。

前面提到对于详细计划中近期（1~3个月）对应的资源必须明确，随着项目的开展与计划的更新，远期资源也需要逐步明确，否则就意味着任务可能没有承担实施成员，资源风险就有可能转变成问题，对项目进展产生影响。资源也是动态的，尤其是软件技术人员，流动性比较高，项目经理制定资源计划时，需要对人员进行一定的评估；在执行任务时，定期沟通，及时了解人员动态，调整资源，避免由于人员变动对项目进度造成影响。如果项目资源中使用了外包人员，则资源计划上需要特别注意流动性风险，一般在安排进入项目时，项目经理要与外包人员沟通，告诉其项目周期，以及外包沟通人员在项目稳定性上的要求，如果其或公司有困难，需要提前两周沟通。这是管理原则性问题，对于有违反情形的必须采取零容忍态度，杜绝同样的问题第二次出现。例如，在某个项目开发设计阶段，有一名外包人员未提前沟通却要在提出的第二天离开项目。由于开发时间紧张，新进人员交接势必会影响项目进展，在反思管理方面问题的同时，项目经理坚持原则，直接与外包服务供应商的领导沟通，明确了合作原则以及今后类似问题至少提前两周沟通，没有项目经理的同意，人员不能撤离项目。在接下来项目执行期间，各方遵守这一原则共事，成功地交付了项目。

对于客户方的资源计划，甲方客户项目经理是最佳的负责人，乙方服务供应商项目经理有责任配合，共同完成资源计划并进行管理。客户方资源主要集中在需求分析、方案确认、功能验证测试阶段。客户方资源计划管理的要点有两个：一是谁验收签字谁提需求，谁提需求谁验证；二是责任到人，把关键用户"绑定"到项目这艘船上。第一点是识别出关键用户资源，第二点是形成一个团队。第二点比较难做到，原因是关键业务用户自身都有份内工作任务，项目工作都是兼职，很难成为关键用户的 KPI，找到利益驱动点才能"绑"到同一艘船上。这是考验客户方项目经理的地方，要想办法让项目工作业绩成为关键业务用户的年度工作 KPI。靠员工自觉来开展工作是风险非常高的思路，在业绩为王、结果导向的管理模式中，项目工作变成员工 KPI 的组成部分几乎是有效调动业务资源的唯一手段。例如，某个信息化项目启动在当年的 5 月份，在做资源计划时，需要关键业务部门安排用户参与，经过评估，大致会占员工 20%左右的工作量。与其中一个部门总监沟通时，他明确表示，该项目不在他今年的 KPI 中，所以资源占用发生冲突时，他表示以他当前的 KPI 为优先。这个项目在该部门推广实施过程中，困难重重，一度游走在失败的边缘。知道问题的根源，解决之道就是请高层领导出面，把项目成功上线作为其 KPI 之一，最终项目虽延期 3 个月但也成功上线运行。

无论是甲方还是乙方资源计划，最佳确认机会是项目启动会。这就是为什么项目启动会通常设立章节汇报项目组织架构、人员角色的原因。

表 4-2 是某项目资源计划初稿（只细化到需求分析阶段）。

表 4-2　项目资源计划初稿

阶段	资源管理	一月				二月				三月				小计
	资源角色及人员列表	WK1	WK2	WK3	WK4	WK5	WK6	WK7	WK8	WK9	WK10	WK11	WK12	
项目启动前	项目经理 A	3.0	3.0											6.0
	架构人员 B		1.0	1.0										2.0
	开发主管 C			1.0										1.0
需求阶段	项目经理 A				3.0	3.0								6.0
	系统顾问 D					3.0	5.0	3.0						11.0
	系统顾问 F						3.0	3.0						6.0
	开发主管 C							3.0						3.0
	测试主管 E						1.0	1.0						2.0

续表

阶段	资源管理 资源角色及 人员列表	一月				二月				三月				小计
		WK1	WK2	WK3	WK4	WK5	WK6	WK7	WK8	WK9	WK10	WK11	WK12	
设计 阶段	项目经理 A													0.0
	系统顾问 D													
	开发主管 C													0.0
开发 阶段	项目经理 A													0.0
	开发主管 C													0.0
	开发人员 I													0.0
测试 阶段	项目经理 A													0.0
	测试主管 E													0.0
	测试人员 H													0.0
试运 行阶 段	项目经理 A													0.0
	测试人员 H													0.0
	开发人员 I													0.0
上线 后阶 段	项目经理 A													0.0
	测试人员 H													0.0
	开发人员 I													0.0
总计		3.0	4.0	2.0	6.0	12.0	10.0	0.0	0.0	0.0	0.0	0.0	0.0	37.0

4.5 帮你把关——项目实践案例

4.5.1 WBS 任务制定原则

在此向大家推荐 SMART-C 原则，即在传统的 SMART 原则之上增加一项原则而成。

S（Specific）：任务要具体，指工作指标要求明确、易懂，不能有歧义（内外部理解一致）。比如，任务安排为"系统上线前完成所有必需文档的准备"。这里的"必需"就是抽象非具体的，任务制定人与执行人理解肯定会不一致，可改为"系统上线前完成用户培训手册、FAQ 指导手册、应急手册、日常支持指引、系统安装部署手册等 5 份文档的制定与归档"。对于信息化项目而言，"内外部理解一致"是更为关键的要求。

M（Measurable）：任务必须是可量化的。上面的例子中文档是量化可数的。如果某任务安排为"本周主要任务是提高用户对系统操作的满意度"，则难以执行下去，因为不知道提高到什么样的程度才算任务完成。

A（Attainable）：任务必须是可实现的。比如，安排某一开发任务，通常需要 2 个工作日，项目经理安排了 2 个人并期望在一天内完成开发，对于串行非并行任务，工期无法压缩，这样的安排属于乱指挥，对项目毫无帮助，反而让团队工作越来越混乱。

R（Relevant）：任务前提或对后续影响相关项的明确。有的任务只有在上一任务完成时才能开始，如在界面原型（User Interface，UI）没有出来之前，前端工程师无法开始开发设计。明确了任务相关性，可帮助项目经理合理地制定工作优先级、资源调度安排。

T（Time-bound）：任务须明确期限。没有时间限制无从约束与检查，计划就真正成了纸面上写写而已的条目。

C（Completed）：任务制定完备、完整，关键任务无遗漏。单个任务再完美，如果整体有疏忽，则工作目标仍然无法达到。比如，某一跨国项目，由于部署计划任务制定不完备，系统上线之日到来时，接口部署还没有完成，导致无法按时上线的事故发生。当然所有任务完备是一种理想状态，总会有考虑不到的事件或任务突然出现，正所谓"取法乎上，得乎其中；取法乎中，得乎其下"，尽量齐备是项目经理制定计划指导原则与追求的目标，围绕这个目标可以更有效地组织开展工作，如项目经理会有意识地组织团队沟通讨论，倾听他人的建议及意见，从而识别出可能被遗漏的任务项。

4.5.2 WBS 项目主计划或详细计划借鉴实例

以下是逐步细化的两个详细计划版本，大家可以对比之前的项目主计划，体会一下主计划与详细计划的细化过程。

合格的项目经理首先是一名合格的计划协调制定者。详细任务计划 WBS 是个不断动态调整的工作，贯穿于整个项目管理周期，从项目启动到项目收尾完成。正如前面所述项目主计划调整频率较低，需求分析之后，原则上不再有大变化，一旦有变化，将视为重大变化，通常将影响项目的成本、周期以及资源的调动，必须经项目管理委员会审批才能生效。相对于主计划，详细任务计划则调整较为频繁，每周都可以在主计划框架之内滚动调整。下面就以某原物料认证管理应用项目为例详细地讲述下各阶段主计划与详细任务 WBS 的制定与更新。

某企业研发、生产管理部门计划采用信息系统来管理各类贵重的仪器、可视化现场及实验设备，提高从账务到仪器全生命周期管理效率。管理层要求在 5 个月左右完成系统上线工作。在项目启动准备前期，根据业务需求并参考以往信息化项目应用经验，完善项目主计划并给出第一版粗线条任务计划，主要是用于资源、预算评估，通常情况下预算与实际有 20%左右的误差是正常的。在招投标文档或项目立项章程中拟定的项目主计划见图 4-1。

```
项目准备      项目启动    需求/方案     设计/开    功能验收    正式          项目关闭   日常维护
                         蓝图交付     发/自测    测试       上线运行
              7月初       8月底      10月下旬   11月下旬   12月初       2月底
```

图 4-1 项目主计划

根据项目主计划，可以进一步拟定并增加其他关键任务节点，完善项目主计划。在项目准备阶段，主计划主要体现的是公司管理层的关心点，如项目何时启动，系统何时上线，何时项目关闭进入日常运维阶段。当项目完成招投标工作，选择服务商之后，主计划与详细计划会进一步调整优化，这是因为：一是项目正式启动前后，项目目标、需求范围已经固化为 SOW，服务供应商提供的方案建议书也得到了各方认可，项目不确定的地方进一步消除，主计划可行性有一定的保障；二是项目启动后将进入需求分析阶段，该阶段的任务可细化为更详尽的任务清单项，同时架构设计工作可以同期细化并予以开展，对于更为明确且无争议的关键设计工作也可以采取敏捷开发模式同步开展。细化之后的项目计划见表 4-3。

表 4-3 项目详细计划案例 1

任务项	完成比（%）	用时	开始日期	结束日期	先决任务	资源
项目启动准备	0	27 天	6/8/2015	7/15/2015		
项目立项章程	0	10 天	6/8/2015	6/19/2015		发起方，IT
团队建设/招投标管理	0	10 天	6/19/2015	7/10/2015		采购，IT，业务
项目启动会	**0**	**1 天**	**7/15/2015**	**7/15/2015**		**项目委员会**
需求分析方案阶段	0	39 天	7/16/2015	9/8/2015		
业务需求整理	0	33 天	7/16/2015	8/31/2015		
业务关键功能点分析	0	33 天	7/16/2015	8/31/2015		关键用户：部门 A、B、C
非业务需求整理	0	16 天	8/10/2015	8/31/2015		
系统（特殊要求）功能点	0	16 天	8/10/2015	8/31/2015		IT
业务方案草稿	0	1.67 天	9/1/2015	9/2/2015		关键用户：部门 A、B、C

续表

企业信息化项目管理实践

任务项	完成比（%）	用时	开始日期	结束日期	先决任务	资源
业务确认与签字评审会	0	1 天	9/8/2015	9/8/2015		关键用户，项目委员会
设计与开发	0	70 天	9/8/2015	12/11/2015		
设计	0	26 天	9/8/2015	10/12/2015		
数据库设计	0	9 天	9/8/2015	9/18/2015		架构团队
功能点及接口设计	0	15 天	9/21/2015	10/9/2015		A、B团队
设计评审	0	2 天	10/10/2015	10/12/2015		架构团队
开发	0	43 天	10/14/2015	12/11/2015		
功能点设计	0	38 天	10/14/2015	12/4/2015		开发团队
接口开发	0	38 天	10/14/2015	12/4/2015		开发团队
功能单元测试	0	5 天	12/7/2015	12/11/2015		测试团队
集成测试与用户验收测试	0	26 天	12/7/2015	1/11/2016		
集成测试	0	5 天	12/7/2015	12/11/2015		测试团队
用户验收测试	0	20 天	12/14/2015	1/8/2016		关键用户
验收测试签字评审会	0	1 天	1/11/2016	1/11/2016		关键用户，项目委员会
部署上线	0	6 天	1/11/2016	1/18/2016		
部署上线	0	6 天	1/11/2016	1/18/2016		IT
项目关闭	0	0.5 天	3/31/2016	3/31/2016		
项目关闭评审会	0	0.5 天	3/31/2016	3/31/2016		项目委员会，关键用户

该项目需求涉及的业务部门有采购部门、研发部门和生产部门，而研发部门又分布于中国、北美和欧洲的部分国家与地区，因此在细化需求分析方案时，一定要考虑不同地域的时区与工作时间，甚至是宗教信仰（会有不同的节假日）。比如，每年欧美有夏令时，欧盟成员国每年3月最后一个周日会把时钟拨快1个小时，实行夏令时；10月最后一个周日会将时钟回拨1个小时，恢复冬令时，即实行夏令时制时与中国时差6个小时，冬令时制时与中国时差7个小时。再比如，每年4月到5月之间，西方有复活节，7月份美国与法国有国庆节假日。另外，重要的讨论沟通会议也要考虑避开七八月份，这两个月份是欧美员工的休假时间，短则1周，长则达1个月，因此这期间组织沟通会一般都不会凑齐各部门的人员，尤其是欧洲区员工休假指定的代理人很难承担起相应的任务与责任。

从以上例子可以看出，细化之后的项目计划仍然没有开化到具体执行任务项，尤其是开发阶段。在开化任务时，要同时考虑相关任务的所需资源以及相互依赖关系，并经过进一步的细化，形成表4-4。

表4-4 项目详细计划案例2

任务项	完成比（%）	用时	开始日期	结束日期	先决任务	资源
项目启动准备	0	27天	6/8/2015	7/15/2015		
项目立项章程	0	10天	6/8/2015	6/19/2015		发起方，IT
预算申请	0	10天	6/8/2015	6/19/2015		
招投标管理	0	11天	6/19/2015	7/13/2015		
标书发放	0	1天	6/29/2015	6/29/2015		采购
讲标，供应商选择	0	10天	6/30/2015	7/13/2015		采购，IT，业务
商务采购定单	0	3天	7/9/2015	7/13/2015		采购
资源与团队建设	0	4天	7/8/2015	7/13/2015		项目经理，主要干系人
项目启动会	**1**	**1天**	**7/15/2015**	**7/15/2015**		项目委员会
需求分析方案阶段	0	39天	7/16/2015	9/8/2015		
业务需求整理	0	33天	7/16/2015	8/31/2015		
业务关键功能点（欧美部门）	0	12天	7/16/2015	7/31/2015		
业务功能点1需求调研	0	3天	7/16/2015	7/20/2015		关键用户：部门C，业务分析师A
业务功能点2需求调研	0	3天	7/21/2015	7/23/2015		关键用户：部门C，业务分析师A
业务功能点需求方案草稿	0	2天	7/23/2015	7/24/2015		业务分析师A/B，PM
业务功能点需求方案草稿沟通	0	2天	7/27/2015	7/28/2015		关键用户：部门C，业务分析师A，开发主管，测试主管
业务功能点需求方案草稿修改	0	2天	7/28/2015	7/29/2015		业务分析师A，PM
业务功能点需求方案第二轮沟通	0	2天	7/30/2015	7/31/2015		关键用户：部门C，业务分析师A
业务关键功能点分析（本地部门）	0	16天	7/24/2015	8/14/2015		
业务功能点3需求调研	0	3天	7/24/2015	7/28/2015		关键用户：部门C，业务分析师A
业务功能点4需求调研	0	3天	7/29/2015	7/31/2015		关键用户：部门C，业务分析师A
业务功能点需求方案草稿	0	2天	8/3/2015	8/4/2015		业务分析师A/B，PM
业务功能点需求方案草稿沟通	0	3天	8/5/2015	8/7/2015		关键用户：部门C，业务分析师A，开发主管，测试主管
业务功能点需求方案草稿修改	0	2天	8/10/2015	8/11/2015		业务分析师A，PM
业务功能点需求方案第二轮沟通	0	3天	8/12/2015	8/14/2015		关键用户：部门C，业务分析师A

续表

任务项	完成比（%）	用时	开始日期	结束日期	先决任务	资源
业务关键功能点分析（本地部门）	0	22 天	7/16/2015	8/14/2015		
业务功能点 5 需求调研	0	5 天	7/16/2015	7/22/2015		关键用户：部门 C，业务分析师 B
业务功能点 6 需求调研	0	7 天	7/23/2015	7/31/2015		关键用户：部门 C，业务分析师 B
业务功能点需求方案草稿	0	3 天	8/3/2015	8/5/2015		业务分析师 A/B，PM
业务功能点需求方案草稿沟通	0	3 天	8/6/2015	8/10/2015		关键用户：部门 C，业务分析师 B，开发主管，测试主管
业务功能点需求方案草稿修改	0	2 天	8/11/2015	8/12/2015		业务分析师 B，PM
业务功能点需求方案第二轮沟通	0	2 天	8/13/2015	8/14/2015		关键用户：部门 C，业务分析师 B
业务关键功能点分析（综合、接口）	0	10 天	8/17/2015	8/28/2015		
业务功能点 1 需求调研	0	3 天	8/17/2015	8/19/2015		关键用户：部门 A、B、C，业务分析师 A/B
业务功能点 2 需求调研	0	2 天	8/20/2015	8/21/2015		关键用户：部门 A、B、C，业务分析师 A/B
业务功能点需求方案草稿	0	3 天	8/24/2015	8/26/2015		业务分析师 A/B，PM
业务功能点需求方案草稿沟通	0	2 天	8/27/2015	8/28/2015		关键用户：部门 A、B、C，业务分析师 A/B
功能点 DEMO3 及沟通	0	15 天	8/10/2015	8/28/2015		开发主管，测试人员
非业务需求整理	0	16 天	8/10/2015	8/31/2015		
系统（特殊要求）功能点：系统安全	0	5 天	8/10/2015	8/14/2015		IT 安全部门，项目技术主管
系统（特殊要求）功能点：系统架构	0	11 天	8/17/2015	8/31/2015		IT 架构部门，项目技术主管
系统架构草稿	0	4 天	8/17/2015	8/20/2015		IT 架构部门，项目技术主管
系统架构草稿讨论沟通会	0	1 天	8/21/2015	8/21/2015		IT 架构部门，项目技术主管
系统架构草稿更新沟通会	0	5 天	8/25/2015	8/31/2015		IT 架构部门，项目技术主管
系统（特殊要求）功能点：系统性能	0	5 天	8/17/2015	8/21/2015		IT 架构部门，项目技术主管

续表

任务项	完成比（%）	用时	开始日期	结束日期	先决任务	资源
开发 WBS 优化	0	8 天	8/24/2015	9/2/2015		分析师 A、B，项目技术主管，项目经理；测试主管
测试 WBS 计划更新	0	4 天	8/26/2015	8/31/2015		分析师 A、B，项目技术主管，项目经理；测试主管
软硬件清单及部署 WBS	0	4 天	8/26/2015	8/31/2015		分析师 A、B，项目技术主管，项目经理；测试主管
风险分析与计划调整	0	8 天	8/24/2015	9/2/2015		项目经理
组织架构影响分析	0	17 天	8/11/2015	9/2/2015		项目经理
业务及组织影响分析与沟通	0	14 天	8/11/2015	8/28/2015		项目经理，业务部门
系统影响分析与沟通	0	8 天	8/24/2015	9/2/2015		IT 架构部门，项目技术主管
SOW 签发	0	3 天	8/31/2015	9/2/2015		项目经理
业务确认与签字评审会	**0**	**1 天**	**9/8/2015**	**9/8/2015**		**关键用户，项目委员会，项目成员**
成本预算计划更新	0	1 天	9/8/2015	9/8/2015		项目经理
资源计划更新	0	1 天	9/8/2015	9/8/2015		项目经理
设计与开发	0	65 天	9/9/2015	12/7/2015		
设计	0	10 天	9/9/2015	9/22/2015		
数据库设计	0	8 天	9/9/2015	9/18/2015		架构团队，技术主管
功能点及接口设计	0	8 天	9/9/2015	9/18/2015		A、B 团队
功能点 DEMO 细化	0	8 天	9/9/2015	9/18/2015		开发主管，测试人员
接口 1	0	3 天	9/15/2015	9/17/2015		设计人员 A
接口 1 配套/依赖系统	0	3 天	9/15/2015	9/17/2015		配套系统负责人
接口 2	0	3 天	9/15/2015	9/17/2015		设计人员 A
接口 2 配套/依赖系统	0	3 天	9/15/2015	9/17/2015		配套系统负责人
设计评审	**0**	**3 天**	**9/18/2015**	**9/22/2015**		**架构团队，项目团队**
开发	0	55 天	9/23/2015	12/7/2015		
业务关键功能点（欧美部门）	0	54 天	9/23/2015	12/4/2015		开发人员 D1、D2
业务关键功能点分析（本地部门）	0	54 天	9/23/2015	12/4/2015		开发人员 D3、D4
业务关键功能点分析（本地部门）	0	54 天	9/23/2015	12/4/2015		开发人员 D5

续表

任务项	完成比(%)	用时	开始日期	结束日期	先决任务	资源
功能点设计（综合）	0	54 天	9/23/2015	12/4/2015		开发主管，开发人员 C
接口 1	0	15 天	10/12/2015	10/30/2015		开发人员 D5
接口 1 配套/依赖系统	0	54 天	9/23/2015	12/4/2015		其他开发团队
接口 2	0	25 天	11/2/2015	12/4/2015		开发人员 D5
接口 2 配套/依赖系统	0	54 天	9/23/2015	12/4/2015		其他开发团队
功能单元测试	0	11 天	11/23/2015	12/7/2015		测试人员 T1，开发人员及主管
集成测试与用户验收测试	0	26 天	12/7/2015	1/11/2016		
集成测试	0	5 天	12/7/2015	12/11/2015		测试团队，开发主管
用户验收测试	0	20 天	12/14/2015	1/8/2016		部门 A、B、C 等关键用户
验收测试签字评审会	0	1 天	1/11/2016	1/11/2016		关键用户，项目委员会
部署上线	0	6 天	1/11/2016	1/18/2016		
部署上线	0	6 天	1/11/2016	1/18/2016		IT 支持人员 D，开发主管
项目关闭	0	0.5 天	3/31/2016	3/31/2016		
项目关闭评审会	0	0.5 天	3/31/2016	3/31/2016		项目委员会，关键用户

开发 WBS 优化、测试 WBS 计划更新和软硬件清单及部署 WBS 三个工作项贯穿于整个需求分析阶段。

随着需求分析的开展，业务功能需求以及非功能需求进一步明晰与确认，开发、测试、上线部署计划安排随之进一步细化。比如，数据库结构设计、公共模块（登录、日志、权限等）以及非功能性需求对应的设计开发工作，各功能模块、系统集成接口的任务细化，同时对应测试任务也随之细化。系统架构初步确认后，其服务器等硬件准备任务也可以进一步细化，同时上线部署相关任务项也更加具体了。

大家可以对比以下需求分析阶段后期得到的详细任务清单，体会各项任务细化过程。以下 WBS 清单可以作为信息化项目的通用计划模板，根据具体业务功能点略做调整（表 4-5）。

运筹帷幄，项目决胜的关键 | 第 4 章

表 4-5 项目详细计划案例 3

任务项	完成比(%)	用时	开始日期	结束日期	先决任务	资源
项目启动准备	0	27 天	6/8/2015	7/15/2015		
项目立项章程	0	10 天	6/8/2015	6/19/2015		发起方，IT
预算申请	0	10 天	6/8/2015	6/19/2015		发起方，IT
招投标管理	0	11 天	6/29/2015	7/13/2015		
标书发放	0	1 天	6/29/2015	6/29/2015		采购
讲标，供应商选择	0	10 天	6/30/2015	7/13/2015		采购，IT，业务
商务采购定单	0	3 天	7/9/2015	7/13/2015		采购
资源与团队建设	0	4 天	7/8/2015	7/13/2015		项目经理，主要干系人
项目启动会	**0**	**1 天**	**7/15/2015**	**7/15/2015**		项目委员会
需求分析方案阶段	0	39 天	7/16/2015	9/8/2015		
业务需求整理	0	33 天	7/16/2015	8/31/2015		
业务关键功能点（欧美部门）	0	12 天	7/16/2015	7/31/2015		
业务功能点 1 需求调研	0	3 天	7/16/2015	7/20/2015		关键用户：部门 C，业务分析师 A
业务功能点 2 需求调研	0	3 天	7/21/2015	7/23/2015		关键用户：部门 C，业务分析师 A
业务功能点需求方案草稿	0	2 天	7/23/2015	7/24/2015		业务分析师 A/B，PM
业务功能点需求方案草稿沟通	0	2 天	7/27/2015	7/28/2015		关键用户：部门 C，业务分析师 A，开发主管，测试主管
业务功能点需求方案草稿修改	0	2 天	7/28/2015	7/29/2015		业务分析师 A，PM
业务功能点需求方案第二轮沟通	0	2 天	7/30/2015	7/31/2015		关键用户：部门 C，业务分析师 A
业务关键功能点分析（本地部门）	0	16 天	7/24/2015	8/14/2015		
业务功能点 3 需求调研	0	3 天	7/24/2015	7/28/2015		关键用户：部门 C，业务分析师 A
业务功能点 4 需求调研	0	3 天	7/29/2015	7/31/2015		关键用户：部门 C，业务分析师 A
业务功能点需求方案草稿	0	2 天	8/3/2015	8/4/2015		业务分析师 A/B，PM
业务功能点需求方案草稿沟通	0	3 天	8/5/2015	8/7/2015		关键用户：部门 C，业务分析师 A，开发主管，测试主管
业务功能点需求方案草稿修改	0	2 天	8/10/2015	8/11/2015		业务分析师 A，PM
业务功能点需求方案第二轮沟通	0	3 天	8/12/2015	8/14/2015		关键用户：部门 C，业务分析师 A
业务关键功能点分析（本地部门）	0	22 天	7/16/2015	8/14/2015		

129

续表

任务项	完成比（%）	用时	开始日期	结束日期	先决任务	资源
业务功能点5需求调研	0	5天	7/16/2015	7/22/2015		关键用户：部门C，业务分析师B
业务功能点6需求调研	0	7天	7/23/2015	7/31/2015		关键用户：部门C，业务分析师B
业务功能点需求方案草稿	0	3天	8/3/2015	8/5/2015		业务分析师A/B，PM
业务功能点需求方案草稿沟通	0	3天	8/6/2015	8/10/2015		关键用户：部门C，业务分析师B，开发主管，测试主管
业务功能点需求方案草稿修改	0	2天	8/11/2015	8/12/2015		业务分析师B，PM
业务功能点需求方案第二轮沟通	0	2天	8/13/2015	8/14/2015		关键用户：部门C，业务分析师B
业务关键功能点分析（综合、接口）	0	10天	8/17/2015	8/28/2015		
业务功能点1需求调研	0	3天	8/17/2015	8/19/2015		关键用户：部门A、B、C，业务分析师A/B
业务功能点2需求调研	0	2天	8/20/2015	8/21/2015		关键用户：部门A、B、C，业务分析师A/B
业务功能点需求方案草稿	0	3天	8/24/2015	8/26/2015		业务分析师A/B，PM
业务功能点需求方案草稿沟通	0	2天	8/27/2015	8/28/2015		关键用户：部门A、B、C，业务分析师A/B
功能点DEMO3及沟通	0	15天	8/10/2015	8/28/2015		开发主管，测试人员，关键用户
非业务需求整理	0	16天	8/10/2015	8/31/2015		
系统（特殊要求）功能点：系统安全	0	5天	8/10/2015	8/14/2015		IT安全部门，项目技术主管
系统（特殊要求）功能点：系统架构	0	11天	8/17/2015	8/31/2015		IT架构部门，项目技术主管
系统架构草稿	0	4天	8/17/2015	8/20/2015		IT架构部门，项目技术主管
系统架构草稿讨论沟通会	0	1天	8/21/2015	8/21/2015		IT架构部门，项目技术主管
系统架构草稿更新沟通会	0	5天	8/25/2015	8/31/2015		IT架构部门，项目技术主管
系统（特殊要求）功能点：系统性能	0	5天	8/17/2015	8/21/2015		IT架构部门，项目技术主管

续表

任务项	完成比（%）	用时	开始日期	结束日期	先决任务	资源
开发 WBS 优化	0	8 天	8/24/2015	9/2/2015		分析师 A、B，项目技术主管，项目经理；测试主管
测试 WBS 计划更新	0	4 天	8/26/2015	8/31/2015		分析师 A、B，项目技术主管，项目经理；测试主管
软硬件清单及部署 WBS	0	4 天	8/26/2015	8/31/2015		分析师 A、B，项目技术主管，项目经理；测试主管
风险分析与计划调整	0	8 天	8/24/2015	9/2/2015		项目经理
组织架构影响分析	0	17 天	8/11/2015	9/2/2015		项目经理
业务及组织影响分析与沟通	0	14 天	8/11/2015	8/28/2015		项目经理，业务部门
系统影响分析与沟通	0	8 天	8/24/2015	9/2/2015		IT 架构部门，项目技术主管
SOW 签发	0	3 天	8/31/2015	9/2/2015		项目经理
业务确认与签字评审会	**0**	**1 天**	**9/8/2015**	**9/8/2015**		关键用户，项目委员会，项目成员
成本预算计划更新	0	1 天	9/8/2015	9/8/2015		项目经理
资源计划更新	0	1 天	9/8/2015	9/8/2015		项目经理
设计与开发	0	65 天	9/9/2015	12/7/2015		
设计	0	10 天	9/9/2015	9/22/2015		
数据库设计	0	8 天	9/9/2015	9/18/2015		
业务主数据	0	5 天	9/14/2015	9/18/2015		架构团队，技术主管
用户、权限及菜单管理	0	8 天	9/9/2015	9/18/2015		架构团队，技术主管
日志等辅助管理功能	0	8 天	9/9/2015	9/18/2015		架构团队，技术主管
权限及菜单管理	0	8 天	9/9/2015	9/18/2015		架构团队，技术主管
模块应用数据表设计	0	5 天	9/14/2015	9/18/2015		架构团队，技术主管
接口表结构	0	5 天	9/14/2015	9/18/2015		架构团队，技术主管
功能点及接口设计	0	7 天	9/9/2015	9/17/2015		A、B 团队
功能点 DEMO 细化为 UI 界面设计	0	3 天	9/9/2015	9/11/2015		开发主管，测试人员
接口 1 实现方法逻辑设计	0	3 天	9/15/2015	9/17/2015		设计人员 A
接口 1 配套/依赖系统设计	0	3 天	9/15/2015	9/17/2015		配套系统负责人
接口 2 实现方法逻辑设计	0	3 天	9/15/2015	9/17/2015		设计人员 A
接口 2 配套/依赖系统设计	0	3 天	9/15/2015	9/17/2015		配套系统负责人
设计评审	**0**	**3 天**	**9/18/2015**	**9/22/2015**		架构团队，项目团队
开发	0	55 天	9/23/2015	12/7/2015		
开发环境搭建	0	3 天	9/23/2015	9/25/2015		开发主管
登录、首页开发	0	54 天	9/23/2015	12/4/2015		开发人员 D1

续表

任务项	完成比（%）	用时	开始日期	结束日期	先决任务	资源
业务关键功能模块 1	0	54 天	9/23/2015	12/4/2015		
业务关键功能模块 11	0	54 天	9/23/2015	12/4/2015		开发人员 D1
业务关键功能模块 12	0	54 天	9/23/2015	12/4/2015		开发人员 D1
业务关键功能模块 13	0	54 天	9/23/2015	12/4/2015		开发人员 D2
业务关键功能模块 2	0	54 天	9/23/2015	12/4/2015		
业务关键功能模块 21	0	54 天	9/23/2015	12/4/2015		开发人员 D3
业务关键功能模块 22	0	54 天	9/23/2015	12/4/2015		开发人员 D3
业务关键功能模块 23	0	54 天	9/23/2015	12/4/2015		开发人员 D4
业务关键功能模块 3	0	54 天	9/23/2015	12/4/2015		
业务关键功能模块 31	0	54 天	9/23/2015	12/4/2015		开发人员 D5
业务关键功能模块 32	0	54 天	9/23/2015	12/4/2015		开发人员 D5
接口 1	0	15 天	10/12/2015	10/30/2015		开发人员 D5
接口 1 配套/依赖系统	0	54 天	9/23/2015	12/4/2015		其他开发团队
接口 2	0	15 天	11/2/2015	11/20/2015		开发人员 D5
接口 2 配套/依赖系统	0	54 天	9/23/2015	12/4/2015		其他开发团队
权限及菜单管理	0	5 天	11/23/2015	11/27/2015		其他开发团队
邮件及日志管理	0	5 天	11/30/2015	12/4/2015		其他开发团队
代码走查及支持监督	0	25 天	11/2/2015	12/4/2015		开发主管
功能单元测试	**0**	**11 天**	**11/23/2015**	**12/7/2015**		测试人员 T1，开发人员及主管
集成测试与用户验收测试	0	41 天	11/16/2015	1/11/2016		
测试环境搭建	0	3 天	11/30/2015	12/2/2015		开发主管，测试人员
部署文档准备	0	1 天	11/30/2015	11/30/2015		开发主管，测试人员
按部署步骤建立测试环境	0	2 天	12/1/2015	12/2/2015		开发主管，测试人员
测试场景案例	0	12 天	11/16/2015	12/1/2015		开发主管，测试人员
测试培训文档	0	12 天	11/16/2015	12/1/2015		开发主管，测试人员
用户测试培训	0	5 天	12/1/2015	12/7/2015		开发主管，测试人员
集成测试	0	5 天	12/7/2015	12/11/2015		测试团队，开发主管
用户验收测试	0	20 天	12/14/2015	1/8/2016		部门 A、B、C 等关键用户
用户验收测试第一轮	0	5 天	12/14/2015	12/18/2015		部门 A、B、C 等关键用户
用户验收测试 BUG 修改	0	3 天	12/21/2015	12/23/2015		部门 A、B、C 等关键用户
用户验收测试第二轮	0	3 天	12/24/2015	12/28/2015		部门 A、B、C 等关键用户
用户验收测试 BUG 修改	0	3 天	12/29/2015	12/31/2015		部门 A、B、C 等关键用户

续表

任务项	完成比（%）	用时	开始日期	结束日期	先决任务	资源
用户验收测试第三轮	0	6天	1/1/2016	1/8/2016		部门A、B、C等关键用户
验收测试签字评审会	0	1天	1/11/2016	1/11/2016		关键用户，项目委员会
上线策略沟通	0	4天	1/5/2016	1/8/2016		项目经理，关键用户
部署文档更新	0	1天	1/8/2016	1/8/2016		开发主管
部署资源沟通与准备	**0**	**4天**	**1/5/2016**	**1/8/2016**		**项目经理**
服务器资源（Web、DB）	0	4天	1/5/2016	1/8/2016		项目经理
客户端资源	0	4天	1/5/2016	1/8/2016		项目经理
网络环境	0	4天	1/5/2016	1/8/2016		项目经理
安全环境设置	0	4天	1/5/2016	1/8/2016		项目经理
IT部署技术支持人员	0	4天	1/5/2016	1/8/2016		项目经理
部署及预验证	0	1天	1/11/2016	1/11/2016		开发主管
上线运行支持模式机制	0	1天	1/11/2016	1/11/2016		开发主管
部署上线	0	3天	1/13/2016	1/15/2016		
IT部署资源确认	0	1天	1/13/2016	1/13/2016		项目经理
部署上线	**0**	**2天**	**1/14/2016**	**1/15/2016**		**IT**
部署验证	0	1天	1/15/2016	1/15/2016		测试团队
上线使用通知	0	1天	1/15/2016	1/15/2016		项目经理
项目关闭	0	55天	1/15/2016	3/31/2016		
上线后问题支持与跟踪	0	51天	1/15/2016	3/25/2016		项目开发人员A
项目交接给运维团队	0	15天	3/7/2016	3/25/2016		项目开发团队，运维人员Y
项目文档归档及总结	0	2天	3/28/2016	3/29/2016		项目经理
项目关闭评审会	**0**	**2天**	**3/30/2016**	**3/31/2016**		项目委员会，关键用户

第 5 章

去伪存真，项目基石建设

在项目启动前签订的工作说明书（Statement of Work，SOW）或技术协议书，是否可以跳过需求分析阶段，直接进入详细设计开发阶段？也许对于设备工程项目没有问题，但 IT 信息化项目绝对不可以！

IT 信息化项目涉及管理流程和业务管理，这或多或少与业务重组有关，SOW 或技术协议书只能从总体业务功能角度进行描述，只能说明截止到订 SOW 时，团队认为实现总的目标需要有这些功能点保障，但并非表示在实施过程中这些功能一定不能产生变化（或增或减），并且逐步细化需求也是业务通识，符合软件应用开发的一般规律。但这一点并非所有团队都理解，尤其是管理层及对 IT 信息化不熟悉的人员。在实际项目中，曾有不少企业的部门管理领导的思维还停留在盖厂房、装设备等传统基建项目或是设备数据采集等简单人机交互的车间加工项目经验上，不理解信息管理系统逐步细化的特点，这就需要项目团队之间持续沟通，让各成员统一认识。

另外，还需要避免另一类极端情况，即认可需求进一步细化分析，但否定原 SOW 或技术协议书，坚持从零开始调研分析。在多年的项目实践中，此类情况较少，但的确遇到过。那么，需求分析有没有好的方式方法，来避免以上这些问题陷阱呢？答案是肯定的，下面讲述在实际信息化项目开展工作中常用的且有效的几个方法。

5.1 需求分析的三个"银弹"

读者或许在电视上见过春节或重大节日时中国的舞龙传统习俗。龙头轻轻一动,反映到龙尾则需要大幅度的舞动。需求分析阶段的重要性在于如果需求阶段理解有偏差,那么到了测试、上线阶段就需要数倍的工作量才能弥补纠正,这也往往是项目延期甚至失败的关键因素之一。需求分析开始之前必须掌握正确的方式方法,下面将以某个实际信息化项目案例讲述需求分析的第一个"银弹"。

某工厂业务用户参与需求分析沟通会。背景交代一下,该项目是历史系统的升级改造。用户提出的需求是"制造物料清单(Bill of Material,BOM)从企业ERP系统SAP中自动同步,然后在本项目系统中自动创建产品信息,即每个BOM对应一个新产品代码信息"。问用户为什么提出这样的需求,了解到当前他们在历史系统中为了维护产品信息需要花费大量时间,因为有几类产品信息变更频繁,所以需要不停地在原系统中建立新产品。继续问用户为什么要使用BOM来创建,而不是直接从SAP中同步产品信息,用户反馈说由于这几类产品变更频繁,当前SAP中预留的编码规范快用尽了,所以SAP不再对该类产品物料的微小变更生产对应的新产品代码或版本,也就是说用户直接修改BOM,而与实际产品物料信息不联动,对成本核对以及加工工艺时间都没有影响,但在实际生产加工过程中,又需要对此类物料进行跟踪,他们只好手工创建产品信息。至此,用户真正的需求是在系统中使用准确的产品物料代码进行精确追溯,比较合理的需求应该是从SAP中同步产品/版本信息,直接应用在新系统中,而不是从SAP中同步BOM到新系统中。同时对SAP系统也提出了变更优化的需求,解决了当前产品物料编码的局限性问题,实现了在SAP中实际产品与实际或历史BOM信息的一一对应。从以上这个BOM导入自动创建产品信息的用户需求,我们引出的应用于需求分析工作的第一个"银弹"就是多问几层为什么(至少3层),只有明白用户要什么以及为什么要,才能了解用户的真实目的,评估需求的合理性,同时给出相应的解决方案。

从以往实践经验看,用户往往把需求与"自己认为"的方案混在一起,这是无意识的行为。用户常常以描述"如何做"为中心告诉业务需求分析人员(Business Analyst,BA),他的需求是什么。比如懂些信息系统知识但并非专业出身的业务用户,在参加需求分析沟通会时,会这样表达需求:"我需要一张表,让我可以在前台输入数据,保存到这张表中。"他们对保存这些数据的业务目的却很少提及。所以需求分析第二个"银弹"就是:区别"要什么"与"怎么做",与用户沟通时着眼点是从业务角度看要什么,这样做会给业务带来什么样的价值。用户水平参差不齐,不能对他们要求太高,毕竟他们不是专业人员。要使用好第二个"银弹",

就依赖于项目组中的业务需求分析人员的水平了，这也是对合格分析师的基本要求。

与用户谈"要什么"，对于业务需求分析人员来说第一要求就是少用技术术语，采用业务语言进行沟通。上面的例子，可以这样沟通："您是不是想把质检过程中的数据电子化，用于今后质量数据统计周报，替换当前的手工数据整理工作？"然后把需求进一步明确，比如："数据需要保存多长时间（涉及数据归档），只用于周报吗？会不会年度总结时需要查询一个年度的数据？年度指的是自然年还是公司日历？如果是固定周报，是不是需要由系统定时推送给业务主管？该报表的使用人权限需要怎样划分或控制？"这样通过询问沟通的方式才能把"要什么"梳理清楚。

与用户谈"要什么"，不能听之任之，业务需要分析人员应具备管理用户的技能。笔者记得在网上查资料时曾看到一个讲座，提到业务沟通时说："用户希望要月亮……"即使项目组以用户至上为服务宗旨，这样的需求也是无法达到的。关键是有时用户没有意识到他要的是"月亮"，反而责怪项目组为什么不能分析并给出实现方案。这是对项目组的业务需求分析人员提出的一个较高的从业素质要求：扎实的业务经验与清晰的逻辑思维，能管理与引导用户。作为业务需要分析人员，必要清楚认识到：用户"要什么"不代表该需求是合理的。大多业务用户的需求都是从局部出发，来自不同部门的用户各自描述时都有自己"站住脚"的理由，但综合起来看，可能会互相冲突，甚至与项目目标相背离。这也是业务需要分析人员的价值所在，需要由他们来把控需求，整理出合理的、符合项目目标的"要什么"。

与用户谈"要什么"，业务需求分析人员要把用户当成"白纸"，避免想当然；对业务需求分析人员，用户也需要把他们当成"白纸"。每个人经验背景不同，对同一句业务描述，在头脑中的理解可能相差比较大。专业信息系统的业务需要分析人员在与用户讨论需求时，头脑中已经有某个案例做参考，容易想当然地认为用户与他的理解完全一致；用户每天面对常规业务操作，已经司空见惯，也会想当然地认为业务需求分析人员完全理解他的描述。图 5-1 至图 5-5 转自互联网（www.projectcartoon.com），是讨论需求分析的经典案例。

图 5-1 是用户在讨论会上描述的业务需求，并且认为描述已经完全清晰明确；图 5-2 是信息系统的业务需要分析人员理解的用户想"要什么"，图 5-3 是用户真实意图"要什么"。

图 5-1　用户描述业务需求 　　图 5-2　信息系统的业务需要　　图 5-3　用户真实意图
　　　　　　　　　　　　　　　　　分析人员的理解

当然还有图 5-4，开发人员最终交付系统功能以及图 5-5 是项目对外宣传实现的功能（在后面章节再详细论述系统开发与项目宣传内容）。

图 5-4　开发人员最终交付系统功能 　　图 5-5　项目对外宣传实现的功能

在初次讨论时，应用"白纸"原则，想象对方对业务一无所知进行沟通，可以较好地避免因理解不一致导致的此类问题。在后续讨论沟通过程中利用其他工具以及方式方法来避免理解不一致问题，如界面原型、敏捷开发等，我们将会在后面章节讲述。

需求范围的界定是需求分析阶段最困难也是项目最关键的工作，处理不当，要么造成范围蔓延，导致超预算或项目延期；要么业务环节缺失，系统不能正常运作。另外，从团队建设角度看，不恰当的处理或许会将团队与业务部门用户的关系搞僵，间接地影响到项目实施进度。第三个"银弹"具有通用性："以终为始"，即业务分析调研向项目目标看齐，与"不要什么"划分明确界线，取舍的标准就是该需求是否与项目目标一致。"以终为始"已经多次提到，适用于各类工作场景，只要得当，它就是一把万能钥匙，在需求分析阶段，这是对需求范围进行的把控，是防止需求蔓延的利器。在需求沟通讨论会上，常见的现象是业务用户会将工作中遇到的问题或想解决的事宜统统提出来，希望借项目一并解决。比如，在沟通某系统中的产品售后维修功能时，用户希望可以从系统中选择维修替换的资料，而不是随意由用户填写登记器件代码或名称。进而讨论到能否与 ERP 同步，把该产品的 BOM 信息同步过来，这样用户在选择时，下拉框中只显示产品相关 BOM 中的物料。至此需求还是合情合理。但此时有用户却提出，一些老产品在近 5 年来 BOM 变化比较大，所以要求同步所有版本的 BOM，但据了解并非所有的产品都完全遵守 BOM 版本规范，有历史版本可用，用户又提出需要在本地系统增加 BOM 维护功能。至此，可以看出需求已经从最初的填写器件物料代码与名称记录维修信息，演化成 BOM 版本及信息的维护，看着貌似有道理，但已经偏离最初的讨论功能点太多。后面的需求与实际功能目标价值贡献非常小，完全可以忽略。最终讨论结果是为满足用户正确记录器件物料代码与名称，考虑到要求维修人员在实际工作中是非常熟悉器件物料代码的，因此在填写时要求他们填写物料代码，系统直接从后台物料信息中调出对应的物料名称。如果用户发现没有调出物料名称，则需要检查代码输入是否正确。

5.2 需求分析度的把控

需求分析工作的开展过程中常常会出现需求与方案一起讨论的情况。无论是业务用户还是项目的业务需要分析人员，都会自觉或不自觉地将需求收集与方案混在一起沟通。在实际工作中这样做的主要原因有两个，一是讨论业务需求时联系到方案也是自然的事。比如，用户提出某流程节点审批过程耽搁超过 5 天，就需要系统发邮件通知审批人员，提醒审批人员尽快操作，同时抄送给其主管。讨论过程中可能会对邮件通知内容与格式进行讨论，比如要不要有审批链接在邮件中，用户直接点链接就可以进入审批界面，以及审批人员的主管信息是否要从人力资源系统中同步等。二是由于用户配合项目时间有限，约定好时间后，大家都想一次讨论透彻，节约各方的时间。

但需求分析与方案的着眼点很不一样，初步讨论时放在一起讨论并不合适。

第一，需求分析着眼于"要什么"，而方案的着眼点则是"如何做"。如果还没有明确用户的需求是否合理清晰，就直接讨论方案是事倍功半的做法。第二，正是由于用户时间有限，业务需要分析人员更应该把精力放在梳理用户的业务需求上，而不是花费时间想方案。第三，讨论会上，对于一些复杂的业务需求，会议桌上可能一时无法判断是否合理，如果同时展开方案沟通就会让用户误解项目组已经接受需求（因为已经在讨论方案），给项目开展造成不必要的阻力。

需求分析时也没有必要刻意回避需求与方案的联系与讨论，只是要把握一个度，即此阶段的主角是业务需求，方案只是配角，为的是更好地理解需求。从上面的几个案例都可以看出，在讨论需要时或多或少会涉及方案实现规划，对于敏捷开发管理来讲，更是如此。这就对项目的业务需求分析人员提出了较高的工作要求，该角色一般由资深人员担当，在公司待遇比较高。在工作开展方面，还是有章可循、有实践经验可借鉴的，正如前文描述的分析工作的三个"银弹"。基本工作原则虽容易理解，但应用起来就不那么容易了。需求分析工作的开展也是一个微项目循环：启动、计划、执行监控与收尾。

需求启动虽然不需要像项目启动会议那么正式，但需要按"以终为始"原则，即以该阶段的交付物为开展依据与目标，细化对应的关键任务，积极主动地执行与监控改善工作。执行过程的关键字是"不厌其烦""透明"，即不但项目的管理人员和业务需要分析人员知道本阶段交付物及交付期限，而且要反复让所有相关人员明确阶段目标及时间要求，以及阶段验收标准。从实践经验看，由于 IT 项目人员不能要求用户如同自己一样拥有丰富的 IT 技术知识、熟悉 IT 分析或开发流程，因此不能默认用户明白或想当然地知道 IT 分析方式方法、目标及期限，毕竟隔行如隔山，在实际项目中大多数用户的确如此。这就要求项目人员用"空心"的状态来对待用户，即默认用户在 IT 方面是张白纸，项目人员有责任就 IT 相关工作沟通清楚，反复将阶段目标及时间要求向用户明确，如借助于周例会，每次把任务目标及时间进度展现给大家，统一相关人员的认识。

在统一所有成员的认识中，非常关键的一点是需求细化输入与输出。输入主要是项目立项章程、SOW，输出则主要是业务需求分析与功能概要设计，务必对业务管理层和最终用户强调一点：系统需要"逐步细化""步步为营"，即需求分析阶段结束后，需求分析的输出将作为后续阶段详细设计开发的主要输入项，今后阶段将不再以项目立项章程中的功能需求内容和 SOW 的相关需求内容为基准，这也是项目分阶段进行工作的意义所在。

在需求分析执行过程中还需要将任务计划"透明化"，让所有人提前知道各项沟通工作的安排。在与用户讨论沟通前要做好准备工作，沟通会议中做好引导，会议结束后做好纪要备案。考虑到业务用户在项目中基本是兼职状态，需要他们参与讨论至少提前 3 天预约，并明确告之讨论要点。如果有调研问卷需要业务用户提前完成的话，则明确给出要求完成的时间，对于关键用户还要电话跟进。虽然大多业务用户对于预约邮件中的附件资料并不仔细阅读，但是提前给出讨论资料仍是必要的，真正关心项目的用户还是会抽时间看的。会议中基本按一般有效会议沟通原则进行即可，这里只强调两点：一是尽量采用闭口问题（Closed-Ended），避免会议召开成"头脑风暴"，发散议题没有效率；二是发生需求范围蔓延或减少（相对于 SOW）时，要升级问题到项目管理委员会，得到明确的最终结论。会议纪要采取项目统一的会议模板，作为附件以邮件正式发送给所有与会人员。考虑到有些用户或管理层可能有不打开附件查看的习惯，邮件正文可以简要地列出会议讨论议题、结论、行动清单，提醒邮件接收人可以打开附件查看详细内容。对于会议纪要中的行动清单，要在要求完成期限之内定期跟进，确保会议效果真正落地。

在需求分析过程中更为常见的问题是"议而不决，反复再议"。遇到这样的情形时，需要反思下工作的方式方法是否正确，有没有找到"真正"的关键业务用户，采取连续问 5 个"为什么"的方法，分析发生该情况的原因。在以往的实际项目中，"没有找对沟通讨论的人"占大多数。用户自己也没有把握住管理层的要求，导致不能明确地向项目组表达，遇到这样的问题解决思路也比较直接——升级问题，邀请相关部门管理层人员介入。对此类模棱两可的需求，一旦形成结论，书面确认沟通是必需的操作。

如果需求分析过程中有偏差，如进度超前（此类情况甚少）或滞后，需要以"问题跟踪清单"方式进行跟进，具体有三个关键要素——谁、何时以及完成状态，利用项目站会或周例会时间讨论进度。这个阶段容易出现的问题点主要在业务用户方，一是跟不上项目工作节奏，需要周二提供反馈或补充资料，有可能周五才给出，还不是完整的，甚至是错误的；二是缺少 IT 信息项目参与经验，不清楚如何提供数据或资料；三是在项目上的内部职责不明确，无法提供有效的支持。这个阶段用户方项目负责人起关键作用，作为组织、联系业务部门及用户的沟通桥梁。总之，无论甲方还是乙方项目负责人，时刻注意团队建设，尤其是乙方服务商项目负责人，担负着更重的责任。

5.3 不缩水、不蔓延的有效需求管理

需求分析过程在细化业务需求的同时，方案功能概要设计也随之清晰起来。刻意或呆板的分享分析与方案过程都是不切实际的做法，在《软件工程实践者的研究方法》（*Software Engineering: A Practitioner's Approach*）一书中，作者写道："软件开发的线性方法违反了大多数系统实际被践行的方式。在现实中，复杂系统迭代地，甚至增量地演化。"对于企业信息化系统而言，这句话几乎就是真理，每个闭环微迭代都是几个工作过程的交互融合。如果项目采取了敏捷开发的 Scrum 模式则更能体现这一点。在与用户讨论业务需求时，业务需要分析人员不可避免地会谈到需求对应的功能大致如何，如用户提出系统完成某项操作后，要发邮件通知相关人员，邮件内容依据具体操作显示相应的结果，于是业务需要分析人员则提出系统应提供邮件模板，用户可以自行配置要显示在邮件正文中的内容项，如操作人、操作时间、操作结果备注等，但具体的可灵活设置项及模板样式需要到方案设计阶段才能确定。通过以上沟通描述，用户能进一步评估自己的需求是否被业务需要分析人员理解，双方理解上有无差异，通过讨论初步功能说明（如上例中的可灵活设置项及模板样式），基本可以判断该建议业务功能是否满足部门业务需求。

在实际项目工作开展过程中，需求分析与方案功能概要可以合并成一份文档备案，作为详细设计的输入项。从多个项目的实践角度总结，以下需求文档可以使用 Excel 格式（见表 5-1），形成一份需求分析交付文档，并且预留两列与今后设计开发项、测试用例项进行对应，确保需求在后续阶段得到响应。从项目范围管理角度看，该模板将需求向前与 RFP、SOW 关联，向后与方案设计、功能测试相关联，可以有效地帮助项目团队紧抓需求，从而在一定程度上避免需求范围蔓延，从而保障项目成本与进度。该模板中的需求提出者是关键因素，他/她也将成为今后功能验收测试负责人，即谁提出、谁验收。有不少项目曾出现过功能开发完成后，没有人负责验收测试，或负责测试签字用户发生变动，认为实现的功能不是业务所需。从根本上看，这是需求分析阶段引入的项目风险因素，没有识别出真正的业务需求及利益相关者所导致的问题。有一本书讲述利益相关者驱动工作模式，书名为《成功软件开发方法——由外到内开发实践指南》（*Outside-in software development: a practical approach to building successful stakeholder-based products*），作者是两位国际商业机器公司员工卡尔·凯斯勒（Carl Kessler）与约翰·斯韦策（John Sweitzer），该模式对需求分析以及整个项目交付阶段都有现实指导意义，推荐给各位读者参考学习。

表 5-1 需求分析管理表格

需求编号ID	整理日期	类型	需求描述	需求服务业务目标/发出点	功能概要设计说明	优先级	当前状态	相关依赖项	依赖项描述	需求提出者	所属部门	需求分析员	备注	设计项覆盖	测试用例编号
		功能/非功能性				高/中/低	待确认/已确认/取消								

5.4 比业务还难以处理的非功能需求

非功能需求沟通的对象是企业的 IT 部门且一般会在 RFP 或 SOW 中有明确的要求。IT 部门人员在需求分析阶段需要按业务用户需求整理模板并一一列出跟进，而且相对于业务部门而言，IT 部门人员无论是对信息化术语还是项目的相关工作内容以及工作方式，都熟知并认可，所以开展沟通一般都会通畅，很少有项目在这方面因为理解差异而导致执行困难。

在执行过程，如果非功能需求内容发生变化，会对项目成本、周期产生大的冲击。比如，项目初期对系统可靠性和可用性没有特殊要求，只需要满足工作日 8 小时平稳运行。但在执行过程中，企业生产业务发展飞速，需要生产车间三班倒，形成 24 小时不间断的生产能力。而这对系统软件硬件设施以及系统维护窗口是个大挑战，甚至对系统应用架构都有直接的变动影响，属于重大需求变更，需重新评估方案及实施周期，提请项目管理委员会审核批准。如果涉及乙方服务商，则还需要商业介入，走合同变更。因此非功能需求越早识别明确，对项目越有利。

然而非功能需求是最容易被忽视的，常被当作可有可无的项目加分项而得不到应有的预算及资源支持。虽然其发生故障的概率比业务功能低得多，但一旦产生则是灾难性的。近些年，随着各企业对信息化系统安全的重视，尤其是大型企业，已经几乎成为必须考虑的非功能需求之一。比如，近几年来，笔者亲身经历的勒索病毒入侵至少有 4 起，导致信息化系统无法正常工作的事故，给企业带来不同程度的经济效益损失。不同国家或地区有不同的安全法律要求,在项目管理的指导书中都讲述了社会环境因素对项目的影响,并且需要在项目准备阶段就要考虑在内。所以建议企业将专业的系统安全漏洞扫描作为基本需求,使其成为系统交付检查标准之一。

5.5 从管理出发还是从执行出发

问题似乎比较绕口,但在实际信息化项目中是常见的现象,或许可以换一种表达:突破现状还是安于现状?流程信息电子化是着眼于当前的需求还是未来业务管理模式变革后的需求?

举个例子:某信息化项目中的一项功能是根据计划需求,自动生成小时级生产执行任务项。该任务生成后,系统要自动检查仓库物料类型与数量,若发现条件不满足则任务自动退回中止,并邮件通知计划员、物料员介入手动处理该异常情况。但在实际执行过程中,任务异常中止退回现象频繁,导致人工干预工作量加大,用户对此颇为不满。于是操作用户提出改进系统,系统发现缺料中止后,可再次触发下达任务,直到任务完成为止。这就是一个非常典型的例子,即管理层关注的是系统给生产管理带来的提升,而操作用户关心的是具体操作的方便性。二者需要平衡,一方面一味地追求管理的提升需求,则导致方案系统无法落地执行;另一方面,一味地专注于最终用户的操作便利性,则无法发挥信息系统能力,削弱系统带来的业务价值,也偏离公司战略实施与项目目标。在这个例子中,企业管理层期望借助系统工具提高小时生产率,从而减少生产成本。如果按操作用户的要求来"改善"系统功能,则系统根本无法为降低生产成本作出实质性贡献,因为系统通过自动处理缺料功能,把问题掩盖起来了。

理想的需求分析方式是找到管理与执行之间的平衡点,如果无法明确找到这个界限,笔者倾向于向管理需求靠拢。从实践经验上看,管理层站的高度与出发点更符合公司级的战略利益,有时操作用户认为根本不可理解或不可执行的需求,在克服种种困难后却变得可行了。通常项目组遇到的挑战是在有限的期限内交付系统,所以合作伙伴服务商有意或无意地偏向于业务用户的实际操作,这其中的原因很好理解——与管理层需求比较起来业务用户的实际操作要求更容易实现,在得到业务用户的较高满意度的同时,也符合项目交期要求。不同的团队出发点不一样,从某种角度看,需求分析与项目管理更像一门艺术,不能简单地有非黑即白之分。

5.6 需求分析与计划管理的互动

项目计划是一个逐步明晰细化的过程，但形成的关键节点有两个：一是需求分析阶段，另一个是蓝图方案阶段，通常蓝图方案阶段锁定项目主计划与里程碑，后续阶段修改则属于项目重大变更。下面以实际项目案例讲述项目计划对需求分析过程的指导以及需求分析工作对项目计划的影响。

项目工作开展必须在项目主计划的指导下进行，即阶段目标导向和时间导向在 SOW 下开展各项需求分析工作。某信息化项目涉及与其他 C 系统的集成接口，而 C 系统在项目启动前评估不在关键路径上，可以满足项目主计划要求。在需求分析的第 2 周，C 系统服务商反馈由于过去对接口要求理解有偏差，在需求细节讨论时发现工作量预计翻倍，C 系统实施周期要延长 50%以上。这样一来与其相关的依赖工作项都需要进行相应的调整，那么该接口工作性质就变成了项目进度中的关键瓶颈项，导致原主计划的方案、设计开发、测试、上线等需要调整。项目经理召集业务需要分析人员紧急与集成服务供应商召开讨论会，澄清需求差异。虽然是临时紧急会议，项目组仍然按沟通会议原则准备了议题，整理了详细的需求内容并提前发给与会人员了解。在面对面会议沟通中项目经理才了解 C 系统服务供应商对集成接口需求理解是准确的，只不过其技术负责人员低估了原需求的实际工作量，提出如果能够改动接口，将接口数据采集频率提高就可以满足主计划节点要求。经过与用户等多方面的确认，业务方认为采集频率不能调整。项目组要求 C 系统服务供应商调整其配合实施计划，压缩方案设计时间，延长开发测试时间，上线时间可暂时不做调整。C 系统负责人内部协商后确认可行，进行了反馈确认。项目组主计划里程碑节点没有调整，但详细计划中，该模块开发时间向前调整（在确认开发资源时间可用的前提下）。该问题触发了两个后续跟进任务，一是增加了一项风险监控项，二是考虑到主计划节点并没有明显的变更，采取了书面纪要邮件通知方式，抄送给项目管理委员会成员报备。希望读者能从这个案例中体会到在项目主计划约束下如何进行需求分析，以及分析工作对项目各类计划的影响。

5.7 规矩的磨合

5.7.1 规矩磨合之需求变更管理

需求变更管理在需求分析阶段最大的问题就是界定困难、争议大。原因在于 SOW 对业务功能只是概要描述，理解出现歧义是正常的，这也正是需求分析阶段要解决的问题。该阶段关注点在"范围"。第一，项目范围发生变化容易影响界定，比如，项目初始是在某两个业务部门实施某信息化系统，此时有第三个业务部门也牵扯进来，这时可以对照项目立项章程等依据判断与管理；第二，与其他因素比较起来，范围对项目影响更大，应该优先识别与处理；第三，抓范围符合需求阶段的现实情况，可以更有效地开展。

在项目立项章程中规定了需求变更管理流程，下面介绍信息系统需求变更书面模板（表5-2）。

表5-2　信息系统需求变更管理申请表

信息系统需求变更管理申请表

*需求编号：_____

*基本信息

* 申请人		* 申请日期	
* 联系邮箱		* 联系电话/办公地点	

*需求变更说明

1 业务目的
2 描述
3 如果不实施该变更，对业务的影响
4 业务关键用户联系方式

*优先级

□高　　　　　　　□中　　　　　　　□低

*部门主管领导审批

□同意　　　　　　□不同意

审批人 _____　　　审批时间 _____

续表

*需求变更分析
1 （包括影响范围，估计变更工作量、项目工期等）
2 （变更类型）
□新需求（NCR）　　　　□需求变更（CR）　　　　□功能优化（ER）
3 分析意见：
建议/不建议实施

*项目组负责人审批
□同意　　　　　　　　　□不同意　　　　　　　　□请上级部门决策
审批人 _____　　　审批时间 _____

*项目管理委员会审批
□同意　　　　　　　　　□不同意
审批人 _____　　　审批时间 _____

*商务审批
□同意，借用本项目预算　　□同意，但需额外预算　　□不同意
审批人 _____　　　审批时间 _____

项目经理关注的重点在于需求变更申请的目的以及如果不实施需求变更会给业务部门带来怎样的影响。无论需求变更审批通过与否，都需要变更清单来跟进状态与进度，定期与业务部门沟通，目的是做到对每条需求变更有始有终的管理，对用户服务做到透明、不遗漏，建立信任机制，保持良好的合作关系，推动项目前进。这个过程可以采取专门的管理工具或使用Excel文档来跟踪。Excel格式模板见表5-3。

表5-3　需求变更管理表格

需求编号	需求概述	申请部门	申请人	申请日期	优先级	目前状态	备注
原申请编号	链接到需求申请文档				高 中 低	项目组审批中 委员会审批中 审批通过 取消	

需求分析阶段的变更管理常见误区有两点。一是需求分析阶段不需要进行变更管理，方案还没有确认，哪儿来的变更？这是业务用户所持的观点，常常发生在对需求有争议的地方。项目团队要与用户进行沟通，使大家站在同一视角看问题：凡是影响项目目标达成的，都需要有条理、有规范地管理起来。二是执行过于机械，不分芝麻西瓜，毫无主次地进行管理。在时间、资源有限的情况下，项目经理首先应专注于处理好高优先级需求，而将一些中级、低变更需求通过沟通协调进行后置，形成二期项目需求源。比如，信息化项目一期通常不建议把分析

报表作为高优先级需求，因为用户在使用系统之后，通常会有新的认识或想法，在一期项目需求分析阶段提出分析报表往往并不适用。在所有的项目实践过程中，此类分析报表在项目应用中有 40%能真正使用起来并发挥作用就已经是很不错的情形了，所以此类需求放在项目二期更趋于合理。

商务审批环节主要涉及第三方外包，双方商务需要对变更影响到的预算进行确认，或增或减，各方达成一致，书面归档备查。当项目经理陷入管理困难时，首先要把握住项目目标与"按时、在预算内、有质量的交付项目"等 KPI，本着"以终为始"的原则，就能较好地协调各方资源走出困境。多实践、多经历，当处理问题成为一种习惯，困难就不会是翻不过去的雪山。

5.7.2 规矩磨合之资源与风险管理

资源计划与风险管理也是一个动态管理过程。需求分析阶段是资源计划进一步细化、风险逐步明晰的关键阶段。与初步资源计划相比，需求分析阶段需要对细化到具体的每一个详细计划任务上的资源进行评估：一是确保有资源执行本项任务，二是预估资源是否超出预算。尤其第二点需要重点跟进，如果超出额度比较大，项目预留缓冲无法应对时，无论是甲方还是乙方都应该主动向项目管理委员会汇报，因为超出额度较多时，意味着对项目是一个交付风险。即使是固定合同项目，此时甲方项目负责人也不能忽视此类事件，因为一旦乙方资源出现风险，将直接影响项目整体交付兑现。双方没有赢家，所以不能抱着"与我无关"的态度漠视。因此，此类事件必须提请项目管理委员会报备，必要时需要商务团队介入，按合同补充规定"未尽事宜，双方协商友好解决"。

风险管理需要从以下三个维度去分析。第一是人的因素，无论是甲方还是乙方项目负责人，在执行过程中需要不断互动，了解各项工作资源是否有变动或存有风险，影响工作的开展。最常见的是甲方在需求前期给出的关键业务接口人，由于业务工作繁忙，无法参加需求分析会议或对需求进行确认，通过几次周会或讨论会，察觉有的资源实际上有名无实，即列出风险；对于乙方资源，可以通过观察或沟通交流，对项目负责人出现有能力却无法承担当前工作的担忧，此时人力资源风险需要列入风险清单进行观察及管控。第二是配套基础设施建设方面。软件信息系统依赖于基础设施的建设，因此要有足够的风险意识。比如，曾经有个项目对系统可靠性要求非常高，由于保障业务 7×24 小时不间断运转，服务器机房与业务部门之间需要架设两路通信光纤，一主一备，因此系统上线依赖于其改造工期，故项目将其作为一项风险进行管理。第三是第三方系统改造依赖风险。曾经有多个项目发生过此类险情，本身项目功能的开发与上线依赖于第三方系统的改造，而该改造由其他项目团队负责。如果第三方系统改造失败，本身项目功能也将无法正常使用。如果没有严格的风控，轻则项目延期，重则项目功能失败，无法上线，因此对于此类风险需要特殊重点管理。第四类风险来自组织部门变动。周期越长的项目，此类风险越高。组织结构及部门变更极有可能意味着原来的业务需求发生变动，规划好的流程操作不再符合新的业务组织。对于企业信息化项目，利益相关者的部门组织发生变动，基本意味着项目的延期或失败。笔者曾经负责的某个项目，正处于开发阶段，由于企业并购，项目被迫中止结束。该类风险最难管理，需要项目负责人有一定办公室政治嗅觉以及敏锐的洞察力。第五类风险也最为常见，即需求变更引起的风险。新需求否定了原需求的出发点，提出了完全不同的业务操作，或是需求无法冻结，业务用户每次沟通给出的需求都不相同或每次都有新情况描述。解决此类风险需要熟练掌握与运用本章介绍的知识内容。

表 5-4 是笔者常用的风险管理样例，请读者参考表 5-4，并结合自己正在进行的项目做个小练习，给出或更新项目风险。

表 5-4　项目风险管理表

序号	风险/问题点	详细描述	可能性	影响度	应对措施	风险管控跟进（2019/7/9）
1	项目依赖的第三方应用 A 与 B 系统建设周期长，与本项目是高度依赖关系，有延期风险	依赖系统项目计划于 7 月开标完成，现在已经 7 月中旬，仍未见招投标工作完成	高	大	对周期最长的系统 A，考虑到是关键节点，需重点跟进：1）7 月 20 日前后沟通招标进度，如果预计在 7 月底不能完成，则立即协调相关部门开沟通会 2）对于非关键节点系统 B 的建设，给出最迟 8 月中旬完成招标工作期间，并进行跟进	与系统 A 沟通，明确需要他们配合的时间期限
2	×××部门业务需求在 SOW 中描述模糊，有歧义	部门目标要求是缩短流程审批时间，但需求描述中流程有并行审批且允许任一审批人单独转发、可回退等非常复杂流程操作，本身就容易造成审批时间过长	中	大	召集关键用户会议，就目标与具体操作平衡进行沟通讨论	本周安排第一次会议沟通

5.8 帮你把关——项目实践案例

5.8.1 需求分析阶段检查单

表 5-5 是某项目需求分析阶段工作检查单样例,具有一定的通用性。

表 5-5 需求分析阶段检查单

检查项	检查内容	是否必须项	备注
业务需求分析文档	细化最初业务需求(业务功能需求以及非功能需求),主要关注以下三个方面:业务要什么,需求带来的业务价值(对业务有什么收益),对业务带来怎样的影响与变革	是	
功能概要分析	梳理整体业务流程图(AS-IS 当前,TO-BE 今后) 针对细化的业务需求,从系统功能角度描述提供的功能点	是	
项目风险管理更新	管理并跟进已经识别风险及减缓计划措施	是	
项目 WBS 详细计划更新	完全的 WBS 详细计划(至部署上线、项目试运行及收尾)	是	
系统安全评估	识别项目相关的安全要求以及公司现有安全策略对项目本身的要求	是	

5.8.2 需求分析说明书

关于需求分析说明书,有不少项目会省略这份文档,直接跳到蓝图设计。对于小型项目这样裁剪是合理的,但对于中型以上项目,省略这一步为后期艰难的需求变更管理埋下了一颗"地雷"。当项目组频繁地去翻阅合同协议或 SOW 去争论时,项目管理已经处于失控的边缘。

需求分析说明书并不一定要长篇大论趋蓝图设计化。在项目多个实践活动中,表 5-6 适用性广且有效性强,可以借鉴使用。

下面将针对表 5-6 中关键项详细说明。

表 5-6 需求分析说明书

需求编号 ID	整理日期	类型	需求描述	业务目标/出发点	功能概要设计说明	优先级	当前状态	相关依赖项	依赖项描述	需求提出者	所属部门	需求分析员	备注	设计项覆盖	测试用例编号

需求编号 ID：每个项目独立编号，建议采用"+""-""+×××"顺序编号形式。

类型：功能/非功能需求。功能需求可以理解为一般意义上的业务活动需求，而非功能需求指为协助业务功能需求运作而必备的功能点，如应用系统可支持同时登录用户数、系统安全性、可用性、可靠性等。

需求描述：从业务角度出发，描述当前现状，以及今后期望"要什么""做什么"。

业务目标或出发点：描述为什么及为谁服务。

优先级：此处优先级指业务影响度。1 高：非常关键；2 中：重要；3 低：一般。即使在 RFP/SOW 中有明确的需求，在需求分析阶段也必须划分优先级，因为项目资源时间有限，必须先抓重点开展工作。

当前状态：待确认/已确认/取消。如果是取消，备注要求填写取消原因与决策时间。注意：需求项的当前状态只有这三类。项目负责人有时会遇到关键用户答复业务需求无法确认，待领导决定的情况，不要增加诸如"暂缓""待讨论"等不明确分类，这是项目延期、成本增加的"地雷"，项目负责人必须想方设法明确排除，并且以如履薄冰的工作态度时刻警醒地处理周边这些"地雷"。

相关依赖项及描述：比如，需求 B 必须待 A 实现才能实现，描述填写依赖项编号。

需求提出者及所属部门：项目采取"谁提出、谁验证、谁使用"原则，该项必须明确具体提出人，不能将一个部门作为提出人。

设计项覆盖与测试用例编号：预留项目后期更新，用作需求跟踪，实现"步步为营"的策略，防止需求遗漏或需求"镀金"（没有原始需求，开发人员自行想象增加的功能）。

5.8.3 需求检查映射管理

与上面讲述的需求分析管理模板相比，需求映射管理更为简化，目的也更为明确——端到端需求管理，从合同协议/SOW、需求分析、方案设计、详细设计、功能测试到上线，确保项目管理范围始终符合项目目标，为项目验收划定明确的界限与依据标准。

表 5-7 非常实用，将项目终验目标分解到各个阶段逐步把控完成，项目团队在后续各个阶段中持续更新，直到项目收尾关闭。

表 5-7　需求分析检查映射管理表

编号	SOW编号	类型	需求编号	方案编号	详细设计	功能验证测试	上线检查	当前状态	备注
	章节编号 etc.	1SOW 范围内 2 需求变更	章节编号 etc.	章节编号 etc.	章节编号 etc.	章节编号 etc.	1 上线完成 2 未上线	1 进行中 2 关闭 3 取消	

5.8.4　会议纪要模板

以下会议纪要模板适合于项目所有阶段，如果是外企或中外合资企业，通常有双语要求。

样例按中英双语要求给出。

1. 会议安排（Meeting Specifics）

议题（Meeting Subject）：系统集成需求与方案讨论（Integration solution discussion）

日期（Date）：2017-10-23

时间（Time）：16:00-17:00

地点（Venue）：行政楼会议室 403（Meeting room 403, 4th floor）

记录（Minutes By）：Grant

2. 参与会议人员（Meeting Invitees and Attendance）

参与会议人员模板见表 5-8。

表 5-8　参与会议人员模板

应与会人员 （Participants）	是否出席 （Present）	应与会人员 （Participants）	是否出席 （Present）
关键用户 1	Y	项目经理	Y
关键用户 2	Y	项目分析师 A	Y
关键用户 3	Y	项目分析师 B	Y
部门领导 1	Y	架构分析师 C	Y
部门领导 2	Y	技术顾问 D	N

3. 会议讨论（Meeting Discussion）

会议讨论模板见表 5-9。

表 5-9　会议讨论模板

序号（No）	关键点（Key Points）	备注（Content）
1	集成业务数据要求	● 系统互连互通数据，控制系统状态数据提供给集成系统等作跟踪
2	集成实施方式	● 采取试点方式，先一条线试运行，成功后再推广到其他线
1	Biz Data required by integration interface	● DCS System real-time data to integration system for analysis and tracking
2	Deployment approach	● Project uses pilot approach, which means team deploys one line first and try run, and then rolls out to other lines after the system runs smoothly without any blocked issues left

4. 会议行动与着重点（Actions and Highlights）

会议行动与着重点见表 5-10。

表 5-10　会议行动与着重点

序号（No）	结论（Result *）	描述（Subject/Description）	责任人（Owner）	计划日期（Due Date）
1	D/H	各方对业务数据需求理解没有差异，实施方式也达成了一致	—	—
2	A	将业务数据需求清单模板提供给用户	分析师 A	10 月 19 日
3	A	需求与方案、主计划的进一步细化	分析师 A/项目经理	11 月底
1	D/H	All teams have aligned with each other on both the business data requirements and deployment approach	—	—
2	A	Providing the business data collection template to end users	BA	19 Oct.
3	A	To detail the requirements and solution/plan	BA/Project Manager	End of Nov.

5. 图例（Legend）

图例模板见表 5-11。

表 5-11　图例模板

缩写（Abbr.）	释义（Meaning）	备注
D	决策（Decision）	
A	行动（Action）	
H	着重点（Highlight）	

5.8.5 需求分析及会议案例

某企业信息化项目,涉及业务审批流程。在梳理需求过程中,发现审批节点烦琐,有优化改善空间,则可进一步提高整个流程的审批效率。审批流程的复杂程度直接影响到系统功能的实现,如果说审批的节点由单一审批人审批,则对系统功能要求不高;但如果节点存在多人并行审批的情形,有的企业要求只有该节点并行审批人都审批通过才能进入下一节点,有的企业要求在该节点审批中,只要有一人审批通过即可移动到下一节点,只需要抄送给其他审批人就可以了,如此一来系统功能就复杂了,所需工作量明显增多。因此业务分析师必须了解客户的真正合理的需求,去伪存真,把有限的资源能力放在实现客户所需上。之所以称需求分析为项目建设的基石,原因也在这里。

按沟通方法论,业务分析师需要准备会议议题:当前业务审批流程及今后期望流程讨论(AS-IS vs. TO-BE)。从 SOW 处得到初步需求信息分析,得知流程存在并行审批,审批节点至少有 5 层。然后预约业务接口人与业务部门负责人召开沟通会,并把会议议题发送给相关与会人员,并且明确告诉大家需求分析工作需要在未来 1 周内完成,请各位配合支持。在开会前一天,项目分析师与项目经理、项目架构师做了一次需求沟通,了解到从技术架构角度系统功能可以支持的审批形式,清楚地了解到了目前项目组无法实现的特殊审批需求。项目组内部本次沟通特别重要,避免了业务分析师认可了客户貌似非常合理的需求,但当前技术上无法达到或花费工作量超出预期等被动情况发生。一个优秀的业务分析师在工作中要时刻留意项目成本、交付期限,并善于借助项目组团体的力量来达成这一目标。当知晓目前技术壁垒后,就可以在需求讨论沟通时,客观地引导客户的期望与需求。

业务分析师同时邀请了双方项目经理参与会议,并提前 10 分钟到达会议室,准备投影。在确定关键用户或其代理同事都到场后,项目经理主持会议。

项目经理:简短地介绍双方出席会议人员、会议议题及大致预估会议时间,进入详细的讨论分析阶段。

需求分析师:先是讲述了按 SOW 给出的初步审批流程需求理解,目的是先框定讨论内容与范围。然后请关键用户讲述当前流程及今后流程需求理解的补充及修正。在关键用户讲的过程中,需求分析师并没有打断他们插话提问题,而是运用"听"及"理解"原则。这主要是因为两点,一是与关键用户初次会议,在彼此还不熟悉的情况下，频繁打断别人讲话，关键用户会认为是一种"冒犯"，或是不尊重。二是站在关键用户角度理解他们的讲述，留给自己一些思考时间："用户的需求是否合理？讲述是否合乎逻辑？"这样在讨论阶段才能引导用户。

关键用户 A：第一个节点描述当前及今后需求，提到目前审批流程是由研发项目负责人提交申请；第二个节点找主管领导线下签字，如果是本地部门则直接找领导签字，如果是异地部门则发邮件进行确认；第三个节点应该多个相关部门并行审批，希望系统能让申请者自由添加审批部门/人，并且并行审批的规则是只要有一个部门不同意，则流程不能走下去；第四个节点由研发技术中心主管审批；第五个节点由技术中心副总裁审批后流程结束。

需求分析师：与用户明确系统的赋能意义，信息系统的实施将影响业务操作的流程，没有系统时有些操作是合理且必需的，有系统后就可能变得冗余了，因此大家要有思想准备，明白系统不是简单地将当前业务电子化。用户提出的并行审批要求是常见的一类流程功能，系统可以支持。但提议中的由申请人随意添加审批人的需求，从 IT 过程审计角度看是不合理的，一是存在人员故意漏掉某个部门以图"加快"或"跳过"审批，人为控制流程不严谨；二是技术实现难度大，按以往项目经验，成功的可能性低。

接着需求分析人员给出自己对需求的进一步理解。

需求分析师：审批流程共计 5 个步骤，其中的并行审批环节，只有在所有审批都通过的情况下才能进入下一节点；并行审批人由于随研发物料类型的不同而不同，系统需要提供可配置功能，用户可以事先配置好不同物料类型对应的部门及并行审批人，这样即使流程发起人是一个新员工，也不必担心漏选并行审批人。另外技术中心副总裁审批看起来对整个流程没有太多控制意义，因为前面有技术中心主管把关，是不是可以流程缩短到四个节点，以进一步减少审批环节？

关键部门负责人：审批流程的基本需求理解是到位的，审批人配置的需求也非常实用，满足业务部门的要求。关于第五个节点问题，原先业务签字一直是这样的，需要部门请示汇报，由副总裁给出决定。会后再答复项目组。

项目经理：今天是周二，按项目计划，本周五需要各位确认该需求。关键需求点今天会议都已经讨论到了，项目组周三将把整理的需求说明书发给大家进行初步确认。关于第五个节点问题，我们还是建议缩短到四个节点。在第四个节点，由技术中心主管审批通过或拒绝时，系统可以提供邮件抄送通知给技术中心副总裁。今后都是电子流程，整个过程透明可追溯，满足部门审计需求。对于系统来讲无论是四个节点还是五个节点，实现都是一样的，没有技术难度，但从实施咨询顾问角度看，即使副总裁及时审批，短则有一天的延期，长则数天，毕竟他业务繁忙，经常出差。因此我们建议除去第五个节点。希望业务部门同事周四前能给出答复，周五项目组将根据反馈，给出该需求的最终需求说明文档，邮件发送给各位，请大家回复确认后，项目归档，作为蓝图方案的设计依据。大家还有其他建议或意见吗？

关键部门负责人：正如项目经理刚才提到的，副总裁的确比较忙，这几天还在外地出差，所以没有把握周四前给出反馈，只能尽量向前赶。

项目经理：这个项目周期很紧张，周四先请大家确认关键流程需求。关于节点优化事宜，约定周四给出反馈，最迟可到周五上午，留点时间给项目组修改文档以及业务用户反馈需求确认。如果大家没有其他建议或反馈，我先总结下本次沟通会议的要点：一是大家对流程理解一致；二是周三初步确认需求说明书，周五最终确认；三是请业务部门周四给出节点优化反馈意见。会后项目组会发出会议纪要。今天会议到此结束，谢谢大家的支持。

项目经理会后按会议模块整理好会议纪要，发送给会议出席人员，并抄送给未出席的相关人员。

作为练习作业，读者可以按上面的会议纪要模板，根据本次案例内容，拟出本次会议纪要，并考虑如何组织邮件的正文内容。

第 6 章

量体裁衣，方案搭建

业务需求、非功能需求明确后，意味着"做什么"已经达成了一致，项目接下来的工作重点就是"如何做"，即针对需求细化解决方案。虽然在蓝图方案沟通确认过程中，对需求还会有变动，甚至出现需求中止或变更，但本阶段的主要矛盾是"如何做"而不是"做什么"，在工作中需抓住这个要点，防止把精力又分散到上一节点"需求分析"，导致原地踏步不前。同时项目负责人要意识到本阶段的主要工作对象是关键用户，而不是管理层，工作方式方法需要进一步下沉，不能"浮"在空中。

系统方案蓝图以需求分析说明文档为主要输入，完善并确认业务今后的"TO-BE"场景。虽然解决的是"如何做"，但是签字确认主体仍是业务部门，描述角度与语言仍然是从业务角度出发。该阶段开展的工作主要体现在以下四个方面。

（1）系统定位：业务方案应用建设成功后，在公司信息化框架中的定位；
（2）最核心的是业务流程功能详细规划：界面原型与业务用例等；
（3）系统架构规划：硬件架构、系统软件应用架构以及软硬件清单；
（4）非功能需求方案规划：系统用户权限、实施、运营支持策略规划等。

6.1 项目系统再定位

项目可行性分析报告中虽然会涉及应用定位内容，但从业务角度来看，发起阶段不必切换到系统应用角度进行具体描述，即使是在招投标阶段，企业也没有将信息化框架规划公之于众，究其原因，一方面是为了保密，另一方面是也的确没有必要。当项目进入蓝图方案阶段时，其需求状态会由不必转变为必须。蓝图方案中的两大核心内容：一是业务流程规划，二是系统架构规划。前者承接需求分析阶段进一步细化，后者则是体现"业务为核心，技术为支撑"的双轮驱动原则，并从技术角度给出整体规划，使之遵循公司信息化战略，从而为公司发展战略战术赋能。

业务蓝图制定采取的原则建议是先"看远"再"看近"。"看远"指的是业务方案顾问拿望远镜向远看目标，蓝图规划符合企业整体战略框架以及项目立项目标，看清系统应用大厦全貌；"看近"指的是业务团队拿放大镜向近看细节，组织众多坚实的细节砖块建立起系统应用大厦。例如，图 6-1 是某企业从订单到现金流方面相关的应用支撑系统，客户计划对生产车间进行改造，利用物联网技术，把加工设备互联互通，建立新一代的工业数据实时采集与监控系统。该图可以清晰地把该新应用在企业运营中的地位及作用表示出来，即使是初步接触项目的管理人员，也能快速理解项目规划的业务出发点。

图 6-1　某企业从订单到现金流方面相关的应用支撑系统

企业已经制定了中长期信息化建设路线图，对应用系统有较详细的规划，可借用整体规划图，标示出该项目是填补或完善哪些应用，作为公司信息化全局拼图的一块，可以达到同样的规划定位目的。

项目系统应用定位为后续的业务流程规划与系统架构规划给出了清晰的方向与边界范围，起到灯塔的指引作用。

6.2　信马由缰到此为止

如果把信息化项目比作建设一座房子的话，那么业务流程规划则是这所房子的承重水泥主框架，业务流、信息流、资金流三大维度则是主框架里的三股钢筋，任何一股钢筋不到位都会影响房子的坚实度。当钢筋混凝主框架一旦搭好，而随意去掉某块基柱或是增加某些临时支柱，同样也会影响到房子的坚实度以及耐用性。如果这种变更比较多的话，就会与最初的房子搭建构想越来越偏离，就像计划盖一幢别墅，最后交付的可能是一座碉堡。这里引出业务流程蓝图规划的两大原则：一是找一条主线，贯穿两个方法作抓手梳理业务；二是把握住收与放的度。

6.2.1 蓝图规划一条主线、两个方法

一条主线指的是业务部门的核心需求对应的业务流与信息流，两个方法指的是精益思维与 MVP 方法。

蓝图方案制定过程的开始总是最难的，尤其是业务涉及多个部门时，团队会感觉头绪乱而无从下手，或者貌似工作开展得如火如荼，但实质上却都是边边角角的功能梳理，不会有突破性的进展。精益思维与 MVP 方法是帮助团队找出并抓住业务需求主要矛盾的得力工具。首先，精益思维对所有信息化项目梳理工作普遍适用，并且与项目目标追求相一致：降本、提质、增效。它引导我们在分析业务流程蓝图时，时刻盯住业务中的增值环节，识别出过时的或冗余的不产生增值的节点，采取措施进行消除。项目团队只有站在业务角度来分析、处理解决方案，才能与业务部门产生共鸣，使得方案更快得到用户的确认。其次，MVP 方法能让团队抛开枝节抓住业务主干，对方案蓝图要旨精确描述，并且在得到关键用户确认后，逐步迭代，丰富主干或枝节，形成最终方案蓝图。由于将确认工作分散到迭代过程中，整体方案审核通过时间将有效减少，同时风险也能有效地规避，在多个中大型信息化项目实践中也验证了这一点。

业务流与信息流是有先后优先级的，梳理业务方案主干时可不必同时看信息流；梳理业务分支节点时有必要同时看信息流。这是因为沟通讨论的对象不同、时间点不同，采取的方式不同。首先，顾问团队在与关键用户沟通主干业务时，此时主要对象通常为业务主管，项目顾问需要暂时抛开信息系统的束缚，以业务视角来理解业务本质诉求，达到先理解管理层的想法与意图，再根据项目实施经验引导用户的目的。这也是"知彼解己"习惯在实践中的真实应用场景。在没有深入熟悉业务主干需求前，不能用信息流的技术方案的边边框框束缚住业务优化思路，毕竟技术是为业务服务的。其次，顾问团队在与用户沟通分支节点时，必须采取收的策略，不能任由用户扩展需求，把次要业务目标需求按主要目标来对

待，主次不分。如果项目所有成员都有时间、预算成本意识，清楚团队是在有限资源条件下，完成有限范围内的任务，就更能理解为什么采取这样的措施进行蓝图规划分析与制定。

原则与方式方法应用过程涉及顾问如何"收与放"来引导用户并主导进展，下面结合实例进行详述。

6.2.2 蓝图规划收与放

项目团队在制定方案蓝图时，要灵活运用"知彼解己"与"同理心"等工作沟通方式，无论是采取"开口"问题引导群策群力，还是采取"闭口"问题将不确定问题导向明确结论方案，顾问需要能让用户有"参与感"，用户也能意识到他们正在影响或主导方案的制定，意识到大家工作方向与目标是一致的，顾问是在帮业务部门解决问题。然而这正是中大型项目最难做的事。

首先，团队内部工作模式问题导致用户对团队失去信任，无法与大家产生共鸣和同舟共济的参与感。对于中大型项目，顾问团队成员比较多并且往往来自不同的部门或小组团队，在方案讨论分析任务安排时，又被重新分成一个个小组进行业务沟通与分析，团队内部沟通交流容易出现障碍。在项目群管理中，该问题更为突出，在后续有专门章节探讨项目群管理，本章仅就蓝图阶段制定方案过程中的顾问有效的工作方式进行讨论。比如，在某信息化项目中，采取了分包制，3个功能大模块分别由 3 个不同的服务供应商实施，统一由企业方项目负责人协调管理。在方案阶段讨论到功能之间的关联时，"各自占山头"的小团队现象特别明显，参加讨论会时，开会不到 5 分钟，即使是第一次来参加会议的关键用户也能立即分出谁与谁是一个"小团体"，并且关键用户可以明显感觉到各小组出发点都站在自己小团体的利益视角，而忽略了关键用户群体的业务收益与他们的迫切需求。关键用户说的最多的话就是："你们内部先达成一致再找业务部门来讨论。"团队内部工作模式是首要解决的工作，内部有争议是正常的，但在与关键用户沟通时必须以团体姿态展现在他们面前，赢得业务部门的信任，这是方案规划工作的首要前提。

其次，参与感这个度不容易控制，要求业务顾问做到看上去对用户影响方案是在"放"，实质上主动权始终把握在自己手中，是在"收"，这对顾问团队的要求非常高，客观上有不小难度。回顾下项目发起阶段组织架构以及成员的确定，前面的基础工作是否扎实，直接决定了该阶段的执行力。项目负责人/项目经理不能奢望资源充足、要风得风、要雨得雨的理想情形，此时能给项目负责人以力量的是"积极主动"的心态与有效的管理方式方法，面对客观现实，实事求是且积极进行团队建设，鼓舞士气且敢于放权给成员，让项目成员在一次次方案沟通讨论过程中，逐步掌握收与放的工作方式。团队要主动地创造条件来克服客观上的这类困难，锻炼队伍，让成员有所得，取得各方共赢。这对项目负责人/项目经理来说是不小的挑战，但也正是这个角色让团队有存在的意义与职责。

即使在资源充分、团队和谐的情况下，方案制定与确认也非易事。斯塔夫里阿诺斯的《全球通史：从史前史到 21 世纪》里讲过南美印加帝国拥有广阔的土地、富庶的金银，数万将兵都俯首听从帝王的命令，过着平静的生活。然而它在 16 世纪中叶被西班牙不到 168 人的队伍打败，最终帝国崩溃。越是表面平静的湖水，越是隐藏着风险，更需要项目负责人谨慎计划任务与行动，这与古人所言的"人无远虑，必有近忧"是一致的。对于中大型项目，若蓝图阶段制定的方案出现偏差或重要遗漏，开发与测试阶段就算出现小问题都有可能出现方案推倒重来的重大事故，对项目工期、成本资源的影响巨大，甚至项目会因此失败。

业务蓝图方案规划无论是"收"还是"放"都只是手段，服务于业务，团队明确这一点是掌控这个方式的不二法门。例如，在某企业，人力资源部门负责人计划升级 HR 管理系统以应对公司 SOX 审计管理。目前，系统顺利通过立项阶段，并推进到方案制定阶段，项目团队在需求规格说明书中给出的明确需求为审计业务要求：确保 HR 薪资发放流程节点由不同角色负责，同一人不能同时担当流程中两个以上角色，该业务需求是本次优化项目的主要需求之一，需要先与业务部门、审计部门沟通流程节点控制优化方案。很快，团队与业务等部门对流程节点定义、流程节点退回及重新提交方案以及角色资源安排达成了一致。由于这是外部政策规定，项目必须采取"放"来完全理解并设计业务解决方案。在最后确认环节，审计部门与业务部门提出为确保流程的绝对安全，一致要求对流程中涉及的 HR 系统人员工资、奖金分配等敏感数据进行加密存储。此时因为业务部门已经超越了其视角，直接抛出方案（加密数据），顾问团队必须采取"收"的策略，防止方案制定中人为地引入不必要的"镀金"功能设计。项目经理组织了专题讨论会，除业务用户外，还有 IT 技术专家顾问。项目经理主持讨论会，再次确认业务部门本质需求，即流程控制业务需求与系统安全非功能性要求。在大家对业务需求理解一致的前提下，开始请专家顾问分析用户提出的"加密数据"方案的可行性。专家解释要加密数据就要解密数据，解密数据就需要密钥，由于目前系统是客户端服务器传统的服务器/客户机（Client/Server）架构，意味着每台客户端都需要存放密钥，增加了安全隐患风险。顾问指出业务部门其实关心的是数据安全，没有授权人不能修改数据，至于加不加密等技术方案并不是他们的本意。最后顾问从其他项目经验中给出了数据安全防范方案，各方对最终的业务解决方案达成了一致，确认通过。从这个例子中可以体会到前面讲述的方法具体应用。

6.2.3　综合应用业务蓝图案例

某公司的中国区采购中心为了进一步降低采购成本，避免"独家供货"带来的经营风险，决定通过信息化手段打通生产器件原料采购、技术设计验证等业务流程环节，在全球范围内寻找替代物料制造商，引入企业合格制造商清册名单中，各生产线产品设计研发以及批量生产优先从中选择，从而在保障质量的前提下，整体上加快产品制造生产周期。在蓝图设计阶段采取了泳道图方式，描述了业务部门之间在系统信息支撑下的协作主线流程，参见图6-2示例。

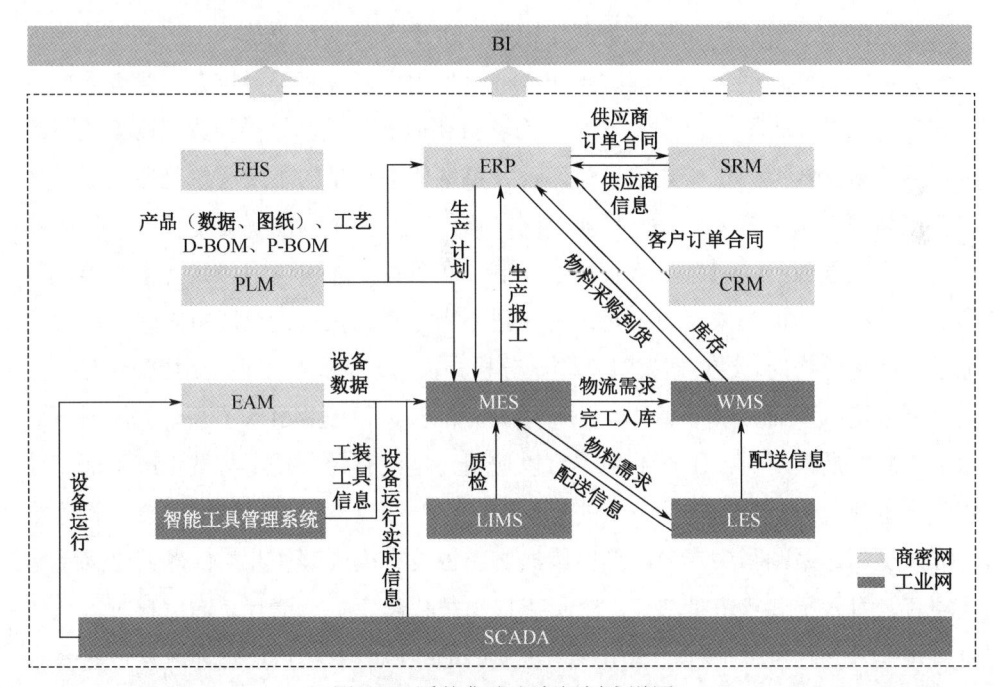

图6-2　系统集成方案规划泳道图

项目团队首先罗列出涉及的业务中心部门（全球采购中心、技术研发验证中心、生产运营中心），其次采取MVP思路，描述出当前线下正在采用的业务流程

(AS-IS)，最后业务顾问结合支撑信息系统条件优化业务流程（TO-BE）。

一是在没有系统支撑前某些操作只能采取当前模式；有了信息系统赋能后，操作流程得以改善优化。在该案例中最明显的是替代物料可行性分析业务流程得到了明显的加速。寻源采购员当获得某一物料源且能拿到更好的价格时，由于各部门计算逻辑不同以及无法取得及时、准确的物料预测数据，所以在计算成本节省方面得到的回报常常受到质疑，导致启动新制造商/供应商认证流程缓慢，最长的达一年之久。而新的业务方案中，成本值的计算公式与逻辑在全球各业务部门达成了一致，并且计算所使用的数据源也全球统一，即从各应用系统中自动获取，没有人为干预。提出申请部门与审核批准部门的标准与规则透明一致，加上信息系统直观地显示审批节点进度，将有效地缩短器件认证周期，从而达到项目主要目标之一：降本。

二是通过梳理过程来纠正当前流程中由于惯性或其他特殊原因导致的不合理的操作模式。在项目团队讨论业务方案时，关键用户有时会说他们也不知道现在（AS-IS）为什么是这样的流程，公司很早之前就这样运行了。这是蓝图方案设计中经常遇到的现象，即业务多年动作积累，由于人员变动更替，一些临时措施被后续人员想当然地认为是合理的操作而继承使用，若没有外界推力，没有人愿意打破当前的"舒适区"，主动去变化。而项目团队就要关注这类现象，避免线下流程直接照搬到线上的机械式信息化建设。该案例中典型的主线场景是通用器件物料管理问题。由于该公司采取事业部制，不同产品归不同的事业部管理，但采购与生产是功能部门，服务于所有的事业部。在以往工作中，生产线会不时出现产品质量问题，分析下来有30%是因为原料不当导致的，但检查原料来料入库各项记录却都是合格的，经过研发设计团队分析，认为该批原料不适合用到该产品上，根本原因是A产品线为了降本，进行了充分的验证，最后引入了某替代原料。而由于该原料是共用料，B产品线也可以使用，但没有经过技术与试生产验证，导致此类事故发生。然而在接下来的工作中各生产线仍然按自己的管理模式管理物料准入机制，采购与生产中心部门屡次协调也没有彻底解决此类问题。借助于本次项目，引入了并行审批节点，当员工提出替代料审批申请且是通用料时，系统将直接发起并行审批流程，使用该物料的产品线同时发起认证管理流程，只要有某一条产品线审批不通过，则禁止该物料的采购。新规划的业务操作流程可有效地解决通用器件物料共用引发的产品质量事故。经过几次迭代更新核心业务流程模型，主流程框架与各业务部门达成了一致。

三是借鉴业界类似项目的经验，提出进一步的优化方案。考虑到项目跨多部门进行，并且涉及多个当前应用系统集成，项目组借鉴信息化集成项目案例，对器件物料引入过程提供了端到端的业务解决方案：从最开始的物料编码到最终生效进入采购合格制造商清单，与前后相关系统在数据流上打通，同时约束了本系统的输入，以及把本系统审批输出作为其他相关系统的唯一数据源，规划其他应用系统只能从该数据源引入原始数据，保障了企业业务主数据的唯一性，进一步规范了业务操作，提高了流程的整体效率与数据的准确度。

四是从主业务角度梳理方案，进一步完善信息流、资金流，打通主过程中基础数据链，从应用系统角度验证业务方案的可行性。当业务角度达成一致时，项目顾问需要转换思维与角度，分析应用系统数据的可行性。第三点中举的例子也体现了数据流分析过程中系统之间数据接口集成方案。在方案规划阶段，相关系统集成一般都会对其他应用有变更或功能增加需求，在沟通讨论方案时，必须得到其他应用的确认，重点有三项内容：一是业务数据信息的可用性；二是如果需要其系统变更，项目需要确认资源可用性、工期符合度，这将影响项目的整个工期；三是技术方案可行性，就实施技术达成一致。相关系统集成规划将在后续章节详细讨论。除集成数据方案外，更多地需从前后节点系统内部数据交互角度去分析。在主线方案规划时，不必细化到所有数据信息，只需列出关键数据项即可。该案例虽然没有涉及资金流，但所述方法是通用的。

五是在沟通验证主业务流程可行性过程中，推荐一个简单且有效的方法：场景/人/物模拟法。在与用户沟通讨论之前，顾问们首先假设自己是业务用户，依次切换不同的用户角色，模拟进行业务操作，检查流程是否行得通。拿上面例子来说，顾问先假设自己的寻源采购员提出申请，对上下游业务信息进行验证，然后进入下一业务节点，同样假定是当前业务用户，对前后上下业务信息进行检查确认，直到主线业务流程结束。其次，假设你是 IT 信息系统本身，按业务节点核对系统所需数据，核对自身向下游提供的数据可用性。最后，如果有资金流，则假设你是业务资金本身进行同样的验证。注意一点，模拟切换成不同的角色或系统时，务必连视野与评估标准一起切换。该方法不只适用于方案主线，同样适用细化方案业务详细用例。系统功能验证能够确保系统界面、业务功能操作 UI、UX 的友好性。

6.2.4 系统集成是方案设计的焦油坑

信息化建设中主要特征之一就是系统的互联互通，消除信息孤岛，通常这也是项目发起目标之一。然而实际执行中，多数项目存在预算成本与资源安排不足、考虑实现过于简单、集成相关方协调工作复杂度常被低估等困难，造成项目团队面临在预算吃紧的情形下临时调配资源，加班成为赶工的不二选择，最终可能项目能交付（即使没日没夜地加班仍会有不能按期完成的可能），团队却到了"一鼓作气，再而衰，三而竭"之"三而竭"的地步，这也能解释为什么有的项目成功，人却纷纷离开的现象，这是不折不扣"吃人"的焦油坑。

在蓝图阶段，系统集成主要是响应需求分析阶段分解的项目依赖项，以及在蓝图框架规划中识别出来的系统间数据交互。与后续的接口详细设计相比，此时更关注的是系统会在何处何时被使用或被调用，明确互相依赖关系以及信息流关键数据流。继续以上面项目为例，图6-2是其集成方案规划泳道图。

图6-2清晰地标明了与本次项目相关的系统，比如合格制造商清册信息管理系统（QMMS）、公司主数据管理系统（MDM）、产品数据管理系统（PDM）、企业资源计划管理系统（ERP）等。以物料编码为主线的数据流明确标出，其中箭头方向的是数据引用方，箭尾处指的是数据源提供方，在方向直线上标明的是何类业务数据进行交互。本项目更需关注指向自身的箭头数据——每个箭头意味着一类依赖项，以及其业务数据的可用性是否对本项目的工期有直接的影响。顾问团队针对每一连线代表的数据流与相关系统支持团队和与之对应的业务用户沟通，以确认数据的可用性。之所以请其业务用户同时参与的原因是，在实践过程中发现系统支持团队对业务的数据把握不准确，使用用户对数据更加敏感，他们虽然说不清后台存储数据的形式以及数据库字段名，但他们能从业务角度精确描述业务数据项。在与其他系统沟通集成方案时，根据数据可用度可分为以下四种情况。

1) 本项目业务所需数据在关联系统中不存在；
2) 所需业务数据在关联系统中存在，但没有现成接口可用；
3) 所需业务数据未在原识别依赖系统中，需新增功能；
4) 所需业务数据在关联系统中存在且已有现接口可用。

第四种情况自然没问题，针对前三种情况，第一、三类需要专题优先跟踪讨论，其次是第二类。下面重点讨论这三类情况的解决措施。

（1）本项目业务所需数据在关联系统中不存在。

需求分析阶段会初步收集相关依赖系统信息，然而在蓝图方案阶段发现所需数据在关联系统中不存在是常见处理问题之一。项目组对关联系统发起变更申请，并按项目主计划给出变更工期要求，协调系统支持团队制定相应子工程任务计划。由于是属于已识别系统，系统变更可以采用各项目预留预算来实施，项目团队更多的是关注依赖系统按期上线完成，因为新变更会涉及新的业务操作或流程，从其上线使用到稳定也有个时间过程。从依赖项管理看，应要求该类变更提前上线使用，方能保障本项目的按时上线。

（2）所需业务数据未在原识别依赖系统中，需新增功能。

此类情况不多，但一旦遇到就属于棘手问题，很难处理，因为可能没有额外预算来实施，而申请预算流程在企业中周期不短，势必会影响项目的整个工期。项目团队此时首先要将重点放在协调项目变更委员会尽快落实预算，推动变更落实行动计划方案。另外，项目管理团队需更新风险控制清单，将其列为高风险项跟进。对于对项目工期有明显影响的项，可采取专题形式，邀请关键干系人高频次沟通解决。

（3）所需业务数据在关联系统中存在，无现成接口可用。

此类情况是常见处理问题情形之一。与第一类相关，由于不存在业务操作或流程的变更，集成实施风险与难度都少。与其说是业务集成，还不如说是技术接口集成，只要有合适的技术可用，风险绝对可控。在实施过程中，由技术顾问主导，对业务用户透明，无须过多参与。比如，某物流发运跟踪系统，其发货单来源于 ERP 系统，所需发货单编号、装箱具体数据都在 ERP 中，但没有类似接口可用。项目团队与 ERP 支持团队经过沟通讨论，达成使用数据中间件传输数据技术方案，项目所需工作量可控，ERP 团队使用日常运维预算来实施，对整体项目成本、工期无影响。

项目团队在系统集成方案规划工作开展过程中往往有三个误区，项目负责人应借鉴历史项目经验教训，避开这些"雷区"。

误区 1：系统集成涉及相关系统的工作开展，本项目无须也无权过问其实施方案细节，出问题也不会找到项目身上。

无论是上游数据源的使用方，还是下游数据源的提供方，"集成"把大家的利益绑定在一起，项目负责人需要按"子项目"项目群管理模式来管理互联互通系统。无论是上游还是下游都处于被动改变与集成角色，项目负责人应积极主动管理,这是项目负责人的责任与义务。上游管理还容易理解,因为直接影响系统的功能测试与上线工期,而下游集成系统容易被疏于管控,认为其实施好坏并不影响本项目的实施成果,毕竟作为项目系统数据使用方,对上游项目影响貌似很小,但下游对数据使用得好,将有效促进甚至从一定程度上保障了上游系统的实施与推进,项目负责人应该充分利用这样的机会窗口,为项目整体实施效果加分,为验收创造条件。

例如,某项目实施方案功能包括生产车间现场包装及检验,同时将包装信息上传给ERP系统。后续实施过程证明了两者的互相促进:由于ERP系统获得了包装的具体信息,在后续发运管理环节可引用并校对这些信息,省去手工处理工作量,如果发现有问题会中止发货业务追责到包装部门;包装部门受到后续业务的压力,加强了对操作工的管理与培训,制定了现场奖惩措施,促进了项目的现场实施。

因此,上下游实施方案规划都应纳入项目范围,在蓝图阶段,明确业务集成操作流程与交互数据处理规范。

误区2:项目成员易犯的想当然错误,互相以为对方会做某项工作,结果哪方都没有做,导致方案规划工作出现遗漏,造成项目延期。就像配合不好的羽毛球双打选手间常出现的失误——甲以为乙会去接球,而乙认为甲会去接球,导致谁也没有去接。项目经理需要综合运用透明管理和"傻子"管理法来应对此类问题。所谓透明管理即上下左右及时沟通,对方按建议事项书面跟进以消除沟通障碍,一致确认后即作为双方约束执行,若想再对方案做任何更改,无论大小都须以书面更新确认为准。所谓"傻子"管理即避免想当然错误,以自己的经验及理解认为其他人也有同样的理解。毕竟不同的人背景和经验都不一样,项目团队在沟通方案与任务计划时,应谨慎全面地准备沟通内容。笔者在多年信息化项目实践中发现能做到这一点的项目负责人不多,因此需要特别引起注意。

误区3:各团队没有在同一频道上进行沟通,导致和其他团队对方案交付阶段的交付标准理解不一致。比如,各团队有自己的方案管理方式与标准模板,在方案颗粒度理解上有差异。项目负责人无须把自己的方案制定模式强加于其他团队,但需要向对方表明项目所关注的方案功能点,确保这些点都已经在方案覆盖范围内。

在某项目实践过程中,我们创造性地借鉴了编程接口概念,推出集成接口详细方案设计标准模式,各方确认该接口文档,至于各方如何具体实现这些功能，由各系统负责方自行遵守自己的管理规范实现，类似于编程时大家继承同一接口。

遵循"一条主线"原则，泳道图搭出来的是业务主线框架，是蓝图方案的基石，还需要采取"两个方法"来细化主线分支涉及的业务场景用例，形成详细的蓝图方案。

6.2.5 时刻盯紧目标的变更控制管理

变更管理控制贯穿整个项目工期，方案蓝图阶段常见的变更原因是方案沟通细化过程中，随着业务的发展变化，有些原始需求出现了变化，不再是业务的需要；或是受政策法规影响，必须新增控制需求等。项目负责人仍然是采取"基于协议，服务于业务"的原则，有条理地执行需求变更控制流程。

方案蓝图阶段的变更是相对于需求分析规格说明书而言，而非合同或SOW，因为后者是需求分析阶段变更参照物。项目执行过程必须采取步步为营、逐步推进的原则，如果下一阶段总是引用上一阶段的内容，第一，说明上一阶段的工作有疏漏；第二，项目团队在管理方式方法上不成熟，失去了阶段性推进项目管理的意义。

业务用户最厌烦的一条拒绝变更理由是：这项不在需求范围内，所以不予放在方案中规划。项目顾问务必站在业务用户角度来处理变更，大家在同一频道好沟通。对于已经过时的需求，书面终结该功能点，并以会议纪要形式通知各方项目组决策结果，至于涉及商务则交出商务部门与销售进行沟通。对于新增需求，同样理性沟通业务方案，给出成本、工期影响分析，按项目变更流程决策。

此时变更风险仍然是项目周期与管理决策流程之间的矛盾引起的，项目方案阶段平均用时三个月左右，如果变更流程涉及商务流程，有时多花费一个月也很正常。项目负责人如何平衡需求变更与项目的正常执行？无论信息化项目实施主体是IT中心部门还是第三方合作服务商，此时不能搞平衡、折中。因此假设信息化项目实施主体是IT中心部门，少量开发设计外包资源，此时项目组重点关注变更流程对项目工期的影响，如不严格控制，将导致项目拖期，影响实施效果；假设实施主体是第三方服务供应商，则更关注于需求变更引起的商务流程的协调工作。一般商务或法务介入后，问题解决的时间比较长，并且如果商务达不成一致，项目资源将无法保障，整个进度直接受到影响。对于后者情况，项目负责人在进度、商务、风险之间要全面考量与协调,注意是协调而不是妥协,不能为了进度,让商务受损;或为了商务,放下进度。本着职业精神与责任心,实事求是地遵守变更流程,至少要拿到各方的书面备忘录,再予以进一步行动。需求变更是项目失败或延期的主要诱因之一,在蓝图阶段正确把握好各类需求变更,是项目负责人的最关键职责。

6.3 最有效的沟通——看图说话

有了蓝图方案框架作为指导,接下来就是通过详细方案设计来丰富、完善蓝图骨骼,形成用于指导详细开发设计的说明书。首先,项目团队应再次明确本阶段服务的主要对象与目标,正确认识当前的工作重点:服务于业务部门关键用户,使各方对项目需求解决方案达成一致,作为阶段性交付成果,这将指导下一阶段工作的正常开展并作为验收衡量标准。其次,根据本阶段工作的主要矛盾特点,采取以下针对性措施:

(1) 继续以业务视角和业务语言描述解决方案。

蓝图方案是由业务用户签字确认的关键书面交付物,也是项目里程碑完成的主要依据,项目业务顾问尽量避免夹杂技术术语来描述业务详细操作。比如说描述业务用户提交申请操作,常见的技术顾问业务操作表达方式是"业务操作员填写完必输项(有*号项),可提交后系统保存数据到数据库,流程到下一步骤,也可临时保存为草稿到系统数据库中,以后可再次调出编辑后再提交,当然也可以作废该申请,系统不保留任务数据。当操作有问题时,系统将弹出消息框(Message Box)。"这样的描述对程序开发者或许是件好事,但对于用户就会费解,不容易理解,所以需要切换到业务用户视角进行表达:"业务操作员填写完必输项(有*号项),可提交到下一步骤,也可作为临时草稿以后提交,当然也可以作废该申请。"在操作过程中若出现异常,需有对应操作提示以指导用户如何获得帮助来完成该步骤操作。

(2) 采用界面原型方式,让一般用户与 IT 专业顾问保持在同一频道上沟通。

项目顾问在设计方案以及与用户沟通过程中,最常见的错误就是"以为"别人与自己有着同样的背景知识,然而方案描述在顾问头脑中的场景与业务用户脑海中的想象场景完全不同,造成同样的一句书面描述语,仍然会产生歧义与误解。因此"看图说话"形式的界面原型法成了沟通的有力工具手段。它可以将所有人拉到同一理解背景线上，消除理解差异。

（3）角色模拟法和 MVP 方式更适用于业务详细设计工作。

在进行详细方案设计时，项目顾问将自己代入角色，采取角色扮演方式让自己站在业务用户角度审视操作流程可行性、合理性。例如，当用户提交出错时，常见的提示设计是"系统出错:Stack overflow/Objective reference error"，紧跟着一大堆技术术语。如果将自己代入业务操作员角色，出错提示不应是这样的，因为用户根本看不懂这些所谓的出错提示，需要改成"系统出错：×××业务数据录入出错"等。另外，代入模拟法更加关注操作的合理性，比如以下业务场景：一名财务人员处理报销单据，每张单据上都有条码，财务人员只需要扫描一张张单据上的条码，系统核对单据没有问题，则允许财务人员扫描下一张；如果有则报错提示。站在技术角度，通常设计该场景时，在出错情况下弹出大的对话框，告诉用户那张单据出错了，出错原因是什么。然而采用角色模拟时会发现在实际工作中，财务人员手头上往往有多张处理单据，埋头一张张扫描，出错后通常把单据放一边，然后在电脑上把出错弹出对话框关闭，继续扫描。因此在项目顾问代入业务操作场景模拟时，就会发现有操作效率问题，经验丰富的资深顾问会修改详细设计操作场景，将出错提示用红色字体显示在名为"操作日志"的区域，这样财务人员可以连续不断地扫描单据，完成后根据"操作日志"红色告警提示，对出错单据进行单独处理。

详细方案设计同样需要采取 MVP 思路，先抓主体操作流程设计，然后是异常分支，不断迭代多次才能得到用户的确认。还有一点在详细方案规划中非常关键，即除对操作流程场景划分优先级外，在时间分配上也要区分主次。在多个实践项目中，项目团队有时会在一些非常罕见异常的场景上花过多的时间来讨论解决方案，然而这些场景有可能系统一年也不会遇到一次。对这样的业务场景，最好是简化措施，甚至人工介入处理方案，只需步骤明确，用户（业务用户与信息化支持人员）能上手处理解决这类场景就足够了。毕竟项目工期有限，必须把握住主要矛盾解决主要问题。就像考试中花了大把时间在一道选择题上，导致大题没时间做。项目负责人应该时刻提醒团队项目按时交付的重要性。这就是为什么在项目启动章节的周报实践案例模板中，始终把项目里程碑计划放在周报最开始的原因，不仅能让项目团队有工期意识，也使业务部门用户有同样的意识。

（4）沟通结论，书面备案沟通。

与用户沟通注重书面备案通常能促使业务用户认真对待。常见的现象是团队开会沟通都一致通过，但一旦落实到书面且请业务用户签字确认，他们会犹豫并仔细地审视检查，更好地对方案负责与把控。项目组草率地对待方案确认，同样用户也会草率地对待项目及方案，最终影响项目进度、成本以及质量，如功能无法使用导致项目延期等。书面让用户沟通确认，也是增加用户的"参与感"，融入项目大团队的方式，让关键用户意识到，他们也对项目的成败负有直接责任。与专业的实施顾问团队相比，用户的背景、素质不一，不能理想化地期望他们自觉担负起项目的职责，实施团队的积极引导是关键，这也是体现专业顾问价值所在。

在详细方案设计理论指导上，阿利斯泰尔·科伯恩（Alistair CockBurn）的《编写有效用例》(*Writing Effective Use Cases*)非常经典；实践应用中，众多信息化项目借鉴了其方式方法，甚至是使用其中的样板案例来开展工作。下面将结束实际案例来介绍详细蓝图方案的规划设计，该案例直接借鉴了上面书籍提供的样式与思路。

6.3.1 用对方的语言去描述场景用例

先看某项目实践的业务场景用例（表6-1）。

表6-1 某项目实践的业务场景用例

用例编号		R02-F01-001	
用例描述		该功能详细描述了每月薪资发放审核节点操作	
主执行者	薪资主管	相关干系人	财务会计、工资核算员
触发条件		工资发放员已经提交审批，进入审核节点且用户具有薪资主管角色	
前置条件		工资核算员完成当月员工薪资、四金等计算	
成功后置条件		系统执行封账，审批流程结束完成	
失败后置条件		系统对薪资数据状态不执行任何动作	
	步骤	操作活动	
主线场景	1	薪资主管： a) 登录HR系统，在"待我处理"菜单中，查看待审批清单项 b) 或在收到审批邮件后，查看邮件并直接点击审批，埋掉待审批项	
	2	薪资主管： 检查薪资数据，审批同意发布；审批不同意转扩展场景A	
	3	同意发布执行成功，不成功转扩展场景B 1. 提示用户"审批成功" 2. 执行封账动作，薪资数据不允许再进行更新修改动作 3. 记录审批日志，同时邮件通知财务进行薪资发放，邮件抄送给薪资主管	

续表

步骤		操作活动
扩展场景	A	主管审批不同意： 1. 薪资主管给出不同意原因 2. 流程退至前一环节，邮件通知工资核算员重新提交发放申请 3. 转提交发放审批用例
	B	1. 系统根据检查规则，给出相应提示，格式为"×××故障，请联系系统支持人员YYY"；后台记录错误详细日志 2. 系统不更新薪资状态 3. 系统技术人员检查原因，恢复后转主场景第1步骤：薪资主管审批
界面原型	审批界面	
发生频率		每月/季度等
涉及公共业务用例		1. 业务权限验证及无权限处理标准用例 2. 业务操作日志标准用例 3. 系统操作日志/错误日志标准用例 4. 邮件业务通知标准用例
未解决问题		无

6.3.2 用例格式

用例格式基本参考了科伯恩书中的经典型格式，并结合项目实践进行优化。下面对格式中的每项展开描述。

（1）用例编号。

建议格式为"需求编号+主业务功能点编号+用例"顺序号，有利于需求映射跟踪与分类。

（2）用例描述。

业务场景功能点描述，辅助业务完成流程操作。

（3）主执行者。

业务场景负责人，系统功能点直接用户。项目组主要负责业务对象，重点沟通主体，方案详细设计用例确认方。

（4）相关干系人。

业务用例征询用户群，对场景用例有建议权，但无须对方案签字确认。

（5）触发条件。

业务进入该场景的满足条件，对业务上下文描述，有利于后续开发设计人员正确地设计与控制业务流程点。

(6)前置条件。

该场景业务前序节点成功保障,对业务上下文描述,有利于后续开发设计人员正确地设计与控制业务流程点,以及测试用例的设计与验证。

(7)成功后置条件。

该业务场景操作成功,应用系统应该完成的事项。

(8)失败后置条件。

该业务场景操作失败时,应用系统应该进行的功能事项。

(9)主线场景。

业务操作一切正常的情况下,业务流程对应的场景。项目团队应把精力放在主线场景的整理与分析上。

(10)扩展场景。

主线场景引发的分支场景。如果按业务场景日常实际使用频次的话,分支场景正常情况下与主场景操作应该占比在20%以下。在场景设计过程中如果出现分支场景涉及过多业务操作,不宜再放在该业务场景用例描述中,建议新建用例,此处直接引用它们的编号。此类情况表示所谓分支也是一条主线场景。

(11)用户界面(UI)原型。

用户操作关键要素展现,主要是为了和业务用户保持在"同一频道"进行沟通,因此界面与最终交付会出现差异,但关键要素不能出现差异或遗漏。

界面设计制作工具有多种,推荐使用AxureRP软件。

(12)业务场景使用频次。

场景使用频次有助于项目工作开展优先级安排。

(13)涉及公共业务用例。

此处信息主要是为后续开发设计人员服务,在具体实现过程中,团队建议公共标准服务,业务点实现时直接引用。

(14)未解决问题。

在业务方案设计沟通确认中,存在未解决问题。

对于此类问题,方案最终确认前须有明确结论:已解决、取消或有条件期限的带入下一阶段。有条件的期限指的是项目各方承诺该问题将于某个指定时间段内解决,如果到期未解决,则转取消状态,不再跟进。

6.4 业务场景彩排

项目组在与业务用户每次沟通确认前，应采取"彩排"形式，模拟用户场景操作，及时发现不合理设计且更正，避免沟通会变成讨论会，尤其是不要成为"头脑风暴"会。

项目负责人有责任为团队协调沟通资源：一间带有白板且不被人打扰的会议室。并且在沟通彩排过程中，所有人应放下手头其他工作且全身心参与其中。在彩排预演过程中，灵活借用结对编程方法，由实施顾问进行讲述，项目负责人安排其他顾问参评，有条件的话请不同模块的负责顾问加入沟通会，避免同组成员惯性思维，忽略设计上可能存在的业务漏洞。项目负责人作为主场景预演主持人，把握住以下三个要点。

6.4.1 提问节奏及解答处理窗口

整个过程允许及时打断提问，但针对预计花长时间的解释讨论的问题，放在回顾时间再沟通，除非该问题直接影响到后续业务方案的规划。

6.4.2 问题记录与回顾讨论

对过程中的所有提问逐一记录，顾问讲述完成后，安排回顾时间，对每个问题给出结论解答。对于无法达到一致的问题，重新安排时间进行专题讨论。

6.4.3 后续行动跟进安排

对于没有结论的问题点，按问题跟进模式予以处理，并明确下一次彩排时间。

涉及多小组团队共同工作，项目负责人应有意识提前预防成员冲突的发生。讨论中有争议是不可避免的，项目负责人要打造一个"对事不对人"的氛围，控制争论势头，不能任其发展为激烈冲突，并且辅导提高项目成员的表达沟通能力。比如，要求团队成员在讲话时，避免使用第二人称，而首选"我们""就事论事"，不能引申到人身攻击等。

项目团队需要在实践中掌握该方案制定模式，防止成为形式主义。在得到用户的确认等正面反馈刺激下，多数项目成员会认同并成为工作习惯，即使项目关闭后团队解散，再各自到新的项目中，也将能延续这样的工作方式。

项目中如果有应用场景彩排这一工作模式,则是"避坑"的实用指南,相信团队会直接受益。

6.5 业务蓝图的幕后功臣

业务蓝图详细方案制定的同时,项目团队将根据信息化项目需求中的非功能需求,细化应用系统 IT 基础架构设计。系统架构是整个系统的基石,是信息系统成功建设的关键一步。遵循优秀的设计原则从一定程度上可以确保系统架构的成功,以下五条重要原则是笔者多年实践总结而成,值得参考与借鉴。

6.5.1 不要重复造轮子

任何企业在信息化过程中都会建设数个甚至数十个信息系统,用于支持从订单预测、合同管理,到物料采购、生产制造及发运,以及售后服务、财务信息系统/信息技术(Information System/Information Technology,IS/IT)和自动化办公等公司业务。系统在建设初期要有良好的规划,因为每个业务系统的运行时间不同,且常常由不同的软件硬件供应商负责开发设计,如不加以管理,系统架构会因系统的不同,造成多样性现象的存在。最直接的影响是增加了公司信息化系统管理工作的复杂性,加重 IT/IS 信息维护与日常运营支持的负担,增加运营成本。通用性除提高支持人力资源共享外,在系统资源方面也会提高共享能力,这与软件能力成熟度模型集成 CMMI 的可重用能力是一致的。

新建立系统务必遵循通用性原则:选用的 IT 技术在公司层面具有普遍适用性,架构设计采取通用模块设计(无论是硬件还是软件方面)。

企业在以下七个模块可以统一规范标准化。

1. 系统登录及验证

如果单点登录(Single Sign On,SSO)是在多个应用系统中,用户只需要登录一次就可以访问所有相互信任的应用系统。若没有在企业内实施单点登录的话,至少需要提供统一的认证模块,各个系统也只需要引用该通用功能对用户进行登录验证。

2. 异常日志处理模块

异常日志处理模块的主要功能是快速查错,协助开发人员快速定位异常所在位置，进行分析解决问题。

异常日志分为两大类：第一类是系统功能异常引起的；另一类是由于数据异常引起的。第一类应该属于系统功能缺陷范畴，第二类则是数据逻辑意义上的问题。但最终用户都认为是系统出现问题，不能正常操作了，因此也需要记录成异常日志。

日志处理可以设置记录模式——用户本地端文本文件/弹出提示框；服务器端文本文件；数据库端保存；邮件通知。以上记录模式可以结合使用，也可只采取一种，一般不推荐只采取用户本地端的提示，因此多数用户看到提示没有概念，尤其是出错的详细提示，常常一头雾水。而技术人员也常常不能及时解决用户端的问题。建议采取数据库端保存与邮件通知结合的方式，可以辅助开发技术人员根据问题提示详细信息，找到问题根源并及时解决。尤其涉及跨国公司时，这样的机制作用非常明显。

3. 访问日志处理模块

访问日志主要功能是从安全角度出发，记录系统的访问使用情况。日志可以分为两大类。第一类是系统登录日志，如记录哪个用户、什么时间、在何处（IP地址）对系统进行了登录操作。后台分析登录日志可以发现异常登录用户，尤其是长时间多次登录失败的记录，可能是恶意破译账号与密码，需要跟踪分析确保系统的安全。第二类是业务操作日志，如记录用户在何时、在什么模块、做了何种操作。这样做的好处有：一方面对于一些敏感、重要数据的修改有据可查；另一方面可以对访问进行统计，有利于分析哪些模块是常用的，哪些模块几乎是没有使用的，系统顾问根据这些分析日志可以有针对性地进行优化与改进系统，利用有限的资源做出更有效的信息系统，为企业业务服务。

4. 菜单显示控制模块

企业信息化系统以实用为主，应该避免华而不实的界面设计，菜单的显示处理模块是可以实现公司级的统一的，并且统一的菜单操作也会减少用户熟悉系统的时间，便于推广应用。

例如，菜单及界面双语显示，无论是一级还是二级菜单都可以动态定义，且在系统加载时动态实时获取与展示。

当然在企业内可以定义几套菜单显示模板，适当地增加一些变化。但前提是实现的机理要相同，必须易维护。

5. 用户权限控制模块

通用用户权限控制模块比较容易统一标准化，一般分为功能、组（角色）、用户三级控制，功能可以分配到多个不同的组（角色）中，每个用户可以属于一个或多个不同的组（角色）。

如果从数据维度加以权限控制就比较难以统一，比如同一功能点，用户看到的界面与操作都是一样的，但可以操作的数据却是不同的。不过可以把数据维度也抽象成不同的角色，按上述原则统一管理。

6. 数据库访问模块

该层模块对用户几乎是透明的，但技术开发人员却十分关心它的实现。目前常见的问题是不同的供应商可能有自己比较成熟的访问模块，从企业信息化角度看，企业方需要强势推广一类通用访问模块，并要求各供应商必须遵守。在开发过程中可以不断改进与优化。

7. 其他公共通用功能模块

其他公共通用功能模块如加解密存储、数据批量导入导出、邮件发送等，虽然看起来都不会花多少时间，但项目规模变大或多个项目同时进展，会涉及多名技术人员写程序，如果每人都能利用这些通用模块，则节省的工作量不可低估。不只是开发工作量，测试工作量也会随之下降。

6.5.2 大而全与小而精的架构选择

架构简单适用，不是为了追求技术而使用新技术这一原则是有争议的。笔者认为如果读者注意到"为了追求技术"而使用"新技术"的前提，估计所有人都不会再争论，即所有人都在"一切为了业务提供更高效、性价比高的服务"这一点上对齐，达成一致。

企业信息化应用方案，成熟的、简单可行的架构有利于减少整个实施成本以及后期维护成本。例如，M公司的某系统经过多年开发和维护后变得臃肿庞大，不能适应企业业务发展变化新需求。M公司与A公司合作为该系统实施架构优化，其中模块通用性是优化的重点。然而在优化设计过程中，由于采用了过多灵活可配置与可选择的设计方式，维护人员使用起来非常复杂烦琐，随着维护人员流失与更换，导致后续接手维护人员花很长时间也没有弄清楚整个架构使用方法，而维护人员能力欠缺，并且没有那么多的时间去继续研究学习架构的应用，在进行二次维护升级时，只好抛弃复杂功能点，应用一些简单的功能来实现业务需求变更，导致优化的系统架构这个项目没有达到预期的目标。由此可见，架构通用性也因设计不简约，导致实际无法有效应用而打了折扣。

企业信息化需要创新，但不是盲目地创新与借鉴，必须是以简约实用为指导原则。简约意味着容易变化，更能适用企业经营过程中的日新月异的业务发展变化。尤其是在新兴企业或高新技术企业，几乎每年都会调整发展策略与方向，业务架构也随之调整，简约的架构更适合这样的企业。

适合的才是最好的，量体裁衣，按需来建设简约的系统架构，无论是从实施还是维护成本节省方面，都是极具价值的。

6.5.3 系统可用性是个无底洞吗？

无论是支持 5×8（每周 5 天/每天 8 小时）还是 7×24（每周 7 天/每天 24 小时），架构的可用性和重要性是毋庸置疑的。随着业务与系统结束越来越紧密，一旦系统出现停机，企业业务也将无法开展，甚至陷于停工状态，直接影响企业效益。笔者有次去 4S 店做汽车保养，结果维修人员告诉笔者系统坏了，无法做任何维修服务。

有些跨国企业的信息系统看似只需支持 5×8 业务，实际上也 7×24 才行，尤其是同时支持跨欧洲、亚洲、美洲的信息系统，可用性需要考虑 7×24。

系统的可用性可以从基础架构上做些文章。例如，如果是微软的 SQL SERVER 数据库可以使用 DB CLUSTER 方面，采取主备双机以实现一台数据库服务器出故障，另一台备机能自动切换成激活状态，而这一切对用户都是透明的。对于目前企业常用的 Browser/Server 架构，在 Web 服务器端建议使用负载均衡技术或设备（如 F5 硬件负载平衡或 Nginx 软件负载平衡），一台 Web 服务器出故障，系统自动让用户访问其他正常服务器，从而保障了系统的可用性。

6.5.4 消除系统"烟囱"的第一手原则

随着企业信息系统的建设，多个业务系统之间很容易形成信息孤岛，甚至数据出现"打架"现象，系统间的互联互通性是业务系统实施准备期就需要重点考虑的问题。

互联互通的一大特点就是系统间的数据互操作性，即系统 A 的操作结果直接作为系统 B 的源头，系统 B 操作处理完成后又有可能成为系统 A 的数据。对用户而言，数据的流向是透明的。通过系统间集成实现数据或流程共享，需要遵循数据源第一手的原则，即系统引用数据尽可能地从数据源取得，而不是从第二手或第 N 手的间接系统中取得。例如，系统 O 需要公司的采购订单信息，而该信息来自系统 E，而系统 M 也需要采购订单信息，此时从架构设计原则上看，系统 M 也应该从系统 E 中获得采购订单信息，而不是从系统 O 中取得。

该原则实质上是系统间数据一致性的问题。通过的中间环节越多，数据越有可能出现不一致的现象。如同"复制不走样"游戏那样，第一个人传给第二个人的话，再由第二个人传给第三个人……到了第 N 个人可能讲的已经和最初的话不是一回事。

6.5.5 跟随策略

系统架构是信息化项目这座大厦的支柱，架构确定后再修改会比较困难，从技术角度而言，几乎是相当于把房子拆掉重新搭建的程度。因此架构规划需要在稳定的基础上再加一定的前瞻性，至少在五年之内仍是主流技术。对于一般非互联网 IT 企业而言，选择业界主流的跟随策略风险小，投入产生的性价比高，比如前面所提到的数据上云、IT 安全等。当前越来越多的企业选择开源架构并借鉴互联网技术，快速搭建系统架构，这对于并发用户多、高数据量业务应用的确是很好的选择。对于高速发展的企业，该原则更为实用。可扩展性意味着从横向看，如果业务量增加、用户增加，系统可以提供不变的服务，如响应时间等；从纵向看，如果系统应该可以支持功能的增强或调整而不需要对系统做大的变动，从而降低 IT 系统维护与支持总成本。

6.6 系统物理架构设计案例

某项目在蓝图阶段制定的系统物理架构规划如图 6-3 所示。
整体规划体现了项目所有的非功能需求点：
（1）高可用性。
数据库使用了双机热备，本例中使用了 Windows SQL Server 2012 的屏幕常亮

（Always-on）功能，两台机器可以随时自动切换在线。

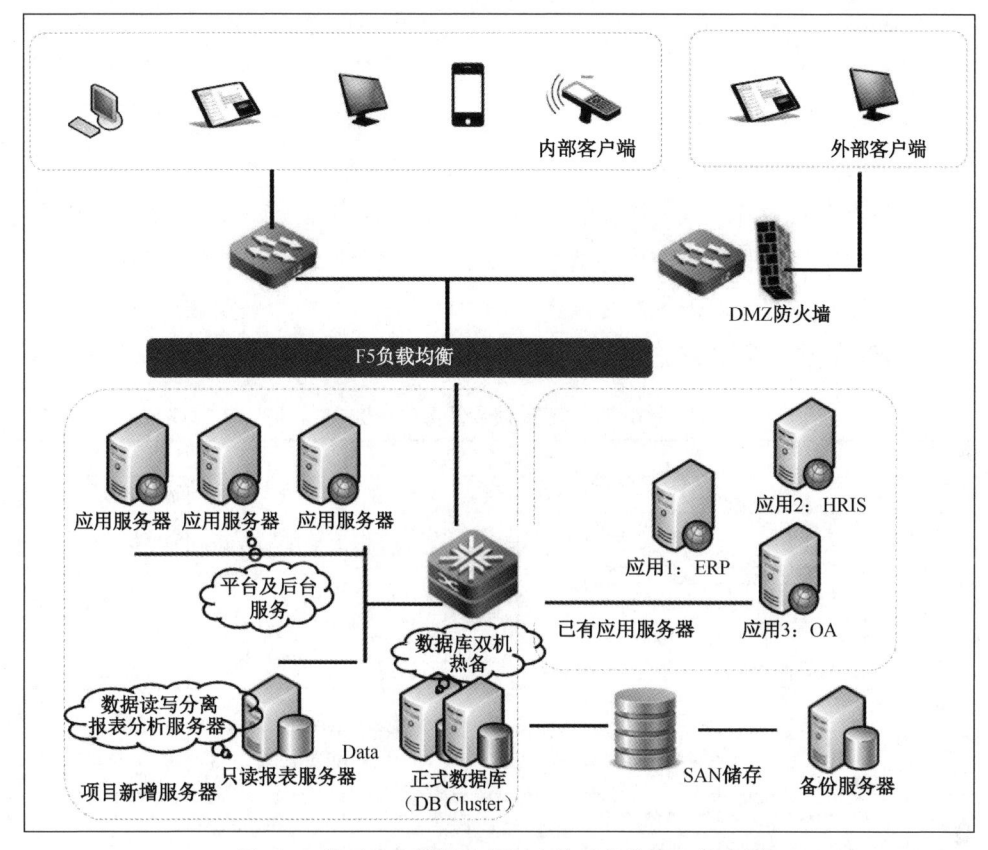

图 6-3 某项目在蓝图阶段制定的系统物理架构规划

启用了 SAN 储存，确保数据来源的高可靠性；同时启用了数据备份服务。

启用多台应用服务器提供同样的服务，是为了防止任意一台服务发生故障时，不影响整体用户的使用体验。

（2）多用户并发高峰访问。

使用 F5 负载均衡服务，将用户访问的请求动态映射到多台应用服务器上，使得访问压力分散到各应用服务器上。

（3）大数据量访问。

启用只读服务报表器，采取数据复制机制，大数据量查询分析应用不直接访问正式数据库服务器，从而有效地避免其对业务应用功能的影响。

（4）外部用户访问。

启用防火墙机制，限制外部用户访问服务器及端口等措施，允许外部用户的访问。

(5) 网络安全。

除防火墙安全控制机制外,利用交换机实现内部虚拟网络划分,实现对数据机房等重点区域的安全管理。

(6) 内部用户便捷访问。

用户使用区 Wifi 无线网络接入,允许用户平台 PAD、手持 PAD 等设备的访问。

物理系统规划的交付物,是结合业务流程方案设计,列出硬件设施清单、服务器数量以及规格要求、各类终端数量及规格要求,交付给采购部门发起采购流程,并要求设备在用户验证阶段准备好。表 6-2 是某项目硬件清单样例。

表 6-2 某项目硬件清单样例

名称	配置	台数	类型	软件环境	需要日期	备注
应用服务器	32 cores@ 2.13GHz;内存 32G;硬盘 500GB;千兆网卡	1	VM	Windows server 2012 R2 std		
数据库服务器	24 cores@ 2.13GHz;内存 64G;RAID5 5TB 10000 转 SAS;千兆网卡 2	2	实体机	Windows server 2012 R2 std SQL SERVER 2012 STD		
只读数据库服务器/报表服务器	16 cores@ 2.13GHz;内存 32G;硬盘 5TB;千兆网卡	1	VM	Windows server 2012 R2 std SQL SERVER 2012 STD IIS		
Web 服务器	16 cores@ 2.13GHz;内存 32G;硬盘 300GB;千兆网卡	2	VM	CentOS 7.2 Java8, Python 2.7, Nigix		
应用务服务器	8 cores@ 2.13GHz;内存 32G;硬盘 300GB;千兆网卡	2	VM	CentOS 7.2 Java8		
Redis 数据缓存服务器	8 cores@ 2.13GHz;内存 32G;硬盘 300GB;千兆网卡	3	VM	CentOS 7.2 Redis 4.0.7		
日志服务器	16 cores@ 2.13GHz;内存 32G;硬盘 300GB;千兆网卡	1	VM	CentOS 7.2		

6.7 技术架构规划设计案例

物理架构从网络拓扑上描述项目系统涉及 IT 基础设施,技术架构则从系统技术实现角度描述项目交付所采取的关键技术。

(图 6-4)为该案例中的技术架构从项目需求出发,结合 IT 界成熟技术应用制定的规划方案。

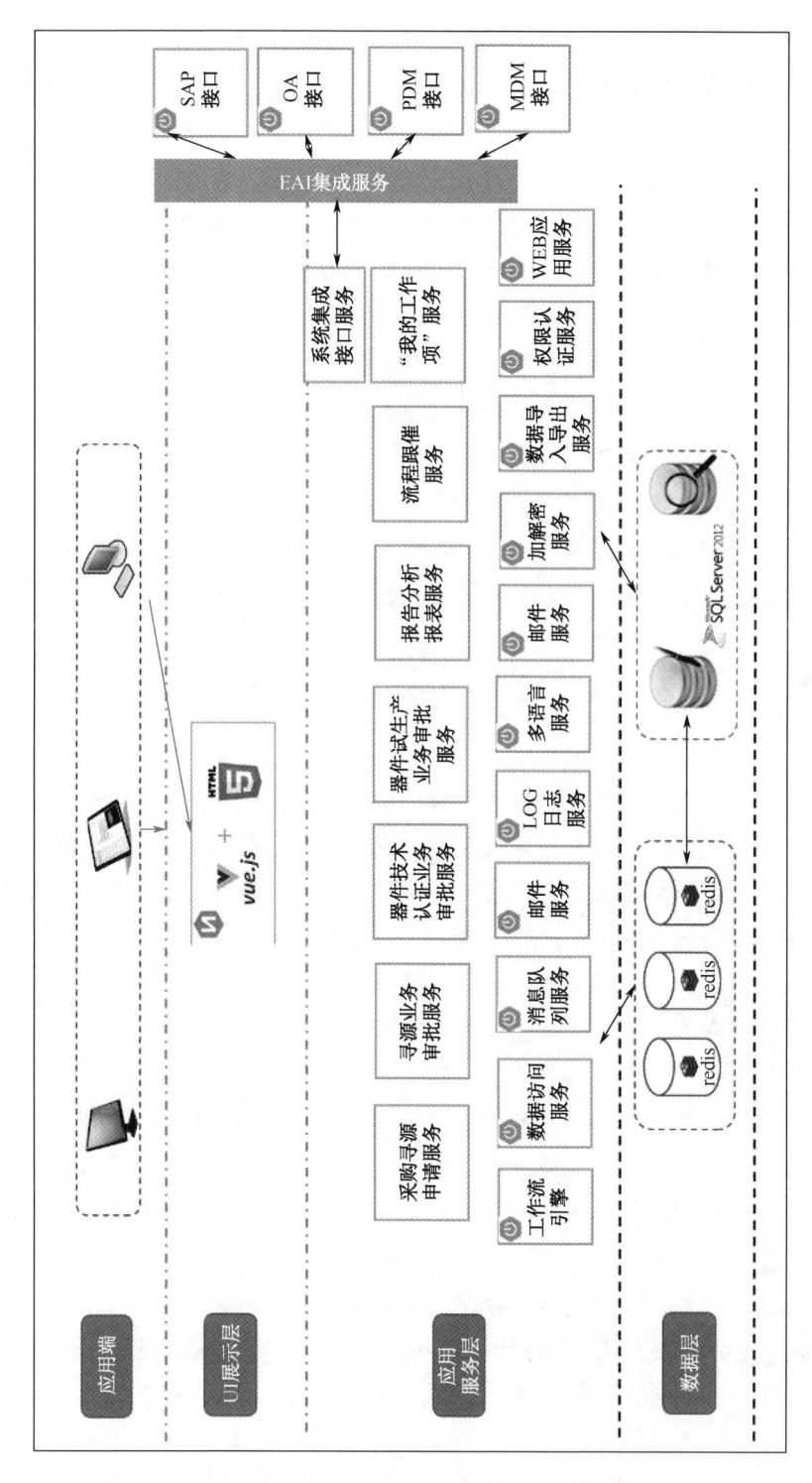

图 6-4 技术架构规划设计案例

首先是数据管理层，使用 SQL SERVER 2012 的同时，为应对业务高峰大量并发访问，规划了远程字典服务（Remote Diction Sewer，Redis）内存数据库，该类业务数据访问通过内存数据库进行操作，而不是直接与 SQL SERVER 2012 数据库连接。Redis 数据每天晚上 12 点定时归档到 SQL SERVER 2012 数据库永久保存；其他普通业务操作直接访问 SQL SERVER 2012 进行数据操作。

其次是应用服务层，统一规划了共用服务，采取微服务形式为其他应用服务所调用。对于业务应用逻辑也以服务形式为前端应用调用。

再次是 UI 展示层，采取前端 VUE+HTML5/CSS 等技术以广泛适配各类前端访问设备，如计算机、平板 PAD、手持终端 PAD 等。

对于终端应用设备无特别要求，鉴于微软浏览器对 HTML5 兼容度问题，一般首先支持 Chrome 与 Firefox 等浏览器。

最后对于系统集成接口架构，使用 EAI 企业应用集成服务，实现跨应用跨平台系统之间数据互联互通。本案例采取了 Weblogic 作为 EAI 平台技术服务。

6.8 90%的项目会忽略的运营规划

正如在启动阶段项目周报要求的那样，项目负责人对详细工作安排 4 周甚至更远的计划项，在蓝图阶段应该向前看下一里程碑以及最终上线目标所需的关键工作项，因此制定与沟通实施、日常运营策略是必选项，而非可选项，这是系统可持续为业务提供服务的落地执行保障。

蓝图方案的内容之一是新业务应用对组织、技术架构的影响规避措施：虽然各业务部门对详细方案设计达成了一致，但在应用没有上线之前，并非所有部门都为上线做好准备或意识到其真正带来的影响。项目组有责任借鉴以往信息化项目实施经验，引导业务用户逐步开展准备工作。虽然在项目启动、需求分析阶段对组织影响进行了评估分析，但直到蓝图阶段，影响才能准确地评估确认出来。

实施策略规划中的重点工作项之一就是 "责任到人"，将详细方案中业务用例涉及的角色整理出来，请角色对应的业务部门确认 4 个问题：

（1）该角色在部门资源是否已存在？如果不存在，则转（2）。

（2）制定协调安排新角色资源，在系统功能测试需要确认下来。

（3）如果存在跨部门资源安排，需要项目组协调支持，则上升到项目管理委员会解决。

（4）新业务应用如导致现有岗位资源释放，则须业务部门给出资源调度调整。

尤其是当某些岗位消失，面临下岗人员的安排更是棘手问题，处理不当将成为信息化系统实施过程中的严重阻碍。

实施策略规划的第二项重点工作就是"确认一线支持接口人"，从关键用户中挑选几位用户代表，作为业务部门所有最终用户的支持接口人，提供一线支持。与项目组织中的业务部门接口人不同的是，同一业务部门不同业务流程线可安排不同的业务接口人代表负责实施及上线后的现场支持人员，组织中的部门接口人有可能随着项目收尾关闭而释放，回到原岗位工作上去。

实施策略规划中的第三项工作是采购工作跟进，系统软硬设施、设备安装工程队协调等。蓝图阶段已经将项目所需的服务器、终端设备清单列出，每家公司的采购提前期不尽相同，但有共同的特点——采购时间长，常常耽搁系统上线。

系统上线后的日常运营保障策略需要提前沟通规划，信息化新应用上线带来的资源以及额外预算也需要协调。该方面工作更多的属于 IT 中心部门范畴，在蓝图阶段解决的主要是策略方法问题，是各部门理解且认可的管理模式。首先，项目团队应与 IT 中心部门、业务部门对 SLA 服务级别协议达成一致。如果涉及系统 SLA 服务要求高于当前企业可以提供的标准，资源团队成员的招募工作应按系统上线运行时间倒排到位计划安排。另外，负责维保运营团队须安排技术人员参与到项目中来，将一般项目在收尾阶段才进行的知识交接工作分散到项目日常开展工作中，实践证明这是行之有效的措施。

6.9 测试策略规划要趁早

每一个信息化项目都有其独特性，无论是对技术团队还是业务团队、最终用户都是一种挑战，具体到测试工作方面，尤其是业务用户更是缺少正确且统一的理解，因此在蓝图阶段制定测试策略，最主要的出发点是统一项目组团队各成员的认识，为今后功能测试验证功能打下基础，埋下伏笔；同时对于项目组而言，也是未雨绸缪，避免风险。

在项目立项章程中已经明确了测试质量规范，在蓝图阶段除结合实际进一步具体化各测试规范外（比如确定开发、测试环境，测试进入或退出条件调整等），更为关键的是向团队明确测试类型及其预计日期、业务组织信息，请业务部门提前做好参与计划，保障测试的正常开展。

6.9.1 明确本次项目中的测试类型

(1) 开发单元功能测试。

测试环境信息：服务器地址等。

预计测试开始与结束日期。

测试地点：比如办公室集中测试等。

(2) 集成功能测试。

测试环境信息：服务器地址等。

预计测试开始与结束日期。

测试地点：比如办公室集中测试等。

(3) 用户功能验收测试。

测试环境信息：服务器地址等。

预计测试开始与结束日期。

测试地点：比如按功能按部门现场集中测试等。

(4) 系统性能压力测试。

测试环境信息：服务器地址等。

预计测试开始与结束日期。

测试地点：比如办公室集中测试等。

6.9.2 参与项目测试业务组织清单

表 6-3 是某项目参与测试业务开展人员组织清单，每类测试类型都指明一个联系接口人，负责与项目组对接，进行沟通协调。

表 6-3　某项目参与测试业务开展人员组织清单

项目适用类型	关键参与角色	联系接口人	部门
单元功能测试			
集成功能测试			
用户功能验收测试			
系统性能压力测试			

6.9.3 项目测试方式方法

某些压力测试需要采取不同的软件工具，有可能需要提前准备许可证（License）授权等。对于此类测试项，在蓝图阶段就需要明确指出并给出计划项跟进。

6.10 从拍脑袋到拍胸脯

项目计划、风险管理以及成本管理、变更管理贯穿整个项目的执行过程，在蓝图阶段随着方案的确认，会进一步消除不确定性与模糊地带，对这三大类管理的评估也更为精确，所以蓝图阶段也被称为"Project Secured"阶段。

坦率来讲，蓝图阶段前的项目主计划预估有几分拍脑袋的成分，毕竟是基于过去类似项目经验及 SOW、需求分析说明文档展开，不确定性是相当大的。而随着方案的逐步具体化和明确化，项目各个关键节点的评估精确到周成为可能。因此就项目计划管理而言，本阶段最基本的任务如下。

6.10.1 更新项目里程碑节点

项目团队评估的各个关键节点的完成时间。一类情况是与项目发起阶段基本保持一致，另一类则是与原计划有较大出入，尤其是部署上线节点有延期（或提前，但该类情况实为罕见，可忽略）。对于第二类情况，项目组不能等到蓝图阶段结束后才向项目委员会汇报，必须避免最后一分钟（Last Minute）的沟通方式。在蓝图制定过程中，一旦遇到影响项目主计划节点的情形，除在当周书面通知高层管理干系人之外，还要在两周之内举行专题汇报会，一是向高层汇报问题背景；二是阐述项目组处理方案措施，并请管理层给出决策；三是如果主计划节点无法避免延期，给出预估期限并争取初步认可意见，同时形成落地行动方案，在蓝图节点评审前与干系人进行沟通，通过正式的项目管理变更流程得到确认，并在蓝图汇报会上正式确认并备案。

6.10.2 更新项目详细任务计划

详细任务计划是对项目关键节点的重要支撑，通过对详细任务的进一步细化与确认，为项目主计划的更新提供直接数据依据。项目组在蓝图阶段已经有能力、有依据地列出所有后续阶段的详细任务，即将计划细分为三级、四级任务，先看以下样例（图 6-5）：一级计划是设计与开发；二级计划是设计；三级计划是数据库设计和功能点及接口设计；四级计划是业务主数据等。一般三级、四级计划已经非常明确且到了不易再分的颗粒度，可直接安排到责任人，责任人则可在周计划中跟进具体执行进度。

⊟ 设计与开发		0%	65 days?	2015年9月9日	2015年12月7日
⊟ 设计		0%	10 days?	2015年9月9日	2015年9月22日
⊟ 数据库设计		0%	8 days?	2015年9月9日	2015年9月18日
业务主数据		0%	5 days?	2015年9月14日	2015年9月18日
用户、权限及菜单管理		0%	8 days?	2015年9月9日	2015年9月18日
日志等辅助管理功能		0%	8 days?	2015年9月9日	2015年9月18日
权限及菜单管理		0%	8 days?	2015年9月9日	2015年9月18日
模块应用数据表设计		0%	5 days?	2015年9月14日	2015年9月18日
接口表结构		0%	5 days?	2015年9月14日	2015年9月18日
功能点及接口设计		0%	7 days?	2015年9月9日	2015年9月17日

图 6-5　某项目更新项目详细任务计划

虽然处在蓝图阶段，但项目负责人还是需要拿"望远镜"向远看，多把控两个阶段，甚至把控到项目收尾阶段的详细任务，这样才能"防患于未然"，控制风险。图 6-6 是某项目负责人在蓝图阶段提前制定的测试部署上线详细任务计划。

Tasks	完成百分比	工期	开始时间	完成时间
⊟ 测试环境搭建	0%	3 days?	2015年11月30日	2015年12月2日
部署文档准备	0%	1 day?	2015年11月30日	2015年11月30日
按部署步骤建立测试环境	0%	2 days?	2015年12月1日	2015年12月2日
测试场景案例	0%	12 days?	2015年11月16日	2015年12月1日
测试培训文档	0%	12 days?	2015年11月16日	2015年12月1日
用户测试培训	0%	5 days?	2015年12月1日	2015年12月7日
集成测试	0%	5 days?	2015年12月7日	2015年12月11日
⊟ 用户验收测试	0%	20 days?	2015年12月14日	2016年1月8日
用户验收测试第一轮	0%	5 days?	2015年12月14日	2015年12月18日
用户验收测试BUG修改	0%	3 days?	2015年12月21日	2015年12月23日
用户验收测试第二轮	0%	3 days?	2015年12月24日	2015年12月28日
用户验收测试BUG修改	0%	3 days?	2015年12月29日	2015年12月31日
用户验收测试第三轮	0%	6 days?	2016年1月1日	2016年1月8日
验收测试签字评审会	**0%**	**1 day?**	**2016年1月11日**	**2016年1月11日**
上线策略沟通	0%	4 days?	2016年1月5日	2016年1月8日
部署文档更新	0%	1 day?	2016年1月8日	2016年1月8日
⊟ 部署资源沟通与准备	**0%**	**4 days?**	**2016年1月5日**	**2016年1月8日**
服务器资源（WEB、DB）	0%	4 days?	2016年1月5日	2016年1月8日
客户端资源	0%	4 days?	2016年1月5日	2016年1月8日
网络环境	0%	4 days?	2016年1月5日	2016年1月8日
安全环境设置	0%	4 days?	2016年1月5日	2016年1月8日
IT部署技术支持人员	0%	4 days?	2016年1月5日	2016年1月8日
部署预及验证	0%	1 day?	2016年1月11日	2016年1月11日
上线运行支持模式机制	0%	3 days	2016年1月13日	2016年1月15日
⊟ 部署上线				
IT部署资源确认	0%	1 day	2016年1月13日	2016年1月13日
部署上线	**0%**	**2 days**	**2016年1月14日**	**2016年1月15日**
部署验证	0%	1 day	2016年1月15日	2016年1月15日

图 6-6　某项目上线详细任务计划

项目负责人在迭代更新详细任务过程中，常遇到的"陷阱"就是"工科员工理想化的过度承诺或悲观化的过度谨慎"两个极端。在实践过程中，应多与开发设计人员就任务项进行多次沟通确认，而不是由项目负责人或开发主管武断地制定不加以沟通。相比过度谨慎，项目负责人更需要关注过度承诺这类情况，一般情况下，对于工科出身的程序开发主管或软件工程师，通常会忽视可能出现的异常情形，给出乐观估算，导致到了交付日期，功能离完全交付还差多日的现象。而悲观估算相对更容易处理些，软件工程师给出他的预算依赖条件，大家一起沟通分析，从而能得到更为可行的预计完成日期。

6.10.3 项目管理周滚动计划细化到测试阶段

鉴于详细计划任务中具体项持续时间可能会是一周及以上，此时需要项目双周滚动计划来跟进，在此细化到四级到五级更为具体的执行步骤任务。

任务项执行过程会对详细计划、主计划里程碑节点产生直接的影响，因此这两类计划也将在执行过程中不断更新与调整，一旦对主计划产生变更，将按变更流程进行处理。

接下来讨论下风险项更新，就资源、进度、技术、方案、业务支持、依赖项条件、变更管理等方面对风险项进行评估。对于高度风险，项目组要组织召开专题沟通会，明确行动措施；对于中低度风险，要放在周会中跟进管控。

项目负责人必须时刻为团队服务，不能团队在前线辛苦地战斗，回来得到的是批评与惩罚，那恐怕没有人愿意再与之组队执行任务了。因此项目负责人应与管理层保持沟通，为团队争取合理的利益，这也是其最基本的职业素养与技能之一。无论是客户方项目负责人还是服务方项目负责人，只有意识到成本因素对项目执行、团队的影响重要度，才能合成一股力量促进项目的正向前进，各方要抛开个人利益，从有利于项目执行角度努力。

关于成本管理，使用资源人天工作量统计与展望的方式可有效地控制成本。在资源计划中讲述了整体规划，执行过程中可使用简单的变形方式来管理，表6-4是某实际项目案例使用的工作量管理方式。每双周、月末更新各资源人天工作量消耗，其中需要项目负责人关注的是工作量偏离项，如果出现负值，意味着该资源已经超出预算，正在消耗项目预留预算，已经有成本超支趋势。成本与进度是正相关的两大参数，与成本超出与进度滞后往往同时出现，项目负责人需要分析超支原因向项目管理办公室沟通汇报，同时要采取必要的行动预案来防止相关因素影响项目成本与进度。

表 6-4　某实际项目案例使用的工作量管理方式

资源清单\工作量	2018 实际 十一月	2018 实际 十二月	跨年成本	2019 实际 一月	2019 实际 二月	预测展望 三月	预测展望 四月	预测展望 五月	预测展望 六月	预测展望 七月	预测展望 八月	工作量 人天小计(md)	工作量 预算	工作量 偏离	单价 人天价格(美元)	小计 成本(美元)
张小峰（PM）	19.0	23.0	\	23.2	14.0	21.0	20.0	21.0	20.0	10.0		129.2	160.0	80.8	220	28,424
董良（Arch）	6.0	23.0	\	22.4	7.2	21.0	20.0					70.6	50.0	-8.6	880	62,128
刘伟（TL）	14.0	23.0	\	20.0	12.5	21.0	20.0	21.0	20.0			114.5	140.0	70.5	880	100,760
苏军	18.0	23.0	\	24.5	16.4	21.0	20.0	21.0	20.0	10.0	10.0	142.8	160.0	78.1	220	31,438
张志	4.0	2.3	\	10.5		5.0	10.0	21.0	15.0	10.0	10.0	81.5	100.0	83.2	220	17,930
胡强	11.0		\	19.0	9.0	21.0	20.0	21.0	15.0	10.0		115.0	140.0	78.0	418	48,070
杜家才	11.0	23.0	\	13.0								13.0	50.0	3.0	165	2,145
总计	83.0	140.3	65885									666.7	800.0	385.0		356,780

在所有风险管理中，成本超出是最重要的问题。如果是外包服务供应商的信息化项目，服务供应商的项目负责人将承担很大压力，笔者曾遇到服务方项目负责人被压力压垮，选择辞职走人的案例；而客户方虽然一般会有些保留预算，但增加合同额过程谨慎而复杂，也是管理层最后才会选择的措施。因为蓝图阶段通常只是项目进度约 1/3 处，如果这时候就出现项目超支，项目负责人必须认真对待，提早交管理层决策，确认项目利润的损失。

某集团在推进一个信息化项目时，由于前期对业务调研出现误判，在蓝图阶段就发生严重的进度与成本偏离，预估需要增加 40%的预算才能完成原计划任务，这意味着两个方面：一是对客户方而言，项目进度延期占总时间的 30%以上；二是对服务方而言，项目没有利润，做得越多赔得越多。服务方高层经过权衡，直接采取放弃项目的方法，对客户方项目采取拖延行动，客户方不得不搁浅项目，最终取消，成本管理出现的问题导致结果是双输。

成本超出最常见的因素就是项目变更失控，在蓝图阶段的变更因界定比较模糊，管理难度大，前面有一章节已经专门讲述了该阶段的变更管理，在此只想强调一下这方面的管控对成本和进度的影响，希望引起各方项目负责人的足够重视。

6.11 帮你把关——项目实践案例

6.11.1 系统方案建设阶段检查单

表 6-5 是某项目需求阶段工作检查清单，具有一定的通用性。

表 6-5 某项目需求阶段工作检查清单

检查项	检查内容	是否必须项	备注
业务需求分析	分别从业务功能角度描述业务需求［做什么？业务价值点（为什么做）？以及验收指标标准］	是	SOW 是其输入；其输入是蓝图方案的输入资料
非功能性/运营需求分析文档	从非功能性需求描述技术相关需求（高可靠、高可用、数据备份等，需要 IT 部门深度参与沟通确认）；IT 治理安全相关需求；IT 上线后运维服务等级协议（Service Level Agreement，SLA）标准与资源需求	是	
蓝图方案	业务流、信息流、价值（成本现金账） 结合业务需求给出的功能点设计［详细业务用例（use case）、在何处、由谁、执行什么操作（或触发）、结果/下一步是什么，意外如何处理］ 结合非功能需求点描述系统并发用户支持数、界面响应时间、报表响应时间等 系统技术架构（包括软件应用架构以及物理拓扑架构图） 硬件详细清单 系统安全架构（包括权限用户管理、网络访问隔离控制、OT 与 IT 网络安全管理等）	是	需客户签字确认
测试策略	测试工具、范围、环境、测试开始及验收确认标准	否	虽然非必须，但提前沟通，对项目非常有益
测试主计划	项目测试主计划及资源需求（包括测试前提条件或相关依赖项）	否	
系统安全评估	对系统架构与软件硬件接口进行安全及影响评估	是	需与 IT 部门确认
项目风险管理更新	管理并跟进已经识别风险及减缓计划措施	是	
项目 WBS 详细计划更新	完全的 WBS 详细计划(至部署上线、项目试运行及收尾)	是	

续表

检查项	检查内容	是否必须项	备注
组织管理变革影响	评估确认的业务蓝图实施后,识别出受影响部门及当前系统:部门组织变革,系统数据集成/迁移或被中止替代等方面的行动方案	否	虽然非必须,但建议专门跟进并与客户沟通,对项目成功非常关键
项目交付物清单更新	根据 SOW 细化各项交付物	是	
项目问题跟进更新	管理并更新当前问题状态,决策及行动跟进	是	

6.11.2 蓝图方案放在桌面上

项目蓝图方案必须签字,不只是形式上,而是要切实起到统一项目成员认识——尤其是业务部门——确认理解并且没有歧义。需要所有项目人员清楚以下五点。

(1) 蓝图方案是 SOW/技术协议/的细化,是对需求分析文档的响应,并与之一一相关联,方案的起点是业务用户的需求,终点是对这些需求的落地实施,这也是系统开发设计的基准依据。蓝图方案签字确认后,意味着 SOW/技术协议/需求分析文档不再具有实际指导意义,大家将以蓝图方案作为出发点。此后阶段过程中再回顾、查询 SOW/技术协议/需求分析文档进行争议的行为都是对蓝图方案签字的否定,失去了本阶段确认的意义,项目可能会陷入无休止的循环争吵中,造成延期,甚至导致失败。

(2) 蓝图方案签字确认并不意味着绝对不能调整或变更。签字时刻,各方对即将实现的业务功能、流程操作理解是一致的。执行过程中变化是不可避免的,况且存在"百密一疏",在后续开发、测试时或多或少存在没有规划完全的功能点,需要及时调整或变更。

(3) 蓝图方案确认切忌与办公室政治关联起来,比如说公司献礼工程需要在该节点签字、宣传需要等。这样做会使蓝图方案无法作为开发设计"基准",成了一种摆设,势必导致设计开发的混乱,最终项目很难成功收尾。

(4) "好好先生"与"主次不分,犹豫不决,不签字不担当"对项目起同样的不好作用。避免未对蓝图方案仔细查看就匆匆确认,或是无主见、无担当而不敢确认。确认过程中任何人的反馈意见都值得仔细研究与反馈,越是刺耳的"噪声",

越不能回避，更需要直面沟通讨论。

（5）项目组通常会给出一段时间进行蓝图方案确认，并通知说如果过期没有反馈，则默认为无意见，按同意对待。作为工作书面做事的一种表达方法是没有错的，但项目执行团队绝不能这样做，或者说是不能让这样的事情发生。在蓝图方案确认过程中，如某关键用户没有给出反馈意见，大多数是工作忙，没有时间阅读文档；另外是对蓝图方案在项目中的重要性认识不足，存在"上线真正使用时再说"这样的拖延心理。然而从风险管理角度，没有反馈是较高风险项，必须采取相应的措施进行规避。常见的方式是组织多次方案宣讲沟通会议，与关键用户集中讨论，针对有异议主题现场沟通给出共识结论。

6.11.3 咬定目标不放松

项目管理的各个阶段都是"以终为始"工作习惯的实践战场，应排除各类干扰，聚焦业务需求以及项目启动技术协议约定，更新需求检查映射清单，将其作为阶段验收关键指标之一，并将其作为向项目管理委员会汇报的主要内容，再次与业务用户进行确认，项目所有需求以及中间变更都已在蓝图方案中体现，没有遗漏问题拖延到下一阶段，并强调后续阶段将以蓝图方案为基准进行项目建设，实现"步步为营"实施策略。需求检查映射管理并不是到了蓝图阶段收尾审核时才补充完善，而是随着方案设计同步更新，并在工作过程中请干系人分步确认，最终综合结果向项目管理委员会汇报。

项目执行过程中最常见的问题就是团队迷失在每天的工作中，即使是有经验的项目成员有时也会被业务用户带偏，如果不及时回顾检查出发点及目的地并修正航向，"意外惊喜"（实际为惊吓）会不期而遇，项目延期或预算超支也就在所难免了。

6.11.4 界面原型实践不拘一格

前面已经多次提到界面原型的重要性，具体应用何种工具来实现并没有条条框框的限制，只要能达到让业务用户理解的目的就足够了。

不少业务方案架构分析师偏好于使用 Axure（Axure RP 是美国 Axure Software Solution 公司旗舰产品），这是一款快速原型制作软件工具。也可以选择微软 PPT 文档进行界面原型设计，在实际使用过程中，不要忘记"让最终用户理解功能点"的初衷，避免过于追求细节与用户界面（User Interface，UI）美观误区。

图 6-7 的用户界面简洁明了，用户所需操作及方式明确，操作后的显示列表样式也展示给业务用户，即使用户不看文字描述解释，也能立即明白该业务功能操作，判断是否符合他的期望。配合业务场景，业务用户与开发设计人员对展现元素以及执行实现的逻辑理解达到一致，将有效地预防功能验收测试以及上线后的频繁的业务变更。

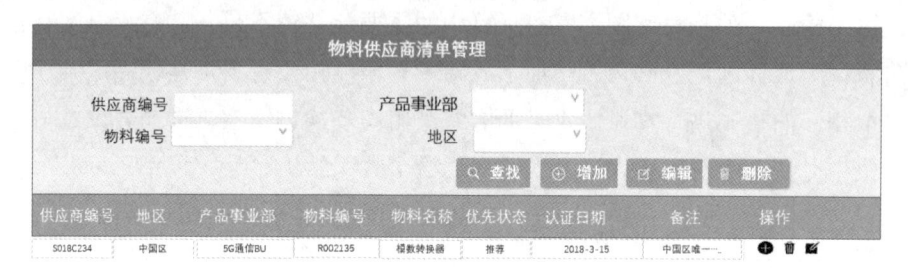

图 6-7　界面原型

6.11.5　业务泳道图应用实践

业务方案使用泳道图来描述主流程清晰且易理解，在梳理的同时业务间的边界也可以再次确认，非常适合跨部门的蓝图方案规划，先看一下图 6-8 所示实际案例。

量体裁衣，方案搭建 | 第 6 章

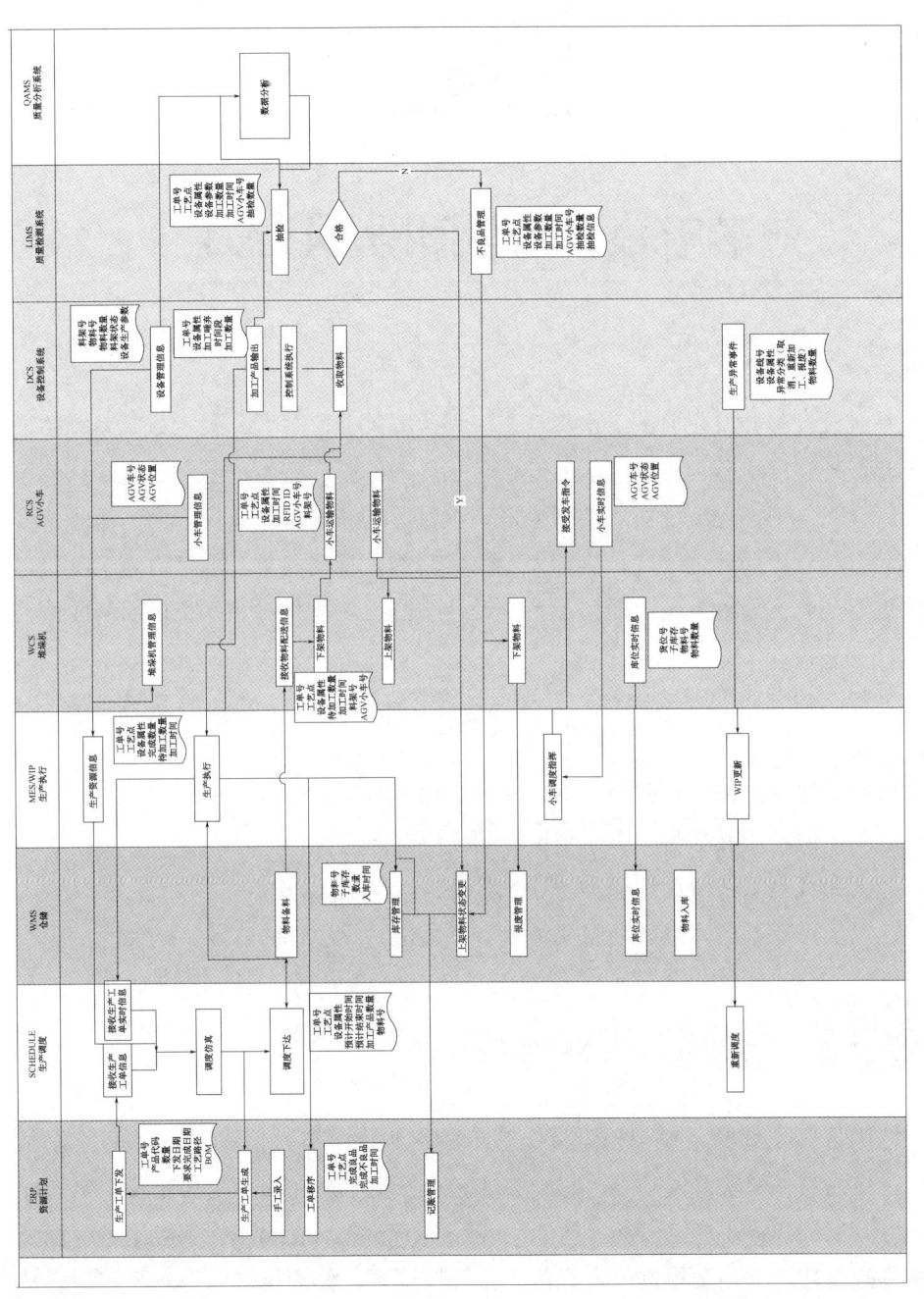

图 6-8 业务方案渠道图案实践案例

第 7 章

一诺千金，考验团队执行力

系统设计与开发之前的工作都是在规划蓝图，或戏称"纸上谈兵"，系统的设计与开发是建立地基与搭建房子的过程，执行力的强弱直接关系到前期确认的蓝图能否真正落地，变成现实。准确来讲，项目启动后，对团队执行力的考验就开始了：在项目启动计划阶段，执行力主要考验的是管理人员，项目的需求阶段考验的主要是业务分析人员，而到了系统设计与开发阶段是对全体交付团队成员的考验。

为什么说此阶段是对全体交付团队成员的考验？我们来看一下该阶段的主要任务：

（1）完成符合需求规范说明书对应的蓝图方案的详细设计；

（2）完成编码并交付符合系统设计的模块功能；

（3）完成自测试及部署迁移计划方案及详细文档。

从以上可以看出本阶段是完成承上启下关键系统建设的阶段。

7.1 "基建"工作先行

蓝图方案规划的系统架构平台在该阶段得到进一步验证——建立开发/测试环境，作为其他模块开发基石。有一类信息系统基于商业软件二次开发，如 ERP 之 SAP，MES/MoM 之 Apriso（达索）、Plant Application（GE）等应用平台，无须从基础搭建，只需要根据平台应用规范开发即可，然而更多的信息系统需要从基础开始构建平台，因此系统架构的开发验证就变得尤为重要了。

一个例子是，某大型信息系统服务直接操作用户达上千人，公司选择了国内某一有名厂商平台进行设计。项目团队鉴于平台是二次平台，对系统应用架构没有特别验证就直接进行各模块的建设。到了开发中期，问题逐步突显出来，平台对多人开发同一模块代码合并与部署管理支持模式上存在严重问题，不得不花大力气重新规划，项目上线日期受影响延期一个多月。另一个是从基础开始架构平台的例子，某信息化项目由于需要跨多种编程语言进行开发，所以，在蓝图方案阶段就拟定了集成架构，项目团队在开发阶段初期，首要做的就是系统架构的落地应用，主要采取敏捷开发方式快速设计，初步通过了可行的集成技术，并将其作为标准在项目中推广实施，当然架构师也设计了后备方案，如果前一架构不能工作，则启用另一方案。越来越多的企业采取云 Pass 平台，可以快速借鉴业界实践例子，平台建设工作量大幅度减少。

该方面的工作是开发的"地基"，工作属于关键路径任务，可以提前，但决不能延期，项目经理组织各方面资源以保障项目进度，及时引起管理委员会注意与得到有效的支持，这是实践成功的措施之一。比如说在开发阶段发现方案给出的架构存在严重问题且无法执行下去，这将是最紧急、最重要的工作，需要立即组织技术骨干进行详细评估分析，形成选择方案，请管理层决策，如果涉及成本、进度则同时提请审核；若同时出现这样的情况，说明前期项目工作出现了严重失误，项目经理应组织复盘会议，及时形成经验教训，供其他项目借鉴，不过这种情形极为罕见，在笔者负责或参与的项目中还没有出现过如此严重的事件。曾经有个项目到了试运行阶段才发现架构存在较严重缺陷，此时重新设计显然不现实，只能采取各种优化措施，带领团队突击两个多月，勉强达到验收指标，事后总结经验教训，要求项目团队在其他项目中严禁使用此类架构。

7.2 无法轻视数据库设计

无论是基于商务软件二次开发还是从基础开发，都将涉及数据库设计。当代企业信息化系统常面临两类数据库：关系型数据库和实时数据库。前者广泛应用于各类业务 IT 应用中，后者用于在生产制造现场自动化在线传感器、生产 OT 数据的采集。现在两者之间的联系越来越紧密，因此对关系型数据库的设计要求越来越高。数据库设计的指导原则是认识并运行各类数据库的优势与强项，而不是期望只用一类数据库就实现业务需求，下面使用一个项目案例来详细讲述实践应用。

项目背景：一家制造企业有一条自动化生产线，包括各类自动化设备的上百个传感器,这些传感器以毫秒级的速度采集实时数据以及对设备进行控制,为了优化业务操作,在执行逻辑层需要搭建 IT 应用模块。项目架构团队充分利用了 OT、IT 数据库系统的优点,采取了以下设计措施:(1)OT 毫秒级数据采集存在实时数据库,只有数据发生明显变化或出现报警信息才上传到 IT 关系型数据,在大量减少关系型数据库处理量的同时,又能保障业务操作逻辑的及时介入及跟踪处理。(2)以上变化数据在 IT 层数据库分为工作表、归档表,工作表始终保持工作数据量在可处理性能范围内,提高了应用的响应速度,而归档表也采取了定期自动导出以文件脱线保存,从而极大地减少了数据库服务器空间的压力(有过 IT 系统实施经验的团队,相信至少都会遇到几次数据库空间占满而导致系统异常中止的事故)。(3)IT 应用如果使用设备实时状态信息,并不采用实时同步保存在本地的方式,而是直接与实时数据通信获取数据,确保了实时状态的准确的同时,解决了可能的大数据量的查询问题。(4)为了避免数据采集与传输的延时带来业务控制逻辑判断失误,IT 应用层采取了指令下发与执行 2 次与 OT 系统/数据库通信方式。项目应用三年以来,表现超过了当前设计的各项指标,性能稳定,成为同类应用的设计样例。

考虑到当前信息化应用仍以关系型数据库为主,我们将以关系型数据库为重点,讨论其在项目实施过程中的有效实践经验,项目负责人要了解与把握主方向,安排资源具体执行。

7.2.1 不做设计范式书虫

实际应用中切记不能机械照搬数据库设计三大范式(Normal Form),项目架构资源要真正理解范式的意义及作用。比如范式最大的出发点之一就是减少数据冗余,然而在满足实际业务需求的情况下,设计人员会故意增加冗余字段,以提高查询或界面显示的响应速度。笔者曾遇到一个项目,基于某国际大厂商业软件平台客制化开发业务应用模块,由于各类业务数据比预估量大数倍,导致某些查询类操作非常缓慢,安排技术人员跟踪检查,发现设计人员机械应用第二、三范式,业务表只记录操作人员 ID,当界面需要显示人员姓名等信息时,需要做一次关联视图。其中有个查询涉及多张业务表,技术人员在视图中把人员信息前后一共引用了 6 次关联,在没有限制条件的情况下,运算搜索数据量激增,导致前端显示响应慢,严重时用户等不到结果还以为系统死机。因此对一些不常修改的信息数据,适当做些冗余,可以极大地提高系统响应性能。

当然数据范式有其业务实际应用价值，要求架构人员根据功能需求进行取舍平衡，不能无思索地全部采取冗余，遇到更新处理时，容易遗漏而引起数据不一致性问题。建议项目实际应用时采取的策略先按范式要求设计，遇到如果冗余功能点时，再更改数据库。

7.2.2 数据库实践借鉴

随着企业业务量数据的增加，对海量数据的存储与检索影响着数据库的设计。最常见的是生产操作工作数据库与查询分析报表数据库物理上分开，根据业务功能特点分别有针对性地进行优化设计。例如，某国际一线应用系统因设计时没有考虑这样的架构，导致在中国应用场景中，界面显示有时长达数分钟，更严重的是会耗光系统资源，导致整个业务操作都受到影响，几乎无法正常完成功能运行。该公司 IT 中心额外申请预算，聘请资深数据库应用专家组成优化项目团队来解决这一问题，用时长达半年。由于是在成品商业软件上二次应用，无法取得源代码，只能采取外挂修补的方式，好在最终取得了非常好的效果。

如果数据库采取微软的 SQL SERVER，则很容易应用该设计策略。比如，启用数据库同步机制，把生产库几乎秒级同步到报表库，而对生产库的索引与视图等设计，完全可与报表库不一样，这样可以有效地保障生产环境业务操作的稳定性及和时响应性能。该模式在多个大型企业信息化项目上都取得了成功。

是不是有了云环境，就可以不受以上问题的困扰了？答案是同样需要考虑，云环境虽然具有弹性，运算资源也可以随业务而动态调整，但如果数据库应用模式设计不当的话，再多的资源也难以保障业务数据运行的及时响应，就如同一个有洞的水池，注入再多的水，如果漏洞不堵上，也可能会把整体水资源都耗光。

7.2.3 走查照不到的地方

项目负责人在把控开发质量时，可引入企业编程开发设计规范，并组织同行评审（Peer Review）、代码走查（Code Review）等常规方式进行检查。数据库设计规范应用管理，当前检查工具不易覆盖，以下以 SQL SERVER 关系型数据库为例，我们着重讨论以下四项关键设计规范（其他关系型数据库的设计管理可参考借鉴）。

1. 引用并裁剪制定各类命名规范

比如，表、视图、索引、存储过程、触发器、定时任务等命名规则，T-SQL 编程变量规范，g 前缀表示全局变量，l 前缀表示局域变量，c 前缀代表游标等。

2. 表设计及 T-SQL 脚本编程规范宣贯

通过组织成员学习并运用规范，针对常见容易出错项定期检查。比如，关于表设计方面，表字段需要默认值而不是 NULL 值（可以极大提高查询索引效率）；能使用整形则不使用字符类型；每张表默认自带至少 6 个字段：唯一标识 ID、创建日期、创建人、最后更新日期、最后更新人、有效标识（0 无效，1 有效）等，其中，有效标识用于逻辑删除而不是物理删除记录；二进制或图像文件不建议保存在关系型数据库等。再比如，存储过程或函数、触发器设计规范方面，尽量避免使用游标处理大数据量记录、避免触发器的乱用、传参数校对并对异常进行处理、记录日志调试等。

3. 影响系统性能的关键设计点

笔者根据多个项目实践，总结了影响系统性能的八处注意事项，按影响严重程度由高到低进行排序。

1）缺失或不当低质量索引；
2）引起死锁处理事务处理机制；
3）游标使用不当；
4）查询 SQL 代码不当；
5）数据库结构设计不当；
6）数据库文件碎片化；
7）SQL 执行计划重复利用度低；
8）TEMPDB 设置不当。

前几项都是与编码开发质量相关，由此可见对团队代码设计规范进行管理的重要性。业界对系统性能也给出了参考量化指标，如果低于指标就表明服务系统已经处于危险边缘，这些指标举例如下。

中央处理器空闲率，平均<40%；

磁盘利用率——磁盘队列长度，通常<1，越低越好；

磁盘利用率——磁盘平均读写时间，<10ms；

内存——缓存命中率，平均≥90%；

内存——缓存命中率，平均≥90%；

内存——页面在缓存停留时间，平均>300。

4. 脚本管理

这是众多项目管理不到位的工作之一，一般可采取脚本定期备份加上增量部署脚本文档的方式达到版本管理的目的。SQL SERVER 提供了导出工具，可以方便地导出表、视图、存储过程、函数等相关脚本，项目人员手工将导出文件进行标识，实现版本管理。项目组需要指定一名脚本负责人，管理脚本版本和部署管理。有多人可对数据库进行管理时，通常会出现版本混乱的现象，尤其在测试及上线初期阶段。

7.3 详细开发设计实践

大家回顾下以往负责的项目在详细设计任务上的实际工作方式，相信80%以上的企业信息化项目负责人会说详细设计都是后补的，工期太短，没有办法，只能先开发交付上线。另外，不少项目使用了敏捷开发管理，仿佛有了理论依据，理直气壮地把文档放在后补地位。也常常听到其他声音，比如详细设计文档即使编制出来了，在实际开发过程中，会有不少的改动，但文档却没有及时更新，因此文档后期实用性也不大，所以可不必太重视。一边大家吐槽文档费时，没有必要花时间优先去编制；一边当接手或参与一个新项目时，设计开发人员又抱怨文档缺失或不完善，无法指导开发人员上手，只好一行行去啃代码去理解其中逻辑。都想乘凉而不想或没有时间去栽树，这是信息化项目团队面临的常态。笔者曾经与某著名 IT 咨询公司合作实施过一个项目，虽然该公司实施部门通过了 CMMI5 认证，但最终交付的详细设计文档仍难以达到对后续开发维护的全面指导作用。首先，详细设计工作粗放式管理必须改善，并且是可行的，这是团队规范化执行力问题；其次，详细设计文档面向对象是开发维护人员，需要从这个角度出发组织文档内容；最后，从质量管理角度看，有效的详细设计文档能真正指导开发人员进行编码，同时也可作为测试人员编写测试用例的依据。那么这块工作有没有可行的较佳实践案例借鉴呢？

表 7-1 是一详细设计文档大纲样例，结合蓝图方案设计中的业务场景用例，可有效地指导开发人员进行编码。

表 7-1 详细设计文档大纲样例

数据字段名称	描述及来源	默 认 值	数据长度定义	是否必选
申请单号	根据"申请单号"规则创建，在提交申请单时自动生成	只读，无默认值	20 字节	是
提交日期	以第一次提交日期为准。保存申请单时，不做日期记录	只读：没有提交前，默认显示当前日期	日期类型长度	是
单据状态	系统自动生成，但可用值为以下列表值：新建、提交、批准、拒绝、作废	只读：默认为新建	4 个字节	是
负责人	人员选择框，选择公司内部员工姓名（来源为人员主数据表 HRemployee 的 Name 字段），允许手工输入	默认为申请人	20 字节	是
备注	多行文本框			

7.3.1 UI 前端定稿界面

UI 前端定稿界面指界面原型，将按此开发程序。

7.3.2 UI 前端实现逻辑流程

UI 前端实现逻辑流程包括：
（1）前端处理主要业务逻辑流程描述；
（2）前端界面显示数据字段描述。

7.3.3 数据设计

如涉及数据库，则要列出增新、变动的表及字段。

1. 数据表关系描述

简要描述下该涉及表之间的关系。

2. 存储过程、函数、触发器

简要描述存储过程、函数、触发器等名称、输入输出参数定义及主要逻辑。

3. 数据库索引

描述索引脚本。

4. 是否影响已有报表

主要是报表性能影响评估，如有影响如何处理数据。

7.3.4 有无权限及新角色引入

权限及新角色定义及描述。

7.3.5 是否影响已有业务流程

如有影响如何处理历史数据。

7.4 系统集成接口设计实践

集成设计与模块开发设计最大的区别在于协作团队上，一般系统接口集成都发生在跨团队维护或建设的项目系统之间，因此在管理上沟通成本高，处理不当容易出现推诿，从而影响项目计划的执行，造成项目延期。项目经理不但要让负责本项目的团队人员清楚任务及时间期间，而且还要有效地对其他团队施加影响，让他们也与本项目工作协作一致，总结成一句话就是"什么任务需要在什么时间由谁负责完成"。项目负责人经常遇到的问题是，配套支持团队安排了资源，同时也约定了完成时间，但是遇到功能需求不明确或问题时，总是被动等待解决，这就要求双方基于书面详细设计方案，消除理解上的歧义，保持同步。实施过程中借鉴业内经典的案例是有效避免此类问题的主要手段。

接口集成详细设计至少包括以下内容：接口方式（数据库直接对接集成、微服务或 API 等）、接口频率（即时、定期调用）、输入输出的参数、出现异常标识约定等。内容项明确后团队需要组织沟通确认，得到各方书面认可，形成设计基线，并将其作为今后验证或变更的依据。在详细设计确认环节管理过程中需要避免的是"想当然"，即以为对方明白，以为他们会怎样怎样。项目负责人要进行确认，哪怕是一次只有 15 分钟的沟通会交流，也能避免理解上的差异，推动计划的正常开展。不少项目负责人认为系统之间的接口是技术层面上的事，不需要业务用户参与其中，并且认为用户参与只是"捣乱"，起不到真正作用。实际不然，系统集成技术固然重要，但任何集成功能都是服务于业务用户的，即使是最简单的数据单向同步集成，比如系统与 HR 系统集成单向同步用户信息，也有其业务服务目的，与客户确认详细设计中涉及的信息字段、同步频率是否符合业务需求是有必要的，大多数公司都会要求一旦业务操作用户部门调动或离开，HR 系统数据立即推向信息应用系统，系统内相关账号会锁定不再能操作或登录系统等，这需要与业务部门讨论确认才能得到可行的详细功能设计，否则要么功能"镀金"浪费工作量，要么想当然而不能满足业务的需求。

表 7-2 列出典型的系统接口详细设计样例供大家参考借鉴。

表 7-2 典型系统接口详细设计案例

接口描述	可引用方案蓝图章节，并展开描述			
约定接口名称代码 iCode	SynHRUers			
调用方式	协议:HTTP 方法:POST 格式: JSON [http://ip:port]/Intface[/iCode] ip:服务器对外接口服务地址 port:服务器对外接口服务端口 iCode:约定接口名称代码 其他：双方系统安全认证约定			
频率	按需实时，系统 A 主动调用			
请求输入参数信息				
属性名	说明	必填	数据类型	样例备注
Dept	部门	Y	string	RD01
响应输出参数信息				
默认格式	rtCode: 返回码 rtData: 返回信息			
返回码 rtCode	00000　　成功 90001　　失败			
返回信息 rtData				
属性名	说明	必填	数据类型	样例备注
Badge	工号	Y	string	E2006051
接口数据样例:				

7.5 需求持续跟踪与计划互动

开发设计阶段按蓝图方案进行详细设计时，不可避免地会遇到需求设计变更管理，重大的需求变更可能会影响项目的主计划；同时在细化详细功能开发任务时，由于对任务工作量的深入分析，也有可能对主计划产生影响，比如说某功能开发量比之前预计的要多出一倍，或者所依赖的其他方配套设计发生变化，被动响应打乱主计划或开发计划等。基于商业软件二次开发实施的项目更需注意，尤其是商业软件是大型或跨国软件服务供应商，大多研发与实施团队管理部门相对独立，协作复杂，往往实施项目团队急需的开发功能在研发端排队，导致无法及时交付而无法按计划推进。笔者曾经遇到一个项目，IT部门选择的合作服务供应商是跨国企业，项目实施分为本地与异国两个团队，在某国的团队交期由于各种原因，导致项目上线节点延期半年之久。因此设计开发阶段通过组织需求功能跟踪来完成对交付目标的实现，确保执行的方向正确，同时对详细计划、需求变更进行管理以实现对主计划的执行。

  对于小型信息化项目，开发功能任务可以合并到详细执行计划管理当中；对于大中型信息化项目，若按模块拆分成开发设计任务可能更容易管理跟进。无论是哪种形式，目的都是主计划的落地执行，而主计划决定了开发设计明细执行周期，当具体任务计划时间超出主计划节点预期日期时，首要采取的办法是增加资源或并行赶工，最终在没有其他措施可改善的情况下，才可申请变更主计划，毕竟对于企业而言系统越早上线，越早发挥业务效益，投资成本越合算。增加资源意味着成本追加，有可能造成预算超支，而并行赶工，可能会影响完成质量，导致返工，从而引起工作量及成本的增加，最后有可能主计划节点仍然延期。虽然有种种不利风险，但多数项目仍会采取这样的管理方式。项目经理需要组织团队讨论分析各类赶工的可行性与风险，并进行决策，一旦决定保计划节点，则需要调动团队协作向目标冲刺，团结一致按明细计划执行。但是如果经过多方分析，发现无论如何赶工都不能按时完工，并且缩短测试时间也不可行，直接影响到下一个关键里程碑节点——用户验收测试（User Acceptance Test，UAT）及部署上线，通常该节点为项目交付阶段性验收控制处，更多的企业也将其作为项目付款节点，此时项目经理就需要召开正式里程碑变更会议，由各方项目管理层做出最终决策。汇报内容至少包括以下内容：原先主计划及节点交付主要功能，开发设计明细计划及资源安排，预计对主要里程碑的影响，对上面案例而言，项目经理需要与团队沟通确认对用户验收测试及部署上线试运行、正式上线运行及最终验收等随后多个里程碑的影响，以便管理层决策。对于不少项目而言，用户验收测试节点滞后，势必影响上线运行节点的时间及质量，但不一定影响最终验收，因此上线运行后到最终验收通常有几个月的验证时间，包含一定时间的任务缓冲，借此抵消一部分前面节点延迟给里程碑带来的影响。这是管理层退而求其次的第一选择及期望，即可以接受当前节点的延期，但期望在下一节点能追赶过来。但如果项目执行关键路径任务之间没有任何缓冲时间可用，这对项目组是个大考验，要把如何组织讨论沟通资料，让管理层理解并给出可行决策作为第一要事来对待，因为这是影响整体团队的头等大事，如果沟通出现偏差，管理层做出错误决策，项目有可能无法按时交付，同时项目团队有可能会因看不到希望，或承受不了压力而面临人员流失，从而项目任务更加无法完成。总之，主计划与开发设计详细计划之间互相制约、互相影响，但一旦涉及主计划的变更影响，项目经理需要第一时间完成变更的管理，下对团队负责，上对管理层负责，当然也是对自己职业管理的负责。

管理好主计划与详细实施计划之间的互动影响，是项目经理的基本功，但也是不容易做到的任务，这也完全可作为鉴别合格项目经理的关键依据。

7.6 开发阶段谁最靠谱

我们不止一次表达过这样的思考：项目团队成员组成类似于一只手掌，由不相同技能的人员组织在一起发挥作用。不同阶段、不同任务，不同的手指起的作用各不相同。在开发设计阶段，如何有效地组织与管理好人员及任务呢？

理想场景是根据需求分析形成的业务方案蓝图，给出详细设计，开发技术人员编码，实施人员根据产品特性进行客制化配置，从而形成用户可操作的系统功能。大多数信息化项目难以做到这一点，工期紧张难免会"萝卜快了不洗泥"，项目执行过程中"技术变形"，详细设计对开发人员编码或配置的指导作用大打折扣，甚至不少项目是先开发，后补详细设计文档，项目处于碰运气状态，交付进度、质量管控效果可想而知。项目经理比较常见的做法之一就是听之任之，只要能保障开发进度，其他一切都要绿灯放行。在工期的压力下，这样做似乎是可以理解的，但是按下葫芦起了瓢，后续的测试缺陷引起的返工将导致项目延期，甚至失败，这都是项目经理短视行为的后果。项目经理需要向团队明确任务的"底线"，在开发设计阶段，详细设计文档可以不完美，但主体业务逻辑设计要完整，不能给开发技术人员"自由发挥"的空间。开发技术人员工作灵活度越高，越有可能偏离设计，加上无书面记录主逻辑，人为地给后续维护与扩展变更制造了困难。如果要从团队中选择出最能帮助项目经理避免此类问题的人，一定不是开发技术人员，首选是业务设计顾问。项目经理有责任冲在一线去为团队协调争取这样的资源，毕竟任何公司资源有限，如果没有人为团队细致地考虑可用资源配置，业务设计顾问是不会自动进入某项目组中去的。如何有效地利用资源、发挥其应有作用也是项目经理的基本功之一，资源背后都带着"成本"二字，项目经理需要打造融洽、互信的工作氛围，让团队成员能安心地投入工作。

开发技术人员为什么是项目经理最不放心的团体呢？笔者从过去多个项目中总结出常见的导致不信任产生的三大问题。一是对任务完成理解不一致。开发技术人员通常对任务的理解是编码结束即任务完成，而项目经理眼中的完成编码只是任务中的一小项，还有单元测试、代码检查等，因此开发技术人员给出的完成时间往往比真正花费时间要短，扰乱了详细计划进度的制定及与客户约定测试的计划安排等；二是开发技术人员大多沟通力不足，缺乏主动性。最常见的现象就是当大家汇报当天或当周进度时，某开发技术人员工作没有完成，给出的原因是某人或团队没有提供什么所需资料，自己只好等待，所以没有完成。三是对详细设计文档理解有不清楚的地方，会想当然或自由发挥，这点与第二点有关联，也是沟通力问题，也与开发技术人员性格相关，偏内向的人不擅长沟通。了解了以上三大问题，项目经理就可以因势利导，把不放心的团队变成可依赖的团体，比如说对重点任务主动关心其进展状态，而不是被动等待报告等。

7.7 双刃剑——快速迭代 MVP 法

MVP 在前面多次提到，指的是最简化可实行产品，最直观的一种描述就是假定要生产一辆自行车，先组装两个轮子、链条、车把，甚至可以没有车座，只要大小尺寸符合能跑就行，将最基本已经确认的功能部分优先建立，然后再逐步加材料、各类装饰等形成最终产品。可见此类方式非常适合于需求不确定、创新情形下的开发设计。但是对于信息化项目开发设计阶段而言，应用 MVP 需加小心：第一，MVP 来自蓝图方案、详细设计的子集，管理好需求变更，避免造成需求蔓延；第二，功能增量迭代完善，而不是同一功能的反复推倒重来。这两点是 MVP 使用不当常发生的问题，以业务功能方案设计为基准，对照需求功能管理矩阵，进行开发设计优先级分类，这是项目管理应用好 MVP 的关键工作原则及方式。

某大型项目多项关键业务功能属于创新应用，业界借鉴经验少，项目经理向管理层汇报后，决定采用 MVP 方式开发设计产品，以上两项关键点也被识别采用，但是仍然未能成功高质量按时交付，问题出现在优先级分类执行环节。从全部业务功能点中识别出核心最简功能集形成 MVP 的第一个交付版本，最根本的要求是功能点最少化，以便快速在短时间内交付验证，同时功能点是自完备的，即虽然极简，但能运行，比如两个系统数据同步接口，先实现数据传输，再考虑如何定时运行、效率提高、异常处理完善等。该项目在功能自完备上出了问题，团队追求核心功能极简，组成的系统版本无法满足基本业务的运行，项目只达到了时间期限要求，业务服务却偏离了目标点。所以 MVP 是把利剑，极难使用，依赖于团队整体执行能力，也是对项目经理、业务顾问、开发技术人员的协作考验，一般项目不推荐使用。

7.8 新技术还是成熟技术

在项目开发设计阶段，常见的争论之一就是项目管理小组与技术团队之间对新兴技术的应用。由于两个工作组之间工作理念有所差异，意见不一致也是正常现象。技术团队有时会表现出厌倦已有技术，热衷于在项目中应用当下新兴的"先进"技术，为能成为第一个吃螃蟹的人而感到兴奋；而管理小组则更关注项目进度，节点能否按时完成，对于新兴技术的态度更为谨慎，倾向于已经有成功应用案例的成熟技术，以规避技术风险。没有对错之分，只有合适与否及平衡之术。一方面，如果技术团队墨守成规，不尝试吸收新技术，在当前快速发展的 IT 领域可能陷入方案落伍困境，导致市场竞争力降低，技术团队无法持续发展；另一方面，信息化项目工期紧张是常见情况，不管是老猫还是年轻猫，能把老鼠抓住就是大功一件，如果技术再先进，不能按时在预算内交付项目，整个团队的绩效都不会高，短期内考核差，更有甚者，项目经理有可能因此而被迫离开团队或公司，因此如何找到工作上的平衡是对管理人员的一大考验。

总结过去项目，以上两派都有成功与失败的案例，其中技术团队成功经验的关键一条是"原型法"的应用，项目管理小组取得最终的交付成果主要措施是果断决策不犹豫不决。曾经有个项目团队一直采用传统 IT 接口技术实施项目，当客户要求启用微服务方式时，管理人员快速组织研发人员采用原型开发应用，短时间内通过了技术验证，管理者团队决定启用新技术方面提供服务，虽然原型概念验证（Proof of Concept，PoC）在前期多用了时间，但是对整体计划任务进度没有大的影响，项目最后成功完成实施。另外一个大型 IT 信息化项目，同样遇到技术架构路线选择问题，也召开了决策讨论会，但是团队并没有组织验证，只是理论推演了其可行性，在开发设计阶段不断遇到新问题，只好组织技术小组临时攻关解决，项目工期多次被拖延。当然也存在通过原型概念验证仍然在开发实施阶段遇到技术难题而导致实施不力的案例，毕竟原型概念验证只是概念的可行性验证，原型概念验证关注的是当时识别出的关键技术问题，并且是快速原型验证，并不是100%功能覆盖性验证，否则将失去了原型概念验证的意义。

曾经遇到一位较为保守的首席信息官，他主张公司项目按时交付是关键绩效指标的考核点，应用的技术必须在同行业类型中有成功的应用案例，同时他要求管理人员组织新技术学习培训，让公司系统技术与方案团队熟悉时下流行技术，以保持团队的技术领先能力。从管理角度看，这是非常值得借鉴的 IT 部门团队管理模式。

7.9 有测试不慌张

早在蓝图方案阶段就已经制定了测试策略，但是真正安排测试团队人员进入项目组工作，大多数项目执行动作较晚，比如到集成测试阶段才开始安排测试人员介入，有的甚至是用户功能验证测试之前才出现测试人员，测试人员无法深入开展功能覆盖测试，导致严重的问题到真正上线应用时才暴露，造成低的客户满意度的同时也将影响项目的按时完成。由于当前项目工期都被压缩得很紧张，测试人员几乎需要与开发人员同步开展，了解业务功能，编写测试场景及测试用例，按功能模块测试，而不是等到系统整体集成测试才开始。

现实项目中，集成测试才有测试人员进入项目已经算是执行得不错的团队，多数团队对测试并不重视，测试人员力量缺乏建设投入，有时直接将开发技术人员用作测试人员，走下形式便出具测试报告，这也是当前项目交付质量普遍偏低的原因。信息化项目测试人员资源不足归纳起来有两大原因：一是不了解情况，所以不投入；二是了解情况，但为节省成本而不投入。

从一个项目团队中测试资源的投入与管理就能推断出其项目实施管理能力的高低，配备了足够测试人员并适时介入项目活动，不一定保障项目按时成功上线，但是如果没有配置测试人员，项目成功实施只能是碰运气，听天由命，所以无论是甲方还是乙方项目管理人员，对这方面工作必须给予重视，花精力管理。

7.10 每日编译可行吗

我们先看一个项目案例。某项目正处于开发尾声，一名开发技术人员提出离职申请，并称已经完成了开发技术交接。由于模块功能点较多，新接手人员在原开发人员离职两周后才发现有段代码因缺少源代码而无法编译运行通过，而离职人员的计算机早已经被 IT 部门重装，所以资料无从恢复，又没有备份，最终只好再花费人力物力重写这段代码。不少项目中都出现过类似事件，根本原因都是开发管理措施上的缺失。对于拥有数名开发技术人员的团队而言，每日编译是易于实施且效果明显的方式方法。

每日编译原则要求所有开发技术人员在确保本地编译通过的基础上，将代码统一上传源代码管理服务器，并设置自动编译脚本定时运行生产可测试部署版本。即使是新增加功能代码还未开发完成，每天上传时也需要至少保障编译成功，其他开发技术人员不会因为源代码有缺失而无法通过编译。在没有自动编译的环境中，通过指定一名开发技术人员负责手工编译来保障这一原则的实施。这种化整为零的工作方式，可有效地将一些显而易见的错误提早发现解决，从而保障了集成联调阶段的工作效率与功能质量，目前不少项目团队将这一措施列为开发技术人员每日工作收尾检查项之一。

7.11 做事有底线，及时预警

开发设计阶段项目管理集中在开发计划监控与协调之上。此时最大的风险主要为以下两个方面：一是资源突然变化导致开发任务无法按期完成；二是技术难题找不到解决方案，导致延期。资源类问题要么是因其他项目优先级高，项目被抽掉紧急支援；要么就是资源本身出了问题——开发技术人员离职或突发事件导致资源无法继续投放在项目任务上。绝大多数项目经理表示这属于不可控事件，只能就事论事逢山开路，遇水搭桥进行随机应变。其实也可以通过制定任务资源计划留有一定余量的方式来规避此类问题，然而这正是多数项目经理、开发主管忽略的地方。在众多项目中，项目经理的任务及资源计划都是理想状态下的规划，有的任务计划在赶工的情形下，甚至已经把周末任务安排得非常满，这种做法已经将项目应变之路给封死了,"赌"进度不会出现异常。开发设计过程没有想象的那么平稳,以按时交付系统为最终目标来倒推各类项目保障措施,是项目经理的必修课。

在无法留有任何工作余量的情形下,设定底线触发器,到时绝不犹豫及时举手告警,同时项目经理要做好各方沟通管理工作,正面与负面消息做到及时透明,为项目团队争取管理层的理解,赢得必要的时间,在完成项目任务的同时,也让各方管理层认可团队成员的贡献。

7.12 帮你把关——项目实践案例

7.12.1 设计开发阶段检查单

表 7-3 为设计开发阶段检查单。

表 7-3 设计开发阶段检查单

检查项	检查内容	是否必须项	备注
系统架构设计更新	架构实际搭建后,对蓝图阶段设计文档进行更新	是	
功能测试场景及详细用例	测试场景、脚本及预计结果	是	
系统迁移与部署规划	检查并更新由于新系统启用所需的准备工作,包括数据清理、转换迁移范围策略、上线策略等	是	
系统安全合规检查	根据公司 IT 系统安全策略要求,出具相应检查报告	否	
系统单元测试报告	模块最小功能单元测试,通常由开发人员负责执行	否	

7.12.2 再谈数据库设计实践

在实际项目上,相信几乎的所有项目会在测试及实际上线运行中遇到数据字段大小定义不当引起的错误,比如界面让用户输入申请原因备注,提交时报错,用户不知所措,数据库定义 50 个字符,用户输入了 60 个就会引发该问题。至于当初为什么设计为 50 个字符,也是凭经验或大致看了历史数据得出的结论,在前端提交时若没有检查字符限制,后端设计失误问题就会突显出来。曾经有个项目上线运行两年了,与 HR 集成接口运行都很正常,忽然有一天开始运行失败。两边都没有动过系统程序,所以怀疑是数据引起的问题,通过跟踪调试,发现的确是数据的问题,原来姓名字段设计为 15 个字符,当初认为这已经足够了,但是某一天有名印度员工入职,他的名字居然多于 15 个字符,导致插入数据库操作失败。

当初在设计系统同步接口时,设计人员还在笑话 HR 系统姓名字段定义了 50 个字符,认为这是不用心思考的懒惰行为,当时统计了 HR 系统中最长人员姓名长度,并加了点余量到了 15 个字符,没想到还是有失策的时候。由此得到的经验教训是,数据字段长度既不能直接定义为最大,又不能没有适当的余量,前端配合对用户输入文本尺寸检查,这样就不会有报无法写入数据之类的错误了。

第 8 章

矛盾之争，检验团队阶段成果

8.1 理解实质才能真重视

无论软件工程教科书中怎么强调测试的重要性，但在项目实践中它总会因各种各样的原因而被忽视，就如同人生哲理一样，大多数人只有亲身经历过才能真正地理解与执行。以笔者个人的项目经验为例，虽然学了 PMP，学习了数本中外软件工程类、IT 项目管理类书籍，但是并没有产生深刻体会，直到遇到一个特别棘手的项目。

项目是为某跨国公司开发物料管理信息系统，涉及业务部门广，整个项目组开发设计人员为 15 人左右。项目委员会选择了 IT 界某家著名咨询公司作为供应商共同建设，但在招投标期间，采购部门把价格压得非常低，为后续项目执行带来了隐患。供应商除项目经理与需求分析人员水平尚可，其他开发技术人员的水平参差不齐，在子模块级功能测试时问题突显出来：程序缺陷（Bug）超出项目期望数倍，几乎没有一处功能点没有问题，随着上线节点时间的临近，项目组交付压力也到了极限。项目经理果断采取了加强测试小组资源，协调经验丰富的测试人员主导现场工作，同时启用了测试在线管理工具以应对数百项的程序缺陷问题管理。项目在不可能完成的状态氛围中按时完成上线应用，项目组所有人员都意识到，测试小组的出色工作起到了关键性作用。当然项目经理优秀的组织协调能力也是本案例成功的保障之一，在项目成员多数都是一般水平的情况下，通过调动测试组力量，让整体团队交付能力不打折。项目经理的付出也得到了管理层的认可，项目关闭后被晋升为项目总监，担负项目群及多个大型项目管理工作。

从企业信息化项目角度看，测试工作的目标是保障业务管理流程与设计相符，可正常流转到结束关闭，同时使非功能需求得到验证，因此测试环节涉及对业务操作与报告、输入与输出接口模块、系统性能等各方面的验证活动。

8.1.1 常见的测试项

1. 数据相关

（1）数据类型处理机制完善，如电话号码必须是数字，身份证必须18位等；
（2）数据边界验证，测试程序处理极端条件；
（3）业务功能组件输入、输出数据正确；
（4）交易数据"原子"操作检验，失败回滚处理机制验证；
（5）新旧系统切换，数据迁移正确；
（6）数据库数据备份机制验证。

2. 流程相关

（1）端到端业务流程通畅；
（2）工作流程节点操作及逻辑正确性。

3. 安全相关

（1）数据防注入安全测试；
（2）系统用户角色权限控制准确；
（3）用户密码非明码保存；
（4）Web客户端应用与服务器之间加密传输数据，支持HTTPS协议等。

4. 系统集成相关

（1）不同系统之间的接口数据传输正常；
（2）系统捕捉机制工作正常；
（3）用户登录正常；
（4）定时任务运行正常。

5. 系统性能相关

（1）客户端操作界面及报表界面响应速度；
（2）服务器处理并发能力极限验证。

8.1.2 常见的项目测试分类

从测试阶段角度看，项目中常见的有以下四类：单元功能测试（Unit Testing）、集成测试（System Integration Testing，SIT）、用户功能验证测试（User Acceptance Testing，UAT）、非功能测试（Non-function Testing）。项目团队中强调次数最多但容易执行"走样"的是单元功能测试，执行过程中无法跳过的测试是集成测试、用户功能验证测试，而非功能测试通常是选择项，如压力测试、安全测试等。

1. 单元功能测试

该类测试指的是对软件"最小"设计单元或模块的验证工作。通常面向的应用对象是开发技术人员，要求对开发完成的独立功能点先行验证。执行过程中"走样"的原因主要出现在项目实施过程中：

1）通常单元功能测试不设置项目汇报节点，常常不强制要求输出测试报告，因此得不到足够的重视。

2）如果该项任务的测试主体定义为开发技术人员，则由于"既是裁判员又是运动员"，保障不了测试效果。

3）如果由专门的测试人员负责，除对测试人员配备数量上增加要求之外，开发技术人员与测试人员之间沟通协调工作量明显增加，整体团队执行效率偏低。

4）信息化项目工期通常较为紧张，项目管理者有时为了压缩工期，把单元功能测试省略掉；开发技术人员也乐见其成，把测试工作拖到集成测试阶段。

从多个项目实践经验看，项目管理者仍采取由开发技术人员负责单元功能测试的方式，不过会改进措施，比如对单元功能测试制定输出交付物，作为开发工作完成的 KPI 之一，以此来避免上述执行过程中的问题，从而提升开发团队的交付质量。

2. 集成测试

与单元功能测试相比，集成测试指各模块/（子）系统之间联合调试验证。通常项目团队成员——测试小组主导这一工作的开展。集成测试涉及多个开发团队的协作，有可能团队会因分属于不同的公司，沟通协调难度大，团队数量越多，沟通协作成本复杂度会直线上升，会产生大量的冲突事件，若项目负责人管理不当,将直接影响工期的按时完成。这也是为什么在蓝图方案阶段就需要项目组给出测试策略规划的目的。随着项目的开展,测试计划会细化与调整,以便应用于实际工作。

集成测试"事前、事后"管理都涉及多方协作沟通工作,以上已经解释了"事前"的管理,即须保障满足项目业务系统的依赖前提,比如与其他系统之间的接口,对方接口程序能按时完成就是本项目实施的前提条件;而"事后"指的是集成测试过程管理,在测试过程中能否发现问题,功能能否正常运行,依赖系统是否会按时修改完成更加考验项目经理的协调管理能力。在以往的项目中,通常此时需要高层管理人员的介入,平衡多个项目模块、系统之间的工作。

当前没有一家公司建设的系统是独立的"烟囱"架构,业务系统与系统之间互相影响,彼此依赖,处于一个网状结构中,因此公司信息化项目需要重点管理集成测试,设置检查点进行监控,不但监控自身项目业务功能进展,还要对有依赖关系的外在项目进行监控,此时项目管理需要有项目群的理念,眼光不要只盯着单个项目。该阶段也几乎是项目成功风险管控的最后有效屏障,因此绝不可设置为可选择任务项。

将集成测试的交付物与用户功能验证测试所需的测试用例关联起来,是实践中有效的实施方式。值得注意的是:集成测试的执行人员主体、测试目的、方法与用户功能验证测试的有所不同,所以两者的测试用例会有差异。集成测试用例偏技术细节内容的可删减,在此基础上形成用户功能验证测试用例。

3. 用户功能验证测试

该类测试是所有测试类型中最为关键的工作,多数项目将它设置为关键里程碑节点,并且是付款节点。通常由项目关键用户组成测试小组,并以提交功能验证签字报告为交付物目标。通过用户功能验证报告是系统上线的直接决定条件,在测试沟通计划中已经提前定义好了通过用户功能验证报告的标准,避免用户功能验证报告迟迟得不到关键用户及部门的签字确认。

4. 非功能测试

该类测试并非是必要项,但对于多用户多并发(比如用户并发数超100人以上)、海量数据处理情形而言,项目组需要开展系统性能压力测试;而对于安全性要求高的业务环境,需要开展安全扫描测试。随着近几年"勒索"病毒在国内的传播，不少大型企业防范意识有极大的改变，采取了堡垒机等安全措施，并将对应用系统的安全扫描测试列为上线检查项之一，并要求必须限期解决高危应用漏洞。

并发访问方面的系统压力测试可使用专业测试工具 Loadrunner，虽然使用版权费用高且掌握该工具的技术人员不多，但对于并发要求高的系统，值得组织资源完成测试。在某些信息化系统测试过程中，设计人员有时使用自定义开发的软件模拟多用户并发，在准确度、效果上虽有不足，但也能发现一些重要潜在问题，不失为一种低成本的测试方式。安全测试相对更为成熟，市面上有多款安全扫描软件，能有效监控扫描操作系统、数据库系统、Web 应用程序，发现系统漏洞。多年前，笔者在 A 公司工作时，IT 部门已经将安全扫描列入系统上线测试项，并且在上线后，持续定期对系统进行扫描，确认在运行维护阶段没有引入新的系统安全漏洞。

8.2 测试与上线策略更新管理

在进入测试阶段前，有两项关键工作：一是需要根据交付功能及资源更新计划，任务项细化到每周执行小项；二是制定上线策略方案，用于指导开展下一项的部署交付上线工作。表 8-1 是多年来项目实施实践过程中常用的计划模板，多数信息化项目可以直接套用。注意任务项模板并不关键，关键在于每项任务的落地执行。

表 8-1 项目实施实践过程中常用的计划模板

细化任务项	交付物及可验证目标设定	业务责任人	任务责任人	任务参与人	计划开始	计划完成	实际开始	实际完成	状态	备注
1. 用户功能验证测试										
测试场景规划	测试用例、测试方案策略									
测试场景、方案的编制										
测试场景、方案策略的确认										
测试计划（人员、时间、地点）	测试人员到位									
测试计划的编制更新										
测试计划的确认	业务部门沟通确认资源可用									

续表

细化任务项	交付物及可验证目标设定	业务责任人	任务责任人	任务参与人	计划开始	计划完成	实际开始	实际完成	状态	备注
用户接受功能验证测试结果	测试报告、测试问题清单									
测试环境和测试数据的准备										
数据准备	主数据进系统									
基础数据										
业务数据										
服务器部署	系统环境可用									
应用部署	应用服务器、数据库服务器 etc.									
依赖系统部署1	集成相关系统可用									
依赖系统部署n	集成相关系统可用									
用户接受测试培训	培训签到表									
第一轮用户接受测试	测试报告、测试问题清单									
测试问题修复										
测试清单及反馈报告	清单及测试报告									
模块回归测试及审查	测试报告、测试问题清单									
第二轮回归测试										
测试问题修复										
用户功能验证测试报告最终审查确认	用户功能验证测试报告签字或书面确认通过									
2. 项目问题跟踪表	问题跟踪单									
项目问题及测试问题跟踪清单整理	项目问题跟踪清单									
3. 最终用户操作手册	培训手册									
培训资料清单										
用户培训操作手册										

正如在方案阶段考虑测试策略一样，在测试阶段，项目经理需要组织并制定项目上线实施策略，项目经理有责任比一般团队成员多看至少一步，作为工作之间的衔接。上线策略需要从数据、流程、业务范围、新旧系统切换、多厂/分公司推广等多个维度考虑。

第一，从数据角度看，主数据、业务数据大多都会与其他系统交互，比如与ERP同步生产订单、物料代码、库存信息等，采取的数据准备方式是离线批量导入还是在线运行程序同步？对于数据量大的情况，通常建议采取从相关系统中导入离线数据，然后批量导入系统的方式。笔者曾经负责过一个项目，上线物料主数据来自全球PDM，当时考虑不周，采取了直接启动系统数据同步功能，但由于是首次运行，系统将对方系统全部数据同步过来，后续是增量方式运行。问题出在两个方面：一是数据量特别大，多张千万级数据库表互相关联同步；二是系统位于欧洲，由于国内服务器带宽有限，导致同步程序常常因超时而被对方系统断开，最终采取请欧洲团队将系统数据离线导成文件，然后导到本地数据库处理的方式解决。

第二，从流程角度看，是全新流程还是原先流程升级？如果是后者，对原先流程尚未完成的单据该如何处理？常见的做法是不论原先流程是电子化还是线下流程，对于正在流转的单子仍按当前方式处理，而系统只是负责管理新发起的流程单子，这样做的好处是不用做流程数据迁移，系统负担轻；不利之处就是站在最终用户角度看，用户操作工作有点儿复杂，同时运作新老两套业务动作。这里也谈下笔者在实际项目中遇到的案例经验，即如何应对这一方式带来的坏影响。笔者曾负责的信息化项目是办公自动化系统，其中一项功能就是报销流程电子化，原先公司是走线下审批机制。在制定上线方案策略时，项目组提出了请业务部门员工支持配合，截至某一日期，管理部门不再接受线下申请，留出一段时间，请财务处理线下单子，因此上线时刻直接全部走新的电子流程，上线非常顺利。当然还有另外的一种做法，将正在流转的单子直接迁移到新流程中，单子已经通过的节点则标记为完成，这样对用户操作是友好的，但增加项目团队额外花费的开发与实施成本，在工期、成本紧张的情况下，不建议这样做，投入产出比不高，把人力物力放在更重要的功能点，或许更能取得用户及管理层对整体项目交付工作的认可。后一种方式笔者在项目实践中也曾经使用过，花费代价较高，并且给后期业务流程统计分析带来较大的干扰数据，如果让笔者再选择一次上线方式的话，绝对不会再推荐采用。

第三，业务范围是上线实施策略方案的重点考虑方面：一是业务范围大小直接影响上线实施工作量，而任何一个信息化系统上线运行都有个爬坡过程，功能点在某一业务部门应用成熟后，再推广到其他部门，是最常用的一种实施策略；二是明确业务线或部门覆盖范围与各方理解一致，也能借此有效地协调相关部门资源参与到上线建设中来。笔者曾经负责的某生产线信息化项目，在与相关业务部门沟通确认上线方式时，部门主管不愿意第一批上线使用系统，强烈表示待其他部门应用后,他们部门才会用。经过管理层出面多方协调,最终由另外两个部门先行先试,然后再全面推广。

第四,这时需要着重指出的是新旧系统切换情形下策略的制定:原系统如何下线终止服务,新系统如何启动上线——有以下两类方案可选择(表8-2)。

表 8-2 新旧系统切换方案

	方案一	方案二
切换方案描述	旧系统立即终止,退出历史舞台,新系统随即生效启用,所有用户只使用新系统	旧系统继续保留一段时间,同时新系统生效,二者同时存在。对于用户,同一业务功能分别在两套系统中操作,进一步核对验证系统功能后,再统一切换到新系统中操作,旧系统随即中止
优点	这也是用户第一优先级选择的方式,用户操作工作量没有显著增加,甚至如果新系统优化得当的话,工作量还会减少,因此该方式用户满意度相对较高	即使新系统出现重大缺陷,因旧系统仍在运行,业务运作过渡相对平稳,这是项目组比较倾向选择的,并且项目团队有充足的时间来修复问题
缺点	1. 可能会影响正常业务开展,如果是实时生产管理系统,则会影响产出及公司经济效益。试运行期间,功能稳定性有风险,或者可能出现系统测试中没有发现的严重缺陷,修复解决期间影响业务操作正常使用。 2. 用户满意度降低,严重时可能会导致系统被叫停,项目延期或宣告失败。一般出现这样的情况,再次上线花费的代价非常高,毕竟失去了客户的信任,要用数倍人力、物力来补救。 3. 项目团队同时面临心理、生理上的巨大压力,比如说在上线的前一个月内,时刻担心系统出问题影响使用,来自用户及各方主管领导层的压力,可能会把整个团队压垮,失去战斗力,项目有失败风险	1. 用户在两个系统中操作,工作量存在不必要的重复浪费,因此用户满意度相对比较低。 2. 由于旧系统一直在运行,用户可能一直使用,不乐意切换,新系统的新引进功能一直无法启用,项目回报价值受影响。 3. 实施周期相对比较长,项目成本极有可能超支,造成预算亏空,如果超期严重,可能会导致合作供应商无力承担后续支持工作,项目有失败的风险。 4. 如果涉及财务、物料库存交易时,无法做到严格的并行,理论上只能在一套系统中操作,因此此类情况不能并行。其实 Email 通知也很容易引起操作者的混淆,尤其是高层管理者,可能会引起对系统的负面评价
措施	1. 测试工作做扎实,适当延长测试时间,条件覆盖测试尽可能覆盖更多业务场景。 2. 制定充分的应急预案,做好最坏情形下的应对措施。 3. 安排专门值班班次人员,成立现场应急响应指挥团队	1. 新系统的并行作一定退让,即并非所有单子都是新旧系统操作两遍,可以选择代表性的、一定数量的单子进行验证。 2. 认真评估业务周期,在最短的循环周期内验证业务功能,及时切换,减少并行时间。 3. 如有可能可分批次、分部门、分产线逐步切换,减少并行所影响的业务部门

从以上分析可以看出,没有绝对好或绝对差的上线切换方案,项目组需要根据实际情况,制定相应的响应措施来应对切换带来的挑战。

第五,我们从多厂/分公司维度出发,分析项目实施较佳策略方案。集团公司有多个分公司或分厂分别在不同地区运营，有的甚至是跨国联合运营，因此该情形是信息化项目实施与推广常常面对并要解决的问题。

在过去众多项目中，ERP 项目除外，多子公司实施最大的问题是如何处理各地差异化需求，以满足本地业务的开展。在实施策略上一般分三步走：第一步，找试点作为先行，总结经验，形成业务模板，同时完善系统功能；第二步，逐步推广应用，各地公司实施上线；第三步，各地分公司针对个性化需求，对系统不断增强，同时各地互相借鉴，共同前进完善各项系统功能并在本地应用。可用以下文字来总结此类实施策略：先行先试，重点突破；中央治理，民主集中；不偏不倚，共同前进。

8.3 项目式 UAT 管理

本节重点讨论用户功能验证测试（UAT）的管理（以下简称"UAT 测试"）。

无论是单元功能测试还是集成测试，都是为了 UAT 测试的开展，当然最终都是服务于系统上线。作为项目交付的关键节点，把 UAT 测试当作小项目来管理是有效手段之一。首先，关于项目的启动，项目立项章程就是我们的测试计划书、策略方案围绕测试节点细化执行任务项形成项目详细计划；其次，根据测试目标、范围、界定的业务部门，形成执行组织架构，并明确成员责任与角色；更为重要的是承接项目立项章程规章制度，制定适合测试阶段的沟通机制，如制定日例会机制以应对不断出现的各类问题，严格遵循变更流程的执行，防止项目失控，明确问题管理反馈方式，对测试中发现的异常情况有效地跟进解决；最为关键的是执行与监控环节，组织资源按计划执行各项任务，及时发现问题，并对计划进行纠偏，完成测试报告通过交付这一目标；而收尾则是根据用户功能测试验收通过标准，请承担测试的业务关键用户通过或有条件通过 UAT 报告，这将作为项目上线部署检查的必要具备项之一。通常测试总结报告也是上线审核节点或动员会核心内容之一，有的公司则更是将 UAT 报告作为向合作伙伴付款的直接证据。总之，鉴于其重要性与关键性的特点，把该阶段视作项目来管理是必要且可行的，无论怎么重视都不过分。

8.3.1 UAT 策划与发起

如果觉得该阶段的工作没有头绪，难以开展的话，只需围绕"得到签字报告"

开展工作就可以了。在第 2 章谈到过 RACI 职责划分，此时就主要按测试策略明确 RA 角色资源，即谁负责执行谁负责签字确认，以及明确签字通过标准。UAT 分为四步：一是根据测试范围，识别关键用户以及制定 UAT 计划；二是编制 UAT 通过标准；三是召开沟通会议，获得执行资源；四是组织培训。

表 8-3 是一个 UAT 测试资源安排计划样例（通常 UAT 至少经过两轮测试才能拿到通过签字或有条件通过签字）。

表 8-3 UAT 测试资源安排计划

	负责模块	关键用户/负责人	部门组织	负责顾问	计划开始	计划结束	时间预留%
第一轮测试	系统整体还是某几模块领域	具体用户名	所属部门	项目顾问	具体日期	具体日期	100%（如果不是全天占用，则需要明确具体时间段）
第二轮测试	系统整体还是某几模块领域	具体用户名	所属部门	负责顾问	具体日期	具体日期	100%（如果不是全天占用，则需要明确具体时间段）
业务总负责人	系统整体	对最终测试结论负责	所属部门	项目经理或测试负责人	具体日期	具体日期	100%（如果不是全天占用，则需要明确具体时间段）

期望所有测试业务用例/场景获得 100%通过率是不现实的，在测试过程结束前或多或少都会有遗留问题。因此需事先对通过的标准定义达成一致，比方说在众多项目实践中这样定义：主体业务场景必须 100%通过，并且异常分析场景至少 80%通过，测试执行中发现的高、中优先级缺陷全部修复并通过重新验证，其中，低优先级可以有条件通过测试，这个条件就是请项目组给出各问题项预计解决的日期。

没有互动反馈的计划或标准策略都是无效工作，项目经理制定并运用沟通计划来让计划变得可执行。IT 项目经理一定不要想当然地认为关键用户都像 IT 人员一样理解 UAT 测试以及完全认同签字流程或标准，也不能期望把以上文档发给部门负责人，请他们自行阅读。建议的做法是，基于以上资料做几页言简意赅的汇报沟通 PPT，然后组织半小时的宣贯交流会议，让各方互相理解，并且更为重要的是让各业务组织部门承诺协调出关键用户全身心投入测试工作的时间，以承担起测试角色的职责。

在后续章节将讲述如何组织上线前最终用户的培训事项，然而对于 UAT 测试的培训，有别于最终用户的做法，后者倾向于"会使用"，而前者是尽可能地"发现问题"。另外，关键用户是来自业务部门的骨干，在系统推广实施中起到传帮带的作用，大部分项目都依靠这部分用户指导培训最终用户，因此对关键用户的培训不只是为了进行 UAT 测试。所以在培训资料的准备及形式上有着本质的区别。首先看培训资料方面，以测试业务场景用例为主、操作指导手册为辅，并且鼓励关键用户在测试时若发现业务场景存在遗漏点，可自行扩充测试以发现潜在的问题点，赶在最终用户使用前改正。其次在培训形式上，后者倾向于"填鸭式"教学，而前者则是"指导式"培训，给出用户关于系统的通用操作方式方法，或基于某个案例的应用操作，由关键用户发挥其熟悉业务优势去测试。

然而不少信息化项目在做 UAT 测试时，由于关键用户选择不到位或其资质不够，导致测试执行效率、预期效果大打折扣，甚至降级成了最终用户的使用培训与练手，并没有真正起到 UAT 测试类型应该担当的作用，只是走走过场，直到上线使用时，问题才暴露出来，项目团队成了"救火员"，实施组领导以及业务部门领导都不满意，难以发挥项目系统带来的业务价值，严重时会导致团队成员流失、项目上线失败的后果。

遇到以上情形该如何面对？毕竟多数企业的关键用户难以胜任 UAT 测试角色，实施团队只能面对此类情况，采取一些措施来降低风险。当关键用户无法在短时间内胜任测试任务时，实施顾问必须顶上去，引导他们完成各项测试工作。这对实施顾问有一定的要求，鉴于该阶段的重要性，项目经理有必要协调资深人员介入把控测试进度，下面重点讨论测试执行重要准备项——用例/场景的准备。

1. 测试场景用例需何时开始准备？

原则上在方案阶段就要开始准备测试场景用例，实际多数项目在实施过程中很难遵守这一原则，最主要的原因有两个：一是方案设计质量不合格，无法指导实际开发任务，开发交付的方案改动过多，前期给出的测试场景用例无法使用，在后期仍然花费大量时间重新编制；二是对测试执行方式理解不到位，同时测试资源配备不足，多个项目共用有限的测试人力，导致测试任务执行时，总是到了最后阶段才调配出人手。在过去的项目中这两类情况基本各占一半，从影响度看，前者项目管理交付问题最大，需要防范管控，因为方案无法指导后续开发本身就是项目管理工作的失误，测试管理不能为此错误买单。综上所述，在方案阶段就应该组织准备测试场景用例。

2. 如何准备测试场景用例？

首先，不同的测试类型，测试场景可以复用，但测试的具体行动步骤可有所不同。UAT 测试可在集成测试的基础上，调整测试步骤，去掉技术语言或技术视角的测试点，使之符合从最终用户业务操作角度来验证系统功能，下面来看下通用测试场景用例所需内容。

（1）测试用例之场景列表。

根据需求及方案设计（包括原型设计），列出测试场景。不同于单元测试与集成测试，测试用例是用业务语言描述业务操作，所有测试场景描述的出发点都应该基于业务用户的视角，因此从某一业务操作流程方面来梳理场景会变得更为自然，举例说明一下：在开发设计人员眼中，功能只是离散的，比如发指令给自动导引运输车（Automated Guided Vehicle，AGV），然后运输车来现场取料；但在业务用户眼中的场景是某生产岗位的加工物料已经装满工装，运输车来现场取料并送到仓库。假设有多条柔性生产线，多种类型产品可以混合加工，A 产品与 B 产品可以在产线 1 上生产，也可以在产线 2 上生产，因此从业务场景上看需要列出 2 个，但因加工场景一致，所以测试用例共用一个。梳理业务场景的过程，也是对系统功能检视的过程，可以帮助团队发现遗漏的功能点，在系统上线前加以弥补更新。

场景列表关键信息建议至少包括：业务流程/功能点（用户角度）、场景编号、场景名称与描述、测试负责人、计划/实际测试完成日期、指导顾问等，最后有项目经理给出的测试综合意见：通过或有条件通过或是不通过，作为项目关键交付物备案。对于在美国上市的公司，与财务相关的信息化系统（比如 HR、采购、OA 办公自动化/报销系统 etc.），由于受 SOX 审计要求，对 UAT 签字检查非常严格。某国内跨国企业在一次 SOX 审计时，发现不少 UAT 签字时间早于系统部署时间，出具了整改意见，在未整改之前，不给 SOX 审计结论。当然从项目质量把控角度看，这样的管理要求是合理且是项目应该做的，项目经理需要予以重视。表 8-4 是建议的场景清单格式样例。

（2）测试具体用例。

上面已经讨论到，同一场景可能对应同样的测试用例，在测试时需要针对场景分别进行验证。同一测试用例只要测试过，是不是就能说明系统具备了上线条件，而没有必要基于多场景重新对同一用例进行测试呢了？实践证明这样做是非常合理且有必要的，我们来考虑以下两类情况：①用例相同，但业务应用物理场

表 8-4 建议的场景清单格式样例

业务部门	业务涉及角色	业务流程/功能点	重要度	场景编号	用例编号	场景名称	场景描述	测试负责人	测试结论	测试人签字	计划测试完成日期	实际测试完成日期	测试备注	指导顾问	顾问意见
			极高（必要） 高（关键） 中（有利于业务） 低（有则更好）	SCN-001	UAT-AGV CALL-01	AGV 小车料点取料	呼叫 AGV 小车完成取料		通过/有条件通过/未通过						

223

景不同，需要对涉及的配套设施进行验证，设施在 A 场景起作用，但在 B 场景下因路线等物理环境不同，有可能用例测试不过；②不同的场景可能对系统主数据配置不同，进行场景验证是必要的。还是举一个生产车间的信息化系统例子：有三条同样的生产线，设备配备一样，系统上的是同样的功能，AGV 在第一条生产线上的功能都已经调试通过，运行正常，然后在第二条生产线上却运行不了，原因是主数据配置不对，AGV 无法识别出第二条生产线的物料存放地点标识。经过此类事件后，类似的项目在系统验证时，都把不同产品、不同产线等主数据验证作为其中一项检查内容，进行场景覆盖式测试。办公自动化信息系统也会遇到相似的场景，公司统一报销流程，从场景覆盖测试严谨度方面看，A 部门与 B 部门都需要测试一个用例，这也是从主数据配置全面性上进行检查。

对于测试用例的编写，初稿可成型于方案设计完成之后，在集成测试期间进行修订，以反映开发过程中有调整或变更的功能点。测试用例内容有三点需要注意之处。一是测试用例不等于用户操作手册，不能把用例操作检查步骤写得如同操作手册一样，失去文档的焦点，建议简要描述步骤，而相关具体操作（如图文结合指导等）直接引用手册章节。二是必须明确标示测试不通过的测试结果。三是登记问题描述，有条件使用电子版用例的，用户先将问题登记到表格中（包括截图），再统一整理到问题跟进清单；没有电子版条件的，可以打印出来做好纸面记录，最后一起整理跟进。将有专门章节讨论问题跟进清单的管理。表 8-5 是 UAT 用例示意，在实际应用中可根据项目情况裁剪使用。

（3）测试场景用例评审与确认。

这个环节是最容易被忽视也是难以执行的，但如果一旦跟进，对测试非常有益。

用户参与用例的评审有些难度。首先，测试场景用例编写得不规范，技术语言或专用术语过多，导致业务用户难以理解，毕竟不熟悉 IT 技术与管理规范的业务用户占多数，期望他们学习并理解是很不现实的想法。其次，毕竟测试方法论还是偏专业知识，一味地由业务用户引导，会造成外行领导内外现象，测试走入歧途，达不到预期效果。因此资深顾问的主导显得关键，综合各方的利益诉求点，识别出最关键业务用户，并请他们更深入地参与到项目任务中来，形成各方都能理解一致并执行的场景用例。值得注意的是，得到所有业务用户确认是不现实的，也是不可行的，抓住关键用户及业务接口人是唯一可行的工作办法。

表 8-5 UAT 用例示意

×××项目-UAT-AGVCALL-01 用户接受测试用例			
项目名称	×××项目	版本	v1.0
用例 ID	UAT-AGVCALL-01	用例名称	
用例编制		编制日期	
测试过程		测试类型	用户接受测试
流程说明			
前置条件	用户账号权限开通		
备注	AGV 取料全流程测试		

业务操作步骤						测试结果			
步骤编号	前置条件	操作步骤	操作手册指引	预期结果	测试负责人	实际测试人	实际结果/截图(√/X)	结果(通过/不通过)	测试时间	问题描述记录
1										
2										

2. 如何准备测试环境

测试策略虽已明确列出了对测试环境的要求，但现实工作中可能会遇到些许例外，无法提供测试环境，导致 IT 部署规范中要求的开发、测试、预部署、正式等多套系统环境不能落实到位，而强制要求 IT 部门为业务部门准备多套系统，有时受系统性质特点限制，也不能满足，遇到这种情况该如何处理呢？如何能避免呆板的坚持，综合进度、实施复杂度等各方面的情况，采取相应措施解决呢？

举一个具体的例子来阐述这类情况的应对。某生产管理系统升级改造，现场只有一套硬件控制设施，当新系统需要测试控制接口时，不可能完全停止业务现场用于模拟测试，或者只能给出很短的时间窗口用于测试，而该时间是无法完成所设计的测试场景的。此时，通常需要引入测试"试运行"的概念：选择部分真实业务数据、真实业务操作来验证设计功能，业务上允许出现功能失败的情形，比如功能失败时，采取临时操作，对正常运行几乎没有影响。对于此类情况，项目组需要设计测试策略，执行复杂度高，几乎是正式环境的运行了，因此执行策略需要重点考虑。

信息化系统建设中遇到测试环境在准备时出状况的情形主要有两大类：一类是 ERP 应用，通常 ERP 应用模块过于复杂，管理不规范的企业缺少预部署环境，并且测试环境与正式环境在数据上相差大,给测试带来困难;另一类是运营技术(Operational Technology,OT)系统,多数维护管理水平低,与传统IT相比更加不规范,加上现场设备类特点,根本没有测试环境而言。上面的例子就属于后者,而ERP相关应用问题就不能采取与后者类似的折中措施,毕竟ERP是有测试环境的,只是有数据问题。如果涉及ERP应用,项目组必须提前沟通和协调,按要求准备好测试环境。众多的项目实践表明,应用与ERP类应用集成有依赖关系,如果遵守了标准的测试流程,上线质量与进度都能保障;相反,如果因为各种理由,没有在测试环境联调,几乎上线运行100%都会出问题。笔者印象最深刻的是某个信息化项目与ERP深度集成,而该公司的ERP服务器及服务团队都在德国汉堡,在测试阶段,虽然遇到远程沟通联调、时差等挑战,项目团队仍然坚定执行测试策略方案,最终项目成功按时上线,各方都把该项目作为成功案例宣传推广。

有了达成一致的测试计划,获得了相应的测试资源,并组织准备好测试用例与环境,接下来就是关键的执行阶段。

8.3.2 UAT执行与监控

UAT的执行非常考验项目团队的组织能力,一群业务用户毫无章法、散兵游勇似地参加测试,最终在规定的时间内达不到任何预期结果的现象屡见不鲜,即使是IT界有名的咨询服务公司也难避免此类情况的发生。采取围绕"在一定时间内取得签字报告"的工作指导思路同样可以指导该阶段工作开展,任何计划任务或措施,拿这把尺子就能衡量其是否得当。

最常采取也是最有效的测试执行措施是所有人员集中办公,建立所谓的"作战室"(WAR-ROOM)。从多个项目实践上看,这一方式可以在以下三个方面保障UAT测试的进行:其一,技术人员、业务顾问与关键业务用户在同一个办公室,降低了沟通成本,测试问题可以在最短时间内得到响应与解答;其二,避免业务用户受日常业务事务的影响,能更专心地投入时间进行测试;其三,信息化系统业务流程一般都涉及多个业务组织部门协作,所以所有关键业务用户集中在一起,流程各环节验证效率会变高。曾经某一项目服务于跨国业务组织,本地业务用户集中在一起测试,三天就完成了所有测试,而异国部门却用了近2周的时间才完成同样的测试,由于可见集中办公的优势。

前面执行计划提到UAT至少开展两轮测试,这涉及一个执行策略问题:当项目测试遇到严重缺陷时,项目团队也要想临时办法让后续测试继续开展下去,尽可能地测试更多的场景用例,同时记录问题,按优先级解决,组织下一次验证。

这要求项目团队及时安排技术骨干顾问，快速处理极端异常事件，比如人工调整数据库数据，流程引擎节点，或是临时软件应用版本跳过某一节点等。安排技术骨干顾问的另一重要原因是，测试节奏与工作氛围所需，如同星巴克的"气氛组"一样，顾问及时处理问题，能起到稳定"军心"的作用，让关键用户可以静下心来专注于测试，而不是抱怨系统缺陷多、功能烂等。曾经某一大型项目在UAT测试时遭受到上面所述负面场景：第一天测试时，用户准时到达"作战室"，精神奕奕。可问题是第一个测试用例场景就无法正常运行，主数据及功能点都有问题，顾问没有及时解决，导致整个上午测试现场变成了聊天会。在接下来的测试时间中，用户既不准时，而且一遇到测试问题就失去测试耐心，直接离开测试现场回办公室处理业务。整个测试周期延长了一倍，只能临时调动资深顾问、开发骨干到现场解决问题，好在最终还是有条件通过测试。"前事不忘，后事之师"，希望各位读者的项目不犯同样的错误。

　　第二轮测试有无必要安排，以及间隔多久，没有固定的答案。有的项目组会集中技术开发人员到测试现场，对于遇到的问题现场更改版本重新测试，同时把适当拉长测试时间，一轮测试后所有场景通过或有条件通过，然后宣布进入实施上线阶段。对于小型项目而言，这样的做法是可行的，但是中大型项目不推荐这样的做法，主要原因之一是针对某一测试缺陷，现场发布版本测试，通过后进入下一测试场景的做法，因缺少回归测试，可能会导致原先测试过的功能场景点由于后续问题的修改而又引入新的问题，因此整体测试不一定发挥对上线后交付质量的控制作用，相反上线后问题不比测试期间的少，让人怀疑是执行了"假"的UAT测试；原因之二是现场用户除发现缺陷外，还会提出优化或新的需求变更，后者在现场是既不合乎规章流程，又是无法正确回应的，如果遇到看似优化增强需求，实则是设计漏洞的，必须响应，否则会对功能产生直接的影响，而对于这种情况，短时间内是无法及时解决的。因此除非是小项目或是该节点对公司有重大政治意义，一般不推荐只规划一轮UAT测试的做法。至于两轮测试之间间隔多久合适，如果要推荐的话，选择一周之内比较合适，时间太长，用户有可能对验证操作变得生疏；时间太短，则有可能项目团队还没有修改完成问题或是来不及集成验证测试。但有一点是必须确定的，即在测试执行任务计划项中，需要明确给出测试时长、中间修改调整时间以及第二轮或第三轮测试的明确时间安排，因为要协调多个业务部门用户的时间，请各方预留出参加测试的时间，明确的时间段是协作的前提。

　　测试执行期间最关键的行动之一就是对问题清单的管理，这个阶段是比较容易发生范围蔓延失控的时候（最容易发生范围失控的阶段是上线试运行期间），下面有专门章节讲述，在此章节我们讨论如何应用上一章节讲述的测试问题驱动的管理方式。

UAT 测试的最大目的就是让业务用户熟悉并认可交付的功能，从而达到按时顺利上线的目标。项目团队在向业务部门征询上线意见时，常听到的一句话就是"你们系统问题太多，非常严重，无法上线使用"，这么笼统的结论影响着管理层的决策，如果是出自业务部门主管之口，上线计划有可能不得不面临推迟的结局。问题驱动管理是解决以上困难的有效工具，项目经理有必要统一全团队的认识，让所有成员自觉应用。问题清单不怕多，就怕团队列不出，只停留在口头交流等最原始的初级管理水平。当各方统一认识之后，下一注意事项就是执行过程中需要互动反馈，避免开发团队自说自话把问题标记为完成，而业务用户却不认为已经解决，这样的情况比比皆是。项目经理在与团队检查问题清单时，一定要注意清单模板中的"完成确认"项的执行，该列需要顾问与问题提出人进行确认并认可已经解决，状态可变为关闭时才能更新清单状态。如果使用了电子化工具来管理问题清单（比如 JIRA、Redmine 等），则可以将问题提出人列为关闭确认人，由其直接在系统中更新状态。

UAT 测试执行过程中容易出现的问题就是项目源代码（包括数据库脚本）版本管理。由于是集中测试，对于反馈的缺陷问题需要快速响应，有时程序员会在现场直接修改某处代码或增加/调整数据表结构，以便测试能正常开展下去。当问题没有被及时整理，在打包发布时就会出现代码遗漏或覆盖现象，明明是测试环境已经修复并通过测试，但正式环境仍然报错，如果是没有收集数据库脚本并在正式环境上执行，程序也将直接报错。版本管理工具可以有效地避免第一类情况，而数据库脚本管理有些困难，这需要规范开发变更操作，一种做法是由一名技术人员负责全项目项的数据库脚本整理，所有变更都通过他来执行实施。

8.3.3 UAT 收尾

UAT 测试阶段最主要的两项收尾工作：一是完成对系统设计功能的验证，证明系统具备上线实施条件；二是着手准备系统部署资源及手册，一旦项目管理委员会决定同意实施上线，则可平稳转向下一阶段，这也是项目经理的基本技能之一，把貌似隔离的各阶段有机地衔接起来，而不是机械地照搬管理过程阶段论来实施项目。

强烈建议该阶段有正式的总结会议及书面 UAT 测试报告结论,这也是本章开始就提出把 UAT 测试当作项目管理的出发点之一的原因。从项目启动、需求分析、方案设计一直到开发测试,都是围绕上线这一时刻服务,无论是从质量控制还是项目审计角度,总结会及正式结论都是项目经理能想到的主要行动措施之一。除以上章节中 UAT 场景设计的签字样例外,以下我们看其他真实项目案例测试报告签字模板(图 8-1),与 Excel 版本大同小异,可见不论何种模板形式,服务目标相同,都是围绕目标展开工作安排。

项目用户验收测试 UAT 报告					
项目名称		分类	□模块	□系统整体	

■ 测试综述及目标要求

■ 测试资源

序号	业务部门	测试角色与职责描述	业务用户代表	指导顾问

■ 测试码场景安排描述

序号	测试场景	业务操作参考手册	测试结论 P/NG	测试人员	测试日期	问题记录	场景类型(预设/用户自增加)	备注
1								

■ 测试综合结论及意见

测试结果: □通过测试 □未通过测试 □有条件通过(需在以下填写具体说明前提条件)

备注:

■ 测试人员签名

部门公司	关键用户/顾问	签名	确认日期	建议或意见	备注

■ 项目经理确认签名

项目经理:_____ 综合结论意见:_____ 确认时间:_____

图 8-1 真实项目案例测试报告签字模板

总之,不论何种形式,项目经理以上线为目标采取灵活有效的措施都是可行的，切记呆板、消极被动地开展工作。

8.4 问题驱动法

从项目准备、启动直到收尾关闭，熟悉掌握应用"问题驱动法"是项目实施成功的关键秘诀之一。在测试阶段，问题回顾分析管理频率调整到每日比较合适，管理注意以下事项。

1) 每日整理更新问题跟踪清单，组织团队定时（比如每天下班前15分钟）分析，并初步识别问题分类及优先级，指定具体责任人跟进解决。

2) 问题认定为系统功能缺陷，则除要求责任人给出预计解决日期外，还要纳入每日跟进清单。

3) 问题初步认定为增加新需求，则要求责任人与关键业务用户进一步沟通讨论，若双方都确认为新需求，则严格按项目变更流程进行处理，切记不能无原则地直接修改应用程序，这是极其不专业的处理方式，并且对各方都是不负责的行为，因为项目团队看似是以客户（内外部）为中心，从提高满意度出发，但实际上由于无章法的管理执行行动，结果常常是"事与愿违"，两败俱伤，严重的可能引起激烈冲突，团队分崩离析，导致项目延期或失败。

4) 问题初步认定为变更或功能增强，这是所有问题类型中最难处理的一类，也是引起推诿、团队冲突的主要来源。与过去静态UI界面或书面的功能描述不同，由于多数参与测试的用户首次实实在在地操作使用系统功能，有了直观的感受，冒出新想法是很自然的事。虽然前面章节有过相关讨论，但测试阶段留给项目团队处理问题的时间更为紧迫，需要快速决策，控制测试进度确保按时上线。项目经理此时需要更多的决策平衡，除考虑重要度优先级外，可以适当从工作量角度出发，快速处理一些界面优化类工作和不涉及业务逻辑回归测试的用户反馈问题，缓和团队与业务用户之间的矛盾，提升满意度。该环节处理不当的后果非常严重，处理不当则前期付出毁于一旦，因此非常考验项目经理及整体团队的问题分析与冲突处理能力。从另一角度看，这也是团队磨炼成长的时机，一旦抵住压力，对自身能力是一个质的提升。

5) 所有问题都记录在跟踪单中，包括系统缺陷、功能增强及变更、新需求、待澄清问题、管理沟通协调事项等，并以之驱动整体工作的开展，每天工作就以之为中心安排资源展开。

6）该阶段比以往更需要沟通，向上保持对管理层的透明，尤其是涉及成本、进度变更时，及时与管理层进行协调并得到决策，遵守"no surprise"原则，避免管理层是最后一分钟知道（坏）消息的人；向下保持团队对进度及目标的对齐，执行层对状态与问题现状理解一致，凝聚团队保持战斗力，以上线时间目标为"终"前进；向左向右与项目关键成员及利益干系人及时沟通进展，以得到各方的最大支持与协助。

虽然前面章节对"问题驱动"工作方式有过提及，但下面将更为全面地介绍与讨论。整体管理思路是量化任务，使任务更符合 SMART 原则（详细描述见前面章节），使得团队成员更清楚自己要负责的任务，无论是向上争取协调资源还是向下管理，更透明有效。

8.4.1 "问题驱动法"的管理方式方法介绍

表 8-6 为问题跟踪清单。

表 8-6 问题跟踪清单

编号	类型	模块	严重度	优先级	问题描述	解决方法	处理方	处理人	提出人	提交日期	预计解决日期	解决日期	目前状态	确认完成	备注

问题跟踪管理过程中，问题类型与优先级的管理是难点也是重点。首先是问题分类，业务用户往往把需求变更、新需求也都划到缺陷一类中，并要求项目组予以开发实现。其次是优先级，由于人员所处位置不同，项目组给出的优先级与业务用户给出的优先级可能不一致，同样都是业务用户，可能不同的部门给出的优先级也不尽相同。这就需要项目组发挥 IT 专业人员与业务方案顾问角色的优势，与业务方面充分沟通，以"理"服人。这儿的"理"就是项目管理原则、IT 系统特性、职业的态度与做事方式方法。

8.4.2 问题优先级的界定

为什么要先界定优先级而不是分类？这样做的出发点在于一般业务用户不关

心分类到底是什么，并且有的用户也搞不清楚什么是系统缺陷，什么是需求及变更，或者出于自身利益，故意混淆问题分类。总而言之，如何分类并不是用户的关心点，如果我们与用户先就此沟通的话，可能会陷于无休止的争吵，给项目的按时交付带来风险。推荐的做法是先抛开分类不谈，大家先坐下来谈问题的优先级。

我们先了解两个问题描述术语：严重度、优先级。

严重度和优先级是描述系统问题缺陷的两个重要指数，它直接影响软件问题的修正优先顺序，对项目的测试验收以及项目关闭等关键阶段是否完成起着决定性作用。很多软件测试人员以及软件工程师往往会混淆这两个概念和作用，以及混淆处理方式，或者是为了管理方便，直接在实际测试工作中把表示缺陷的严重度和优先级混为一谈。那么缺陷的严重度和优先级是什么呢？

严重度（Severity）指的是系统问题缺陷对软件系统功能的影响程度。例如，功能若不能正常工作将导致业务无法进行下去，还是业务功能的工作效率受到影响？抑或对业务操作没有实质影响，只是影响显示美观等？系统问题缺陷的严重度的界定应该以业务用户的判断为基准，描述对业务流程与操作的影响，毕竟系统都是服务于用户的，他们最有发言权。

优先级（Priority）是用来表示处理和修正系统问题缺陷先后顺序的指标，即哪些缺陷需要优先修正，哪些缺陷可以稍后修正。有的软件工程书籍中讲到站在软件开发工程师的角度来确定系统问题缺陷优先级，笔者不这样认为，在资源有限的情况下（对于某一具体项目而言，资源永远是有限的），优先级需要与严重度及方案综合来定，而不是把简单的放在前面，把复杂的放在后面实现。

一般而言，严重度程度高的系统问题缺陷具有较高的优先级。严重度高说明缺陷对系统造成的影响大，需要优先处理，而严重度低的缺陷可能只是系统不太尽善尽美，可以稍后处理。但是严重度和优先级并不总是一一对应。有时候严重度高的系统问题缺陷，优先级不一定高，甚至不需要处理，而一些严重度低的缺陷却需要及时处理，具有较高的优先级。例如，某信息系统在设计用户账号权限管理时，采取了特殊加密方式，并且每次都从服务器取所有用户到本地进行验证，在注册用户达到2000名左右，客户端向服务器请求用户信息时，服务器会漏传数据包，导致所有客户端无法正确解析用户账号信息，整个系统无法登录使用。这个缺陷的严重度为高，因为在此情形下，系统都不能正常运行了，业务流程无法操作，影响面巨大，但优先级可以定为中或低，因为该系统为生产专用信息系统，达到 2000 名注册用户的概率比较低；退一步看，即使注册用户达到了 2000 名，也可以通过清理无效账户的方式使真正使用系统的用户低于 2000 名，此临时应对措施可为问题的解决争取更多的时间，项目组可以将有限的资源投入更为紧急的问题处理当中。再比如，如果项目组发现某一系统问题缺陷的严重度很低，即认为对系统功能影响很小或几乎没有影响，例如图片显示错位或界面上词语拼写错误，但是如果图片是公司 LOGO，或是公司目标或企业文化价值观，则优先级高，必须尽快修正，因为这关系公司的整体形象。

如何表示缺陷的严重度和优先级？缺陷的严重度和优先级通常按照级别划分，各个公司和不同项目的具体表示方式有所不同。为了尽量准确地表示缺陷信息，通常会将缺陷的严重度和优先级分成 4 级。如果分级超过 4 级，则造成分类管理复杂，影响问题的解决效率。具体的表示方法可以使用数字或字母表示，例如：使用数字 1、2、3、4 分别表示非常严重、严重、一般和轻微；对于优先级而言，1、2、3、4 可以分别表示最高优先级、较高优先级、一般和低优先级。

对于缺陷的严重度，如果分为 4 级，则可以参考下面的方法进行确定。

（1）非常严重的缺陷。例如，软件的异常导致系统崩溃，造成业务流程无法进行或重要数据缺失；

（2）较严重的缺陷。例如，功能执行时间过长，在某些计算机上可能会报执行超时，但关闭一些应用后，则可能又执行正常；

（3）一般缺陷。例如，如果 B/S 架构，用户不小心单击浏览器的退回按钮导致系统重复记录数据；

（4）轻微缺陷。例如，某些界面显示的字符拼写错误、字体与风格不一致协调等。

对于缺陷的优先级，如果分为 4 级，则可以参考下面的方法进行确定。

（1）最高优先级。例如，系统功能阻碍了业务流程及操作的正常活动，必须立即解决；

（2）较高优先级。例如，系统功能影响了业务流程及操作的正常活动，需要尽快解决；

（3）一般优先级。例如，系统功能对业务流程及操作有一定的影响，但是非关键业务，在一段时间内用户可以等待解决；

（4）低优先级。例如，系统功能对业务流程及操作几乎没有影响，若能修正则更好。

在实际项目管理应用中，优先级分为高、中、低三类比较容易操作管理，同时与之相关的还有另一个衡量指标——严重度，即问题对业务的影响程度，两者结合起来共同协助项目成员完成对系统问题的跟踪管理。高优先级定义为：问题如果不解决，则系统流程与操作无法进行下去，设计的功能无法运作，通常严重度为高。中优先级定义为：问题如果不解决，则功能不能正常操作，该功能的严重度为中；或者如果问题不解决则功能不能正常操作，同时功能的严重度为高，但系统可以提供临时变动的操作方案来应对此类情况。低优先级定义为：问题如果不解决，则功能不能正常操作，同时功能严重度为中，但系统可以提供临时变动的操作方案来应对此类情况；或者即使问题不解决，功能仍可以正常操作，只是操作不方便，需要改进优化；或者是其他界面、字体、提示等即使调整也不影响系统功能的问题，后两种情况严重度都划分为低。

有的项目为了操作方便，把优先级与严重度合二为一，此时优先级分为四级更为合适，在原来高中低三级的基础上，增加"极其重要（Critical）"，排在所有优先级之前。在处理问题的方式方法上，仍然建议项目管理者把两者区别对待。优先级的界定不是由项目组自行决定的，首先对于分类标准，项目组需要与业务关键用户达成一致，然后再对具体问题进行认定，大家一起讨论分析，给出最终界定结果。

8.4.3　问题分类的界定

优先级与严重度认定之后，接下来重要的一点就是如何对问题进行分类，因为不同的问题分类处理流程是不一样的：针对系统缺陷，项目组需要按缺陷管理方式，调配资源予以解决；针对变更或新需求，需要按项目变更流程进行处理。两者最大的区别在于：前者的责任在于项目团队，不涉及公司甲方的额外预算成本申请，项目组有责任无条件解决缺陷；而后者通常情况下是在需求分析阶段没有讨论彻底或出现大家谁也没有考虑到的情况，责任可以是双方的，但由于可能会涉及项目的成本增加，会涉及商务谈判，解决流程相对比较耗时。

在界定问题分类上常常有分歧发生，也有可能伴随着争吵或不愉快，毕竟大家的出发点与立场不同，同一问题会有不同的看法，这是很考验项目经理以及整个团队工作能力的时刻。在前面一直提到的两类处理问题原则——"以始为终"和"双赢思维"——此时更突显其重要性。出现了问题是大家都不希望看到的，在大家统一了问题优先级和分类后，接下来的共同目标是如何想办法来解决这些问题，使得系统可以正常推进下去，完成既定目标。争吵无济于事，甚至会起到反作用，不过适当的争论也会激发大家的思考力，问题总是越辩越明，切记因怕问题公开而藏着或躲避，不及时处理，小问题会拖成大问题，最终爆发会无法收场。项目组需要以双赢思维来提出解决方案，合情合理地推进系统在业务部门开展应用。

在具体问题界定上，评判缺陷、变更与新需求的基准就是用户软件需求说明书，而需求说明书的基准是工作范围说明书。从最原始的需求到方案再到设计开发，从软件工程原理上看，前面如有小的偏差，则开发设计阶段将发生较大的偏差，并且修改的工作量也是成倍增加。这就是前面提到的重视工作范围说明书、用户软件需求说明书签字的重要性，以书面的形式确认并非流于形式，而是以这种正式方式向大家表示该项工作的重要意义，这也是双方项目合作的基石。前面也提到过在需求阶段，较常遇到的情况就是用户不愿意签字，这从另一方面也能看到双方都看到了"责任"二字，从项目质量管理角度看这是件好事情。

某些情况下，变更界定比较模糊，尤其是软件需求说明书有的地方写得不具体时，更是如此。

（1）以下两类情况导致的问题直接划分为系统缺陷：

① 凡是设计与软件需求说明书不符合的；

② 凡是开发与设计说明不一致的。

（2）以下情况提出的问题直接划分为新需求：

软件需求说明书中没有描述的功能。

（3）以下情况提出的问题直接划分为变更：

软件需求说明书中有该功能的描述，但用户提出的功能在原先基础上有较大变化（业务逻辑、系统展示、第三方数据接口等方面）。

（4）以下情况提出的问题需要双方讨论沟通是将其划分为变更还是设计缺陷：

软件需求说明书中有该功能的描述，但由于描述用语过于概括，无法直接判断用户提出的功能是在原先基础上的变化，还是双方理解不一致等原因导致设计与用户所需不一致。

对于最后一类难以界定的问题，从根本原因上归到项目组需求分析不到位，也是合理的，但是用户也承担审核与确认需求的责任，大家没有讲清楚功能，双方都存在责任，因此需要双方如工作范围说明书中所规定的一样，"如有异议，甲乙双方本着友好合作的原则，积极解决问题"。

8.4.4　各类系统问题分类后的应对措施

系统缺陷除了影响业务用户的体验，同时也影响着团队士气，因为往往伴随着缺陷发生而来的有用户的责备、批评之声，时间一长，随着缺陷暴露，用户对项目组的信任度就会下降，导致合作过程不通畅，严重的还会影响项目的关闭与收款。所以对于缺陷务必从快解决，尤其是高优先级缺陷，必要时加班加点，并及时给出进展反馈，请用户再次验收。有错必改、有错及时改的工作态度与方法，可以在一定程度上弥补缺陷给双方合作关系带来的伤害，项目组全体成员的辛苦工作也必定会换来甲方公司的理解，为大家进一步的合作共事打下坚实的基础。

系统缺陷带来的工作量除了打击团队士气，也增加了项目成本，极有可能将项目利润消耗殆尽。综合国内外软件工程书籍，大家都比较认可的一个说法是：如果在需求阶段修正一个错误的代价是×人天，那么，在设计阶段就是它的3～6倍，在编程阶段是它的10倍，在单元功能测试阶段是它的20～40倍，而到了系统上线运行后，代价可能会高达上百倍。修正错误的代价是随时间线呈指数被增长的。一般情况下，相比开发设计阶段，项目收尾阶段随着开发测试功能的完成，团队成员都会逐级释放，大部分骨干员工可能已经调离到其他项目中去了，因此可用资源难以协调，更需要项目经理"以问题驱动"，合理安排计划。有了问题清单，对甲乙双方来讲都有了明确的工作目标，以此推动项目的进一步开展。甲方担心的是问题没有人来解决，看到清单上安排的任务责任人以及预计解决日期，即使对系统缺陷一肚子火，也不会再发作；乙方供应商担心的是用户没完没了地提问题，对于项目进展心里没有底，会产生畏难情绪，有了"问题驱动"，"亲兄弟明算账"，大家能形成合力，向着项目关闭的目标一起努力前进。

对于系统缺陷，项目团队还需要事后分析引入来源及产生原因，以便对今后项目管理或其他项目发挥参考与借鉴作用。缺陷引入来源可能分为以下六点。

1）需求分析阶段。
2）系统设计阶段。
3）开发编码阶段。
4）单元功能测试。
5）集成测试阶段。
6）用户验收测试阶段。

结合各个阶段分析产生的原因，大致可分为以下情形。

1. 需求分析阶段问题的引入

（1）需求描述不清晰、不具体，导致设计功能偏离业务用户的需求，从而引起功能或产品特征上的缺陷。

（2）系统需求分析时顾问对业务用户的需求理解不清楚，但自认为理解到位；或者是用户根本没有将业务讲清楚，但自认为说得很明白了。总之是沟通上不彻底，存在问题。

（3）需求阶段的软件说明书没有找到正确的人签字把关，签字成了走过场，没有起到应有的作用。

（4）项目时间紧张，需求软件说明书未能完善。

2. 系统设计阶段问题的引入

（1）软件设计人员对需求分析的理解有偏差；或因软件设计人员技术水平问题，导致设计的架构不能适应业务需求；或因架构设计本身存在问题，导致开发只能将就已经定型架构，引起与目标的偏离。

（2）系统架构过于复杂，导致实际开发人员在使用过程中难以应用，同时调试或跟踪都比较复杂，增加开发人员开发与调试的工作量。

（3）接口规范设计缺失或不明确，造成数据对接引发缺陷的产生。

3. 开发编码阶段问题的引入

（1）编码人员对系统软件需求说明书的描述内容重视度不够，自行发挥进行功能"镀金"或存在误解导致开发不能达到原需求设计功能的要求。

（2）盲目采用所谓的先进新技术，对其适用范围以及依赖条件、系统兼容考虑不周，很容易在后期测试或运行过程中发生缺陷问题。

（3）开发人员自身技术水平有限，未及时释放内存，或内存引用指针地址混乱；对程序逻辑或数据范围的边界考虑不周，导致数据引起的边界错误；对代码变量判断不当等引起运行错误。此类缺陷极为常见。

（4）编码缺少规范，导致不同开发人员风格不同，变量定义不同，在互相引用相关代码时不能很好地理解其意义，造成误用引发缺陷。

（5）由于开发人员技术水平原因，虽然写出的代码完成功能没有问题，但性能上不能满足业务用户的并发性要求，导致无法应对大量负载而造成系统死机等严重缺陷。

（6）编码时对代码安全考虑不周，造成严重缺陷漏洞，如用户数据泄露等。

4. 单元功能测试问题的引入

开发团队内部功能测试，某些情况下，如着眼于单元模块的功能，此时由于集成或回归测试的相对缺失，在修正缺陷的时候极易引入新的缺陷。

测试人员没有正确理解功能设计，对开发出来的功能进行了错误的纠正。

5. 集成测试阶段问题的引入

集成测试期间对某一接口进行修改，引起其他相关功能点的异常。

6. 用户验收测试阶段问题的引入

用户对需求的理解不一致，修正问题时会引入其他问题。尤其是提需求人员是一批人员，而验收人员却又是另一批人员，会导致在需求变更的同时，给已有功能引入缺陷，毕竟在测试相对较短的时间内，修正方案存在不完善的可能性，出现异常和错误是可以想象的。

以上全面地讨论了"问题驱动法"的实施，项目团队的管理也是一个逐渐成熟的过程，只有不断反思才能更好地成长，尤其是对系统缺陷问题的引入分析，会帮助团队在其他项目中避免同类问题，提高项目交付质量。掌握并灵活运用这一项目交付管理的真正利器，使它在各阶段发挥作用，是对合格项目经理的基本要求。

8.5 最容易蔓延与失控的阶段

从项目整体交付周期看，UAT 测试阶段的确是最危险的时刻，"丑媳妇总要见公婆"，矛盾与冲突就此加剧，项目如何把控变更，并平稳渡过这一过程进入上线阶段呢？

假若方案阶段的工作不扎实，此刻就要为之买单了，看一下实际例子。某项目在方案阶段由于资源与工期问题，项目组在与业务部门确认方案时已经发现不少未达成一致的描述，但是为了赶工期节点，采取了模糊概念的描述方式，备注为低优先级阶段后再跟进解决。其中有一点，在工作范围说明书里要求项目组提供"实时看板"功能，各方协调备注为到开发阶段再定具体内容。而在开发设计阶段，团队通过业务部门沟通开发完成了"实时看板"功能，进入了用户功能验证。某生产业务主管认为功能还可以，提出再开发其他维度的看板，看板数量多达五个（类），并且这些功能将作为上线的前提，该业务主管声称没有这些看板，其部门无法真正使用系统。而项目团队认为这是非常明显的新需求，不应该作为用户功能验证测试通过且系统上线的前提条件。该业务主管直接拿出工作范围说明书，说"实时看板"功能是原先就提出的需求，根本不存在新需求或变更一说。于是双方团队僵持不下，无法达成一致意见。项目经理带领团队反思并认识到工作的疏漏，积极与IT方、业务方进行沟通，在分析了业务必要功能需求之后，作了适当的让步，新增加了两类看板的功能设计开发，彼此有所妥协后，项目组将需求范围蔓延控制在最小影响之内。从项目成本控制角度看，虽然影响可控，但实实在在地已经多花费了人力物力，还需要另找额外的预算来弥补这增加的工作量；从交付结果看，以适当的额外成本换取了按时上线节点的保障，最终状态是可接受的，无论企业内部实施团队还是合作供应商团队都认为额外付出是值得的。综合上述，处理此类冲突的关键在于各方的平衡与妥协，不能一味地坚持所谓的原则，而把项目置于停滞状态。

在用户功能验证测试阶段已经处于失控的边缘项目，项目团队的沟通协调、平衡决策能力起到定海神针的作用。曾经有个项目，由于该项目由IT部门与一咨询服务供应商合作共同承担，在进展到用户功能验证测试阶段时，因种种原因服务商资源预算基本用完，并且略有超支，服务供应商采取了"止损"措施：撤离人力资源，中止服务，也不打算获取后续费用，IT方的项目经理也内部调动，不再负责，于是项目进入了停滞阶段，已经一只脚踏入了失控状态。项目管理委员会任命了新的资深项目经理，希望能将项目带入正常轨道。首先，项目经理与管理高层沟通，取得了高层项目的支持，争取了一定的额外资源预算；其次，团队一起展开头脑风暴，分析当前任务及问题，识别关键任务，并初步列出推进计划，进一步评估资源需求与成本预算，在高层支持下于部门内外部寻找适合资源；再次，及时地将推进状态与业务部门沟通，并如实告之当前项目面临的困难，争取业务部门的理解，为下一步合作共事打下基础；最后，采取措施快速建立起信任。项目经理带领团队快速地与各方建立起信任，让各方对项目执行重新获得信心。比如，从日常小事上做起，与业务部门开会后，形成会议纪要（包括行动项与计划节点），会后加班加点严格按计划项节点完成任务，逐步让业务部门认可团队的执行力，认可团队的踏实作风。当然更为关键的是组织资源将用户功能验证测试完成，并与业务部门达成确认，形成书面认可归档记录，各方对上级领导都有较为圆满的验证交付。经过近三个月的努力，项目从失败、失控边缘走向成功阶段收尾结项。

总之，基于透明管理、互信沟通、双赢思维，甚至为了一定目标而做适当的妥协来处理危机事件，道理似乎都明白，但在实际应用上还是非常锻炼团队能力与素质的。

8.6 江湖救急每日例会

借鉴于敏捷开发管理方式，用户功能验证测试期间每日例会对项目执行非常有益。先了解一下例会的目的，就更容易知道应该采取什么样的行动措施了。

用户功能验证测试工期通常比较紧张，并且要求项目组响应要比平时更迅速。日例会就是要及时地安排资源去响应高优先级问题，使用户功能验证测试可以按期完成。因此会议时间需要控制在 20 分钟之内，要求项目成员全部参加会议，让所有成员知道当前测试进度、遇到的困难以及采取的措施，每人知道自己承担的任务、需要完成的日期。会议不对问题展开，除明确指定责任人外，还讨论有延期风险的执行任务需要何种支持，会后由项目经理去组织协调。

会议时长把握不够精确，挤压人员正常工作，造成开发人员抱怨，或是流于形式，无法起到正面积极推动意义，是常见的项目管理现象。要避免类似问题，首先，项目经理担当起会议主持人的角色，严格掌控时间，到时间就中止会议，让所有成员养成准时、说话讲重点的作风习惯，当问题少无须协调安排时，可以提前结束会议，或者根据问题情况，将每日例会改成每两天，甚至一周调整成两次；其次，做好线下沟通反馈，有些人不喜欢在会上发言，但实际上他是有想法或是需要得到支持的，会后沟通方式能有效地弥补缺失的部分，不断听取成员的建议及意见，完善例会，让会议真正服务于团队；最后，也是最为重要的一点，会议反馈的难点与支持项得到落实，让所有与会人员都能感受到会议对他们工作带来的支持与帮助，这一点非常关键。曾经有个实施团队，召开项目例会，各成员发现会议上讨论的问题也很少达成一致结论，安排的行动与实际运作有不小的距离，呼吁的支持也如石沉大海没有回音，项目成员逐渐地找各种理由不来参加会议，能来的与会人员也不再积极发言，整个会议流于形式，对项目进展起不到任何正面的推动作用，最终项目拖延非常长的时间才得以实施完成。

8.7 部署彩排

大多数企业真正执行预部署策略的应用项目，ERP 类算是成功典范，至少笔者曾经工作或接触过的多家公司的 ERP（SAP/ORACLE）都配备了预部署环境，IT 环境就变成了开发—测试—预部署—正式环境四大类。在 IT 服务虚拟化普及的当下，至少在硬件设备资源方面，企业提供四套环境不存在问题，因此建议并且是强烈推荐有能力、有条件的企业遵循这一业界最佳实践，如果读者正在负责信息化项目建设或其他 IT 类项目，相信必定经历过为了解决上线时的"突发状况"而彻夜加班加点的难忘日子。

所谓预部署指的是将开发/测试环境的应用程序转移到正式生产环境之前，生产环境程序与配置 100%相同，数据最大程度上与之相似（企业一般是直接拿生产环境复制出预部署环境，所以在某一时刻两个系统的数据是一样的）。正是因为预部署环境与正式环境高度相似，才能最大可能地验证程序功能的正确性，保障生产环境功能的正常上线启用。ERP 系统在企业中应用广、承担业务关键，对新功能或应用启用出错率容忍度低，所以一般都采取预部署策略。

如果企业 IT 资源紧张，无法设置预测试环境，是不是预部署就不需要执行了？如果想部署过程少出问题，甚至不出问题，必须坚守预部署原则，不能为了省事而在执行上大打折扣。常采取的一种措施是通过规范部署过程，以书面操作手册来指导程序安装与配置。开发人员在开发完成后，编制安装手册，在向测试环境迁移应用时，IT 人员严格按安装操作手册一步步进行，遇到问题时，与开发团队一起检查解决，同时更新安装手册，测试环境部署完成后，也同时形成了正式的环境安装手册。这样做遇到的问题在于开发向测试迁移程序可能分多次完成，每次都有新的安装手册出现，形成的最终安装手册要么步骤显得比较混乱，要么在合并整理步骤时有遗漏，导致正式环境应用部署过程仍然面临困难（好处是这类问题大多在测试环境都会遇到，因此发生问题后能立即定位根源并采取措施解决）。以下是某项目使用的安装部署手册模板。

8.7.1 数据库脚本运行

数据库脚本运行见表 8-7。

表 8-7 数据库脚本运行

序号	目标数据库	源数据库	类型	步骤	备注
1			脚本说明	把脚本放在某一共享文档，说明文件夹	
2			脚本	说明脚本运行顺序说明 1. 2. 3.	

8.7.2 应用程序更新步骤

应用程序更新步骤见表 8-8。

表 8-8 应用程序更新步骤

序号	目标服务器	目标目录	步骤描述	备注
1			安装步骤： 1. 与用户沟通确认停止服务时间窗口，并通知； 2. 停止服务； … n. 重启服务，并通知用户使用验证	

8.8 帮你把关——项目实践案例

8.8.1 测试验证阶段检查单

表 8-9 为测试验证阶段检查单，覆盖内容足以支撑测试阶段汇报。

表 8-9 测试验证阶段检查单

检 查 项	检 查 内 容	是否必须项	备 注
问题清单	从项目单元功能测试、集成测试到用户功能验证测试阶段问题汇总分析，是否有阻塞性严重问题未解决	是	
UAT 有条件通过	如果 UAT 结论是有条件通过，则需要检查后续改善解决计划，资源是到位，并给出下一个检查点约定日期，进行复查	是	

续表

检查项	检查内容	是否必须项	备注
上线策略方案	是否有具体的上线策略方案与行动计划,与业务、IT等部门沟通达成一致,并资源协调到位?	是	非常关键,须召开正式沟通会
数据迁移与部署计划	下一阶段(部署上线)的关键任务计划,包括数据梳理与迁移、主数据初始化、部署日期、最终用户持续培训与系统支持等	是	
关键用户培训	培训计划、培训手册资料以及系统培训及实际操作日志记录	是	
阶段文档验收审计	按合同/SOW 约定,检查本阶段应交付文档。在时间工期有限的情况下,不建议把该项内部列为必须项。但从项目审计角度,涉及阶段成果证据的签字是必要项,比如 UAT 报告书面签字等	否	

8.8.2 特殊功能测试

UAT 测试过程中对于 Email 邮件、权限等特殊功能测试来说,可能会遇到些许麻烦,比如说如果测试邮件真的发给收件人,可能会对其造成工作上的困扰,并且用户体验也不友好,那么有没有一些最佳实践来解决这样的问题呢?

测试邮件最常见的方式,如在测试流程审批,审批人会设置成测试人员,然而有的应用逻辑要求审批人与 HR 系统关联,自动找出该申请人的主管,并发邮件给主管进行审批,面对此类情况就需要另一种测试方式了:对发送邮件程序进行配置管理,只需增加一个判断即可在不打扰用户的情况下完成功能测试,当程序读取配置参数为非正式生产环境时,则所有的发送程序统一发给某一测试账号,测试人员检查该账号邮件就可以判别邮件功能的正常与否,以及邮件主题内容数据是否正确。有的项目组采取的是修改代码的方式,把发送代码直接注释掉,但非常不建议这样处理,因为邮件内容、显示格式也是测试检查项,屏蔽发送的方式缺失了对该方面的核对。

另外常见的问题是权限测试,有的项目图省事,所有测试人员都使用同一账号或者直接使用超级管理员(Admin)账号,这是非常不可取的做法,因为系统隐藏的与权限相关的缺陷不能被测试人员发现,若发现会给上线后运营制造困难。推荐的措施是 UAT 测试一定要按功能设计对应的角色权限赋给测试人员,就如同今后在生产环境中运行一样。

用户账号测试有时也会遇到某些特殊情况难以测试,比如账号使用单点登录(Single Sign On,SSO),使用 Windows 认证或是轻型目录访问协议(Lightweight

Directory Access Protocol，LDAP）认证，而 SSO 在没有相应的测试环境下，账号密码只能使用正环境数据，对于有工作流引擎的功能应用来说，在测试工作点时会遇到不小的麻烦：审批节点可能到了较高的管理层，而又不可能协调高层领导来测试，并且要他人的账号密码不可行且不合规，需要采取临时措施来让测试继续进行下去。一种可行方式就是类似于处理 Email 邮件测试一样，增加一段代码判断，如果是测试环境，则不校对密码直接进入系统。

对打印类功能测试，如果真正连接打印机，会非常浪费纸张，因此最常用的一种方式是选择打印到 PDF（Windows 系统中，图 8-2）。但某些更为特殊的打印就只能真实打印了，比如条形码，因为对打印走纸精度要求高，需要直接连接打印机调试格式。

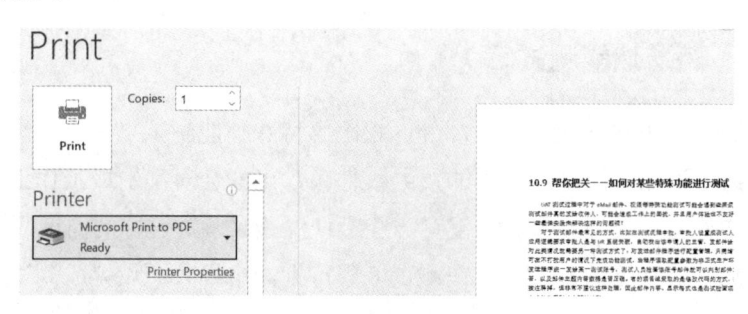

图 8-2　打印类功能测试

8.8.3　性能压力测试

并不是所有的项目都需要进行性能压力测试，但是一旦需要，除了使用商业压力测试软件，还有没有其他可行方式？很自然想到的方法是客制化开发测试工具，某些大型信息化项目上有这样的成功实践应用。使用多线程模拟多用户并发操作，人为选择长周期数据集来测试查询分析功能的响应时间等都是可行的。有一个常识需要了解：性能压力测试与系统应用优化是同步开展、迭代多次完成的，从来没有一个性能压力测试一次就成功完成的。所以在开展此类工作时，一定要预留足够的时间窗口与开发资源配合共同完成这项任务。

在云化平台 PaaS 环境中，是不是只要平台有足够的灵活扩展弹性，可动态调整算力，就可以认为做性能压力测试没有必要了呢？其实不然，对于有高并发海量数据处理的场景，如果出现内存泄漏等问题，即使是再强大的云平台也无法应对，有耗尽所有资源引起平台崩溃的风险。

第9章

小荷初露，项目成果交付，新征程

9.1 不打无准备之仗

系统部署的前期准备工作时间通常会比较长，一般有四方面的工作：

（1）流程与组织架构上的准备。如前所述，当有可能涉及组织架构变动、职责划分时，沟通协调工作涉及多个部门，用时也会较长。

（2）数据上的准备。系统主数据、权限、历史数据迁移等，其中系统主数据尤为关键，也是耗时的准备工作之一。

（3）环境上的准备。主要是指服务器、电源、网络等硬件基础设施的安装部署。

（4）技术上的准备。主要包括软件许可证（Software License）、域名、安全套接层协议（Secure Socket Layer，SSL）、防火墙安全设置等，企业IT部门队伍越大，协调工作越复杂，尤其是涉及异地团队协调工作的情况。

从复杂度与风险上看，第一个方面的准备工作优先级最高，也是最容易出问题的地方。

9.1.1 流程与组织架构上的准备

笔者一直强调项目对组织架构的影响分析与应对方案，但一些项目经理经常会忽略这部分工作，笔者从多年项目实施经验上看，这部分的工作和项目计划一样，需要不断地更新与调整。项目不成功往往不是因为技术不成熟、功能不完善，很大程度上是组织架构影响分析没有到位，失败于企业政治因素。企业政治是最难把控的因素，因为有些内容是不放在桌面上谈的，需要项目经理有这方面的敏感度，这也是项目经理的基本素质之一。当前越来越多的企业已经把组织变革作为信息化、数字化推广的主要支柱,甚至直接成立小组参与到项目建设中来。

当项目系统涉及企业流程方面时,需求分析阶段固然十分关键,上线落实时刻。大多数业务用户通常只有到了这一时期才真正意识到系统实施会给他们带来切实的影响,较为常见的情况是找不到流程节点实际执行人或是多个部门争夺同一节点的控制权。从项目实施角度看,沟通与落实工作在需求方案确认阶段已经完成,所以建议根据当时大家达成一致意见的书面资源进一步落实行动。

1)确定系统各应用操作环节的具体人员清单,以便在正式环境中初始化人员账号与角色。

2)对系统涉及人员的日常工作量进行预估,对于可能会增加或减少当前人员较多工作量的情况予以特别沟通:得到其主管领导对该人力资源工作安排的确认与支持,适当地调整相关人员的日常工作安排。尤其是工作量减少较多的工作人员,更需要提前沟通与协调,合理调整或调换其工作职责,以减少其对自己工作前景的担忧,配合项目的实施工作。

例如,A 工厂现场管理项目中,原先由专人每天收集各班组长产量,然后手工在 ERP 系统中登记过账,新系统实现了产量自动在 ERP 中移动与过账的功能,在实施过程中与其主管直接沟通,这也意味着减少该岗位的人员编制,并将该岗位的职责调整为产量数据分析、计划与产出管理。当然实施 IT 信息化项目并非意味着工作人员一定会减少,有些工作岗位会随着信息化的开展而增加,最为常见的就是系统业务超级管理员(业务接口人)角色,承担着业务用户系统一线指导与业务需求初步整理的工作,起着业务部门与 IT 部门之间沟通桥梁的作用。

3)把握住重要一点:当前时刻是落实行动,而不是流程再次调研与确认。这一点尤为重要,有时用户可能会提出新的想法或思路,甚至推倒原来的设计,但项目处于此阶段,合理方式是先记下用户的新想法,同时请业务用户按当前的方案设计功能先使用,毕竟一个全新的信息系统,在大家没有使用之前,盲目修改调整方案是不可取的。因此此时的工作方式采取闭环而不是开放思维的方式。

4)项目问题跟踪清单整理更新。问题不局限于系统缺陷、新需求、困难或风险,对于一些疑问,甚至提到的不成熟思路或想法都记录在案,并给出项目组的处理结果,这样才能有效地跟踪问题,保障项目不偏离跑道,同时也会赢得业务用户的信任,给项目的实施铺平道路。

问题跟踪使用的工具不重要,只要能有效地记录问题的来龙去脉、有头有尾就可以,比如 Excel 文档方式就足够了。跟踪效果最差的要数邮件沟通方式,随着邮件数量的增多,问题容易被遗忘,并且没有整体观。

9.1.2 数据上的准备

在系统测试验证阶段已经制定了主数据准备与历史数据迁移计划,此时就需要按计划执行。没有其他特别的补充说明,只是强调一点:数据准备的完善程度,直接关系到应用的正常运行,因此按计划完成任务后,需安排资源核对检查。

9.1.3 环境上的准备

不同企业的信息化项目在环境方面的准备工作大同小异,主要是指服务器、客户端、网络等硬件基础设施。不同企业的 IT 基础设施管理运营模式不同,准备流程也不同。比如,有的公司采取云端基础设施;有的公司的数据中心由自己运营维护;有的公司为跨国公司,基础设施可能会分散到不同的国家或地区,需要考虑需求日期的时差。不过这些工作都有成熟的方式与清单做参考。

1. 服务器/环境准备

(1) 服务器环境概述。

一般情况下,正式服务器环境、开发环境和测试环境都是独立管理运营的。例如,在美国上市的企业,SOX 审计对 IT 数据中心的管理有严格的规定,尤其是正式服务器环境需要有严格的进出数据中心及管理机制。通常开发人员只能在开发环境工作,测试环境则由级别较高的开发主管负责,但都还是在开发交付团队的职责范围内;而正式服务器环境只能是数据中心专门 IT 产品支持团队来维护,开发与测试人员都禁止直接配置或操作服务器。有些企业除以上三类服务器环境外,还有预部署环境(STAGE/SANDBOX)。它的数据和配置与正式服务器一样,可以看作正式服务器在某一时刻的镜像,它与正式环境的区别除数据是镜像外,用途也不一样,它一般是再次验证部署功能,确保正式环境部署的相对完整准确;它与开发环境和测试环境的区别在于管理人员的不同,通常该环境也是由数据中心 IT 专门支持团队负责管理;另外一点重要区别是预部署的配置,尤其是软件环境的配置与正式环境是一模一样的,如操作系统版本、补丁、防病毒版本、第三方插件软件等。

考虑到正式环境部署可能会涉及服务器停机,部署时间窗口有限,从投入与产出效益分析看，项目团队应该考虑并建立预部署环境。从 IT 项目实践经验上看，即便没有专门的预部署环境，也需要在开发或测试环境模拟一套预部署环境，用于对部署步骤最后一关的确认与验证，将正式环境部署遇到问题的概率几乎降到零，以保障系统部署按时完成。

（2）服务器环境业务沟通。

服务器需求在项目启动前就应该有明确的沟通，原则上需求阶段结束且系统架构确定之后，服务器的需求就不应该再有变化。所以在项目初期，当系统架构的审核通过后，项目组就应该向 IT 数据中心提供服务器环境准备好的计划表。

环境准备计划随服务器需求的不同而产生较大的变化。通常对于物理机而言，由于涉及采购，且有的采购提前期较长，可能需要提前 1 个月；而对于数据中心有虚拟机能力或采用了云技术，其准备期会变得比较短，例如企业数据中心对于虚拟机服务器的环境准备可以在短短 1 天内完成，而如果采取了云端平台即服务（Platform as a Service，PaaS）的企业准备时间则还可以更短。另外，数据中心可能为了提高物料实体机的利用率，可能会多个项目共用一套物理机器，这样也不需要较长的采购提前期，相关的费用也会大幅减少。

接下来我们以物理实体服务器的准备为例，讲述一下企业 IT 信息化项目在上线前的准备工作要点。

首先，在系统架构沟通过程中，对于已经确认的系统环境参数留一定的扩展缓冲规划。例如，内存的扩展，对于虚拟机器，只需要配置后重启下机器，可能几分钟就可以完成，而实体机则涉及断电停机、安装内存等操作。

其次，涉及软硬件采购的，需要把相关服务器配置参数与需要到货日期提前发给采购部门，启动采购流程。

最后，根据系统架构以及系统对服务器环境的要求，准备物理环境参数清单。可从两方面着手准备。一方面，准备系统硬件参数清单。硬件参数清单主要是根据系统架构要求而定。在服务器数据中心方面，有的系统要求高可用性，需要考虑电源、网络等基础设施的双路保障。有的系统需要应对并发压力，实施负载均衡，则可以考虑使用 F5 等设备。另一方面，需要对所需清单项注明哪些需要新采购，哪些可以现有系统共享不需要额外购买。

通常企业信息化建设部门分为基础设施运行维护团队（偏硬件）和信息化方案项目团队（偏软件），项目经理需要提前与基础设施运维团队进行沟通，确认服务器环境业务所需资源及完成时限的承诺。一般情况下基础设施的准备时间都是比较充分的，不会出什么大的问题。

2. 客户端相关设施

（1）客户端环境概述。

客户端环境一般配置简单，对于浏览器/服务器（Browser/server，B/S）架构的应用，用户只需要安装正确的浏览器版本就可以；对于与生产、采购相关的信息化系统可能会有相关的硬件配套设备，与服务器环境相比，工作容易准备。

（2）客户端环境业务沟通。

客户端环境沟通对象可能是 IT 部门也可能是业务部门，配置的硬件设备可以由 IT 牵头采购或业务部门自行采购。有些设备资产需要挂靠到业务部门。例如，办公自动化系统实施，为了提高单据录入的准确性与效率，会对单据采取一维或二维条码，这就需要给财务部门的单据审核等操作人员配备扫描枪。对于车间管理信息化系统，可能需要考虑特殊打印机等硬件设备的配置，有的项目会包括自动化控制设备的上线实施。

3. 其他辅助环境业务沟通

有的信息化系统还需要部署除网络设备之外的设备，如强电、弱电等，涉及其他部门，并且有些部署可能需要国家认可的操作证才能动工，如电工证、登高证等，需要与公司基础设施管理部门提前进行沟通施工图纸方案。

9.1.4　其他技术上的准备

无论是服务器还是客户端方面，企业信息化系统的网络通常无须特别规划。但如果系统是生产车间管理系统，其客户端网络规划需要特别对待，比如有的车间对无线信号敏感，则不能启用无线网络终端部署；产品生产过程需要自动化测试，需要避免外界影响，可能会要求网络独立规划，与一般办公网络隔离开来。

对于 B/S 架构应用，出于安全原因，用户登录首页以及敏感数据都需要使用加密协议，即 HTTPS 安全传输协议。Web 应用端启用 HTTPS 安全传输协议时，需要申请一个 CA（Certificate Authority）证书，用于证明服务器用途类型的证书。证书的申请需有一定的时间与流程，大型企业内部都会有自己的证书服务机制，因此运行于企业内网的应用启用 HTTPS 安全传输协议时，所需时间、流程都比较快；而如果应用需要部署到隔离区（Demilitarized Zone，DMZ）或公网区域，内外网都可以访问时，此时的 CA 证书申请流程涉及第三方证书机构，因此要计划好采购周期，以免影响系统的按时上线部署。

9.2 上线部署经验谈

9.2.1 部署的时间选择

对于全新系统上线部署，部署时间容易选择，然而对于在原系统上升级就需要格外注意了，通常原系统需要正常访问使用，部署一般选择在周末或晚上。但对于跨国运营的系统，晚上并不是一个好的选择，周六下午或周日全天是个不错的选择。

9.2.2 部署的回滚与紧急情况应对

对于全新系统上线，不存在系统回滚要求。对于在原系统升级，则需要在部署文档中明确回滚条件，一旦触发，IT 部署技术人员将按步骤撤销新部署，恢复系统原样。

9.3 培训不可走过场

上线前另一项重要的准备工作就是用户培训。培训是否到位，直接关系到系统能否比较平稳地运行，对项目的目标实现以及达成的成果有着深刻的影响。

培训计划在需求分析阶段就需要建立与更新，在设计开发阶段做调整。在上线前准备事项中，我们重点讨论培训资料的准备与培训计划的具体执行。

9.3.1 培训资料的准备

考虑到业务用户对象不同，培训资料不能照搬功能验收测试的用户指导手册。遵循以下三个原则，可以使培训的准备事半功倍。

原则一：培训资料要简洁易懂，可以是用户操作手册的简化版。

培训资料不同于测试用例，前者关注的是如何教用户正常使用系统；后者更加关注功能是否有缺陷，所以会采用一些边界或极端数据进行测试。目的不同，文档不同也是理所当然的事了。

培训资料可以是操作手册的简化，讲述权限如何申请，遇到问题如何及时得到帮助，着重描述正常使用的流程操作，对于复杂或异常操作的处理请用户参考操作手册进一步得到指导。这样处理的依据是业务用户日常事务的80%都是一些正常操作，在初次培训时，需要把用户的注意力放在这80%的正常操作上，而不是过多地去宣讲异常流程的操作；另外，这样培训用户接受度较好，从感觉上用户会直观地认为系统是容易操作与使用的。从实际效果看，这样也的确容易让业务用户快速掌握系统。

原则二：培训资料需要分角色准备。

培训资料至少要分为一般业务操作用户/超级用户、系统管理员两类。

对于一般业务操作用户，需要针对不同的岗位创建不同的培训资料；对于超级用户，由于他们角色定位是业务操作技术支持人员（一线现场或二线办公），因此培训资料需要详尽，具有所有功能点，以及各类异常的处理方式方法。此类文档虽然详尽，但与测试用例也有明显的区别，因此不要简单地把测试用例修改成超级用户的资料。

对于系统管理员，他们角色定位是系统技术维护人员，因此资料重点在于系统的安装、菜单、角色与权限的配置管理，而不涉及业务操作的指导内容。

原则三：培训资料形式需要多样。

对于一般业务用户/超级用户的培训资料，PPT形式效果较好；而对于系统管理员，Word形式更为有效，因为可以有更多更详细的内容，方便技术人员参考。也可以将电脑上操作画面以及讲解声音转录成视频资料，效果更直观有效。

9.3.2 培训实施

资料准备好后，在下一步的实施过程中需要注意以下两点事项。

1. 培训计划细化与沟通

通常业务用户工作比较繁忙，需要提前与业务用户进行沟通，确认出席人员及可以出席的时间。而在细化培训计划时，一定要具体到某一天的具体时刻。

有时候需要安排多次同一内容的培训时间，比如培训房间容纳人员有限，公司在国内有多个分公司；抑或跨国公司，公司业务办公地点分布世界各地，时区不同，无法参加某次培训会议等。例如，在一跨国企业进行某全球业务系统实施培训过程中，同一内容培训只安排一次，为了平衡欧洲、亚洲、美洲三地的时区差异，时间只能选择在中国北京时间 21 点 30 分，后来项目组改进为同一内容安排至少两次，与欧洲业务用户安排在中国北京时间下午 3 点 30 分（即使不是欧洲的夏令时，对双方而言都比较合适）；而与美洲业务用户安排在中国北京时间上午 8 点，这样对于美国东部是晚上 8 点，美国西部是晚上 6 点左右（以美国实施夏令时季节为例），对双方都是还可以接受的工作时间。

2. 培训方式方法及辅助工具的选择

培训方式方法很关键，掌握不好整体效果会大打折扣，有以下三个原则需要注意。

1）培训会是既定已实现功能介绍会而非新需求收集会。

在培训人员介绍系统功能与操作时，用户很自然地会根据现成的工作情况或突发奇想，提出各种各样的想法、新需求，这是培训会议经常发生的现象，毕竟在需求分析与方案确认阶段并不是所有用户都参与，即使是参与的用户，可能时间一长对当时的情形也都忘记了。培训者一定要记住，这是培训会而非需求收集分析会，要把重点放在功能介绍上，把握会议气氛，调整业务用户把注意力放在学习系统功能上。对业务用户强调两点：

（1）根据项目经验，任何信息系统在使用前或使用后，大家会有不同的感觉，会发表不同的建议或意见，现在看起来合理的需求，可能在系统上线一段时间后变得不再需要，因此请业务用户把精力放在如何学习与掌握当前系统功能上。

（2）项目组会把这些需求记录下来，项目系统顾问会进行分析与讨论，如果有必要实施我们将遵循项目需求变更流程来实施。但无论是否实施都需要与提出问题的用户保持沟通，这体现了项目组对用户的尊重，更重要的点在于这是处理问题的有效方式方法。

2）培训会是操作指导会而非方案讨论沟通会。

在讲解某一功能操作时，有的业务用户，尤其是前期参与度低的用户，会对操作甚至整个功能提出异议，比如用户会说这个功能是不是这样做更好等，这一情形也是培训会议经常发生的现象之一。首先，不排除业务用户灵光一现，提出一些有价值的"金点子",在沟通上需要加以肯定。其次,一定要把握住此时的任务与目标,从以下两个方面与用户沟通。

(1)需求分析与方案设计阶段已经对这些功能做了详细的论证与讨论,这样设计是大家沟通确认的,可能不是最完美的方案,但是这是目前为止综合各个方面的因素的一个合理功能解决方案,因此请大家先按当前设计实施,根据大家实际应用反馈,在稳定运行的基础之上,系统将不断优化,以更好地满足业务上的发展需要。

(2)与前面问题处理方案相同,对这些功能上的潜在变更(注意可能是"金点子"),也要进入问题跟踪清单,并保持与用户的沟通。

3)培训会上如果有条件尽量辅以现场操作演示。

培训较佳的方式是有模拟环境请用户现场操作,但这样做一般有局限性,一是现场人员多的情况下,环境会出现不够用的情况;另外培训时间会比较长,现场不容易控制。

通常培训较为推荐的方式是现场演示与讲解相结合,这样用户也对系统有直观的认识。有时限于培训环境条件无法现场演示时,可以使用工具生成系统操作视频,讲解时直接播放。

4)重要的功能避免使用简单远程培训模式。

远程培训比较特殊,如果启用电话会议,只有声音而没有视觉辅助工具的话,会比较枯燥,对于系统重要的功能需要避免此类形式的沟通。视频会议是一种改进方式,但一般公司视频会议室配备有限,项目组使用时不一定有资源。目前有效且常用的一种方式是使用网络视频会议应用进行培训,大家只要有电脑,不需要集中到会议室,在办公位置就可以参加。

跨区域跨国的远程会议,除了注意辅助工具,还需要注意时区以及一些国家或地区的夏时制实施月份,这在培训计划章节中已经有过讨论。

9.4 帮你把关——实施上线阶段检查单

实施上线阶段检查单见表9-1。

表 9-1 实施上线阶段检查单

任务号	工作内容	负责部门	负责人	计划开始日期	计划完成日期	实际完成日期	其他说明
1	部署计划制定与沟通						
1.1	计划与业务部门确认，得到支持						
1.2	与IT中心确认，协调好技术资源时间						
1.3	制定紧急后备方案、回滚方案措施						
1.4	数据迁移方案计划（如果涉及旧系统）						
2	部署脚本检查与更新						
2.1	准备好操作手册、部署脚本						
2.2	所需各类资源包检查准备，以应对正式环境无法连接因特网的情形（绝大多数企业出于安全考虑，不允许直接连接）						
3	硬件/网络准备/相关系统检查						
3.1	网络（有线/无线）可用性检查						
3.2	服务器及网络与用户终端连通测试						
3.3	现场终端准备检查						
3.4	依赖系统配合与支持协调（集成接口等）						
3.5	网络安全访问策略设置、防火墙及防病毒设置						
4	流程、基础数据准备						
4.1	基础主数据（订单、物料、设备、人员、权限等）						
4.2	数据迁移(如果涉及旧系统)						
4.3	系统基础配置（如流程节点、审批机制等）						
5	项目应用发布部署						
5.1	用户终端安装配置［服务器/客户机（Client/Server，C/S）］						
5.2	服务器端部署（数据库、Web应用等）						
6	部署后验证与通知						
6.1	关键功能点检查						
6.2	上线通知与应用宣贯						
7	持续培训与上线支持						
7.1	持续培训，用户培训手册更新与发放						
7.2	上线支持计划措施与资源计划						
7.3	沟通协调知识交接计划						

第 10 章

收官之战，项目的尾声

10.1 项目日常维护管理

项目有固有特性，即项目是有时间期限的，按时结束项目是项目管理考核的关键指标之一。

项目成功关闭意味着项目的各项预定目标都已经达成，系统运转正常。资源将随之释放，上线的系统进入日常维护状态，在管理与维护支持上通常采取需求变更管理模式。当然也可以集中多个需求变更，借鉴项目管理模式来实施。

项目关闭前需要哪些准备工作？是不是系统只要按时上线运行，项目就可以顺利地关闭呢？

10.2 有理有据关闭项目

项目上线运行后，经过一段时间的稳定使用，进一步检验系统各项功能是否与用户需求一致，并根据项目目标与范围来检验是否已经达到系统运行成效，这几项工作都是项目关闭前的关键任务。

根据本阶段的任务特点，工作上采取"问题驱动法"，与测试阶段的模板相同：

1）每周与业务用户更新问题跟踪清单，按优先级解决问题。

2）必须解决问题清单中的缺陷，变更与新需求严格按项目变更流程进行处理，原则上实施完成与否不影响项目的关闭。

3）所有问题都记录在跟踪单中，项目资源根据问题的多少与紧急情况动态调整。

通过这样的管理，就把项目关闭的任务转化为问题清单管理，项目关闭的衡量标准就以清单中的问题多少以及完成情况进行量化指标。

对于系统变更，项目组需要特别谨慎对待，系统上线运行期间，工作量暂且不提，考虑不周的系统变更可能会导致系统出现严重问题，无法正常运行，给系统的运行推广造成更大的困难。对于每一个变更都需要组织开发小组讨论，确定其影响范围，实施难易程度，并初步给出工作量，轻量级的变更可能需要很少工作量，可能几个小时，但数量多了之后工作量叠加就很可观了，控制不好会造成计划延期，因此项目经理要掌握一个"度"，要有一个清醒意识，坚持一个大家都明白的"理"，俗话说：先小人后君子，切不可为了所谓的保持好与业务用户的关系而"过度承诺"，如果做不到就不能承诺。"度"的另一个极端就是什么也不做，不管工作量大小，只要是"变更"就一律拒绝，或用户必须提供出额外的预算才进行。这样极端的做法势必会导致与业务用户关系的恶化，严重时用户会拒绝配合对应用的推广，最终影响到项目的各个阶段，将导致项目无法收尾关闭。

T公司有两套系统，分别由两家供应商提供，其中A厂实力比较强，系统上线运行初期较为稳定，但偶尔也会出问题；B厂实力相对较弱，在上线运行初期，系统出现缺陷较为频繁。然而两家公司的支持方式有所差异：A厂在发生问题时，会电话远程沟通分析，必要时也会安排一名工程师去现场调查分析，然后给出解决方案；B厂通常是在第一时间接到问题反馈后，就安排工程师现场调研，并随时与T公司技术人员沟通联系，直到问题解决才撤离现场。从解决时间上两家公司差不多，但T公司给出的评价却是B厂更适合作为长期合作伙伴，因为B公司与公司业务用户沟通更密切，取得了业务部门的认可与信任。

不止在项目关闭阶段，项目全程都需要项目经理用心、用脑去管理，而不是机械地照搬教科书上的条文行事。好的项目经理不会怨天尤人，而是想方设法将不利因素转换为积极条件，消除其负面的影响。笔者在近二十年的IT领域工作中，一起合作过的项目经理有数十名，有中国人，还有国外同行，优秀的项目经理对项目的成败起着决定作用，越是困难时刻越是明显。例如，在项目收尾阶段处理问题清单时，良好的沟通能力可以让项目组在争取到业务用户信任的同时，也为解决问题争取到了宝贵的时间资源。笔者曾经与M公司一名高级项目经理合作，共同承担一个IT项目的实施，在项目收尾阶段，我们便采取"问题驱动法"，并对业务用户承诺对于上线后系统发生的高优先级问题，当天予以解决（当然做这样的承诺也是基于自信，而自信来自上一测试阶段，项目组与关键业务用户一起配合进行的扎实工作）。系统上线运行的前两个月里，没有严重缺陷的发生，但也有中低级缺陷的报告，项目组按承诺基本在3天内解决，通过这些实实在在的支持与配合，用户对项目组的信任更增加了一步。在后续项目二期中用户给予了大力配合，形成良性互动的友好氛围并发展为长期合作伙伴关系。

采取"问题驱动法"为项目关闭打下了坚实的基础，该阶段中最艰难的任务已经完成，接下来需要在资源后续管理与项目评价、经验教训总结方面着手，完成项目关闭的最后的任务。

10.3 扶上马，送一程

系统稳定运行后，进入日常运行状态，项目资源即将释放，同时日常运维人员需要跟进并接过系统维护的接力棒，担负起需求变更以及日常运行技术支持的工作。

10.3.1 软件供应商、外协资源的释放

不同阶段，所需项目成员不同，项目人员是不断调整的。系统上线的数周之后，软件供应商（包括其他外协资源）成员会逐步退出本项目。软件提供商的项目经理需要平衡系统支持服务协议与资源、成本预算之间的关系，使项目效益最大化。

与软件供应商、外协资源成本密切相关的就是采购订单的最终收货确认，关闭订单与收付款。前面在讲述项目合同签订时，已经详细讨论了其中的一项重要内容：付款方式。正如前面章节已经讨论过的，对于信息化软件项目，很多企业都采取3:3:3:1的方法，其中的1即10%，称之为尾款，项目成功关闭后，双方可以进行最后一笔款项的支付与收款，订单随之关闭。

项目经理需要对比项目招投标，以及项目启动时的资源计划，按人天列出最终实际资源花费，并分析哪些方面资源控制得好？这些方面是偶然因素导致，还是有规律可循，是否能应用到其他项目中去？哪些方面失控？这些失控是客观因素导致还是受主观因素影响？下次项目如何才能避免同类问题的再次发生？

此类资源分析并非等到项目关闭前才进行反思，实际上项目的每个重要里程碑都是反思的结点与机会。项目经理在平时收集资源实际使用数据时，建议从以下两个维度进行整理。

维度一：项目的各个阶段，启动前、需求阶段、设计阶段、开发阶段、测试

阶段、试运行阶段、上线后到项目关闭阶段。

维度二：人员类型，项目经理、系统顾问、架构技术人员、开发设计人员、测试人员、杂项人员等。

关于资源人天管理实际执行，可以采用资源计划章节中描述的资源计划开工，实现上面提到的两个维度的实际人力资源跟踪。在项目的各个阶段定期对比预估与实际所用人天，可以提早发现过程异常，采取措施应对，以保障项目按时在预算内完工。

再次强调"问题驱动法"对于资源的释放起到决定作用，拥有清晰的问题清单与计划，项目经理可以从容地协调各方资源，并明确资源的最终释放计划。同时，正是因为计划清晰且过程可控，在协调资源时，才能取得各方的信任，得到别人最大限度的配合与支持。

10.3.2 企业内部资源的释放

企业信息建设、项目资源既需要外部供应商（无论软件方面或是硬件方面，抑或两方面），也需要内部资源的参与和主导，在前面讲述项目启动准备工作中建立项目立项章程时，已经做了详细的讨论与分析。与外部资源一样，项目关闭前，企业内部资源也将释放。

企业内部资源释放并不意味着系统无人支持，而是项目成员回归各自岗位，如果同时作为系统的关键用户，则还将继续使用系统进行业务流程操作。鉴于众多企业信息化项目实施经验，在项目实施的同时需要培养几名"超级用户"作为系统今后日常支持接口人，对内收集业务需求，对外与IT等部门合作共同完善信息化系统，以满足不断发展的业务需求。

10.3.3 后续日常维护管理机制的确立

系统（项目）上线只是万里长征的第一步，真正发挥应用价值并取得预估各项目标，都取决于系统持续稳定的运行。而这方面的工作往往是企业信息化部门忽略的地方，即重项目轻维护。

笔者经常拿汽车与应用系统进行类比。大家开汽车都知道每跑五千或一万米就去4S店进行维护保养，并且到达一定里程数还要大修，这样能够延长汽车的使用年限，确保汽车正常行驶。一辆新车从运行第一天起到报废那日止，维护保养费用绝对会超过当初购买汽车的开销。大众已经接受了汽车维护保养这件事，但

第 10 章 收官之战，项目的尾声

对于软件系统，许多人立即换了一幅思维，认为软件系统就应该是健壮的，就应该是零缺陷，不需要或需要很少的维护工作。在大家的潜意识里，做维护工作没有创新，价值低，所以维护人员常常是默默地奉献，关注度很低。英国连续剧《IT狂人》里的公司大楼光鲜靓丽，而IT日常支持人员则被安排在阴暗且破败的地下室，平时公司各类活动都不会有人想起这帮工作在地下室的IT技术人员。总之，种种此类现象造成的问题就是没有人愿意从事技术支持工作，随着系统的逐年使用与得到的支持力度降低，系统被大家所抛弃，本应能持续发挥作用的系统，会提前终止服务，没能真正地发挥出潜在的价值。

通过以上论述我们已经清楚地认识到系统日常维护支持工作的重要性，接下来讨论如何建立运维机制，让应用系统在企业发展中发挥其应有的价值。

企业IT部门负责各类系统日常运维支持的人员数量是有限的，其工作目标是建立良好的日常维护机制，通常有两种途径：一是提高问题支持解决效率；二是减少用户需求支持的事件。

从项目实践角度看，建立两到三级支持机制（图10-1）：一级为业务部门内部现场支持（一线支持团队）；二级为技术热线支持；三级为系统技术顾问支持（应用系统管理支持团队）。

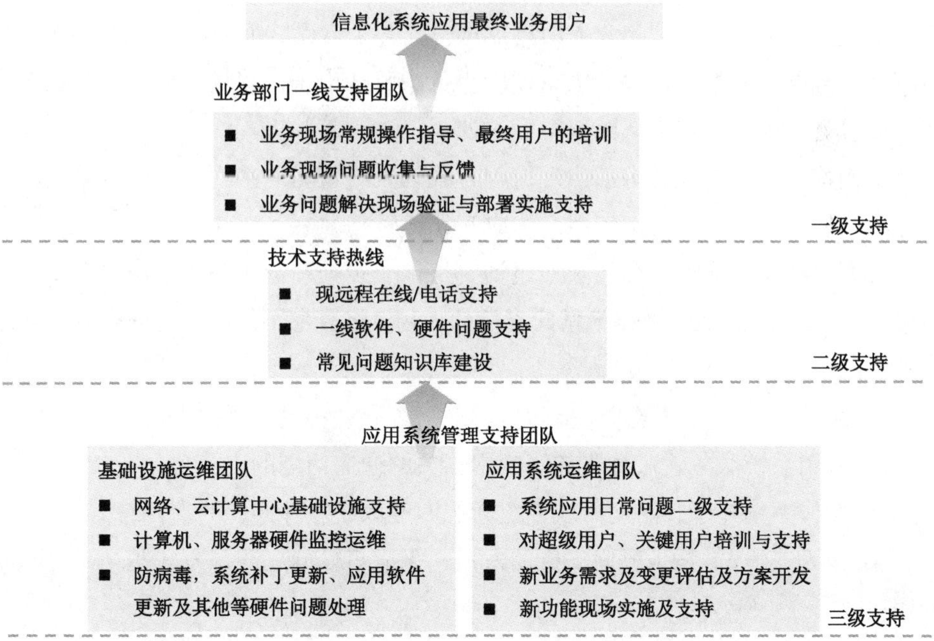

图 10-1 三级支持机制

每级的职责可定义如下：

（1）一级支持作为业务部门与信息建设部门的接口，负责业务部门现场支持并起着沟通桥梁作用，有时大家也称其为超级用户，其主要职责包括：

① 常规业务流程操作问题处理；

② 业务最终用户培训；

③ 系统中部门相关基础数据维护；

④ 业务内部用户需求收集与初步整理分析，给出初步的可行性分析；

⑤ 业务方案协调与系统功能测试，以及支持系统现场部署。

一线支持人员不一定在技术、业务方面是专家，但他要对这两方面都熟悉。从业务部门角度看，部门有了一个随时可以支持的技术人员；从信息化建设 IT 部门看，IT 部门也拥有了一个可以将业务说清楚的业务人员。因此，该角色人选需要具备良好的沟通能力，来自一线，对业务的需求理解可能比 IT 系统顾问还要深刻，不过对需求解决方案能力上不做过多的要求，因为这是 IT 系统顾问的强项。

从信息化项目实践经验看，一线支持可以解决日常维护遇到的 70%左右的问题，极大地减轻了 IT 部门技术支持的工作压力；从资源规划与使用角度看，这是双赢方式，从事一线支持的业务用户也从中提升了自己的能力，二三线支持的 IT 系统技术与顾问人员也可以从大量琐碎事务中解放出来，将精力放在处理系统方案与技术方案上，大家都从中获得了益处。

我们称"联合企业业务部门"这一方式为合纵策略，共同维护业务系统的日常运维，使之最大限度发挥作用，达成其设计目标。

（2）二线支持通常由公司热线电话支持，负责处理公司信息系统与基础设施通用问题，并作为三线 IT 技术顾问支持的入口，将自身不能解决的问题升级到三线支持：

① 服务器、个人计算机、打印机、网络等硬件相关问题的支持；

② 应用系统服务、账号服务等应用相关的通用问题的支持；

③ 操作系统补丁、防病毒软件更新等商业系统软件问题的支持；

④ 作为三线 IT 技术顾问支持的入口，采取事件问题跟踪方式驱动，直到问题解决。

设置二线的出发点在于，IT 基础应用有一定的共性，对于一些通用问题归结成问题知识库，这样一般的技术人员就可以担负起支持工作，否则直接由系统顾问来解决这些问题，成本预算就不经济了。但并不是所有公司都有专门的热线电话支持，在实际运作中可以将二线与三线合并在一起。

（3）三线支持由 IT 部门顾问与高级开发技术人员负责问题的处理：

① IT 事件事故解决（如异常宕机、交换机等故障处理）；

② 系统配置变更；

③ 需求变更与系统缺陷的解决方案与实施；

④ 培训二线与一线支持人员；

⑤ 处理其他二线与一线无法解决的问题。

三线支持人员通常成本费用比较高，从性价比角度考量，需要培训、培养一二线支持人员，减少三线人员对日常支持的工作量，使三线支持工作重点可以放在系统解决方案方面。

从众多项目的成功实践经验方面看，信息化系统采取以上模式进行日常支持运维工作，是一条极有效且可行的方式方法；从人员组织层次架构上看，各部门互相配合支持，能够产生共赢局面；从项目管理角度看，该机制在企业信息化过程中的普遍推广与应用，使 IT 部门、项目管理团队与业务用户建立起信任关系，用户不必纠结或担心项目结束后没有后续支持，也就会更加配合项目关闭的各项任务的执行。

10.3.4 文档整理及知识交接

在项目的各个阶段，文档会逐步建立与完善，在项目关闭前需要整理出各类文档的最终版本，归档备案作为系统今后维护与扩展的参考资料。

在项目关闭前，通常需要进行知识交接：把系统维护支持责任从项目团队转给日常支持团队，交接的目标是日常支持团队可以独立完成系统的支持工作。除项目需求、设计等常规要求文档外，建议以下三份文档是知识交接必要的：①系统配置说明文档；②技术知识点说明文档；③常见的问题与对应问题的解答（Frequently Asked Questions，FAQ）与问题跟踪单。

系统交接说明文档主要描述系统开发、测试、正式环境配置，以及源代码与文档的存放位置。表 10-1 列出的信息项可做参考：

表 10-1　系统交接说明文档

系 统 名 称	XXX 系统	备　　注
	源代码管理器及地址	访问账号信息
	系统档地址及文件夹	
开发环境及参数		
	应用服务器地址（Web etc.）	访问账号信息
	数据库服务器地址及版本	访问账号信息
	访问站点 URL	
	IIS 版本	
	.NET/JAVA 版本	
	流程引擎服务器	访问账号信息
	其他应用服务器	访问账号信息
	服务账号信息（邮箱、服务运行账号等）	
	64 位还是 32 位操作系统	
	开发工具及版本	
	引用控件清单及描述（开源、免费、收费）	
测试环境及参数		
	应用服务器地址（Web etc.）	访问账号信息
	数据库服务器地址及版本	访问账号信息
	访问站点 URL	
	IIS 版本	
	.NET/JAVA 版本	
	流程引擎服务器	访问账号信息
	其他应用服务器	访问账号信息
	服务账号信息（邮箱、服务运行账号等）	
	64 位还是 32 位操作系统	
正式环境及参数		
	应用服务器地址（Web etc.）	访问账号信息
	数据库服务器地址及版本	
	访问站点 URL	访问账号信息
	IIS 版本	
	.NET/JAVA 版本	
	流程引擎服务器	访问账号信息
	其他应用服务器	访问账号信息
	服务账号信息（邮箱、服务运行账号等）	
	64 位还是 32 位操作系统	
版本发布		
	发布特殊注意事项	如增量发布还是全量发布等
	特殊系统配置	
	特殊控件列表	如安装注意事项等

续表

系统名称	XXX 系统	备注
系统接口		
	与其他系统接口地址	该清单将用于评估列出该系统变更可能会受到影响的其他系统
	运行频率及账号信息	双向清单都需要列出
系统当前维护人员清单/曾维护过系统的人员		
		用于今后的维护资源分配

系统交接知识说明文档主要描述系统开发所需求技术要点，方便技术维护人员快速熟悉所使用到的技术。这份文档有别于系统设计文档，设计文档着重于对需求的实现，至于用的具体技术的介绍则不需要说明。例如，大多具有审批流程的信息化系统都会使用到流程引擎技术，市场上有免费的，也有开源的，也有成熟的商业软件，具体如何在设计中使用这些技术，这是交接文档的重点描述部分，毕竟业务的实现设计文档在设计阶段已经详细描述，在该阶段可以同时参考那些文档。

FAQ 与问题跟踪单是重要的系统知识库来源。从系统上线之日起到项目关闭期间，良好的问题跟踪不但是有效解决系统已知问题的方式，而且在此基础之上总结与整理，形成 FAQ，用于指导、服务于更多的用户，这是系统有效稳定运行不可或缺的技术支持知识库。在项目组将这些原始记录文档交接给运维人员之后，运维人员有责任定期更新这些文档，不断将系统遇到的新问题及问题解决方案更新完善。这样做的另一益处就是即使是技术人员更换，后续人员也能通过有针对性地研究这些问题，达到快速熟悉系统，从而保持系统运行技术的相对稳定性。

与软件质量保证（Software Quality Assurance，SQA）人员关注点不同，交接 FAQ 与问题跟踪单时不关注对问题的统计数据，如缺陷密度及问题时关闭率等，该过程关注点在于知识点，有什么问题采取了什么样的解决方式方法、重点分析有没有共同性存在、采取什么样的方案可以避免该类问题的再次发生/如何更好地组织表达 FAQ 的内容让用户更容易理解等。如果从"以终为始"的角度去分析，SQA 是考量系统的软件质量是否在可控范围之内；而交接工作考量的是今后如何独立地对系统进行支持。

FAQ 需要组织有序而不仅仅是知识点的堆砌，这样业务用户可以使用方便。

在实施的多个信息化项目中，笔者发现这一点常被项目成员忽略，项目成员认为用户总会找到相关的问题解答。而细心的项目成员会将 FAQ 分门别类加上索引，用户体验非常好。

10.4 前车之鉴须总结

孔子曾说："学而不思则罔，思而不学则殆。"做信息化项目建设工作也可看作一类学习实践，孔子所说的思考与总结完全适用，项目总结并非指的是在项目关闭阶段进行，正如项目管理计划等环节一样，也是需要在各个阶段任务进行或完成时及时总结，用于下一步工作的改进与指导。"同一个坑不能掉进去两次"，如果不及时总结经验教训，掉进去三次也是可能的，更可怕的是再也爬不上去，导致项目失败。

项目关闭阶段的总结是在前期分阶段总结的基础上汇总与分析，这项工作不涉及项目绩效的考核，无论是好的方面还是坏的方面，项目组都要一一去梳理，尤其是工作做得不到位的地方，更需要花些时间去反思。这也是件双赢工作：从公司角度看，项目的经验教训可以应用到其他或今后的项目之上，保障项目成功；团队与成员的个人能力在项目开展过程中也得到了锻炼与提升，为今后承担更重要的工作奠定了坚实的基础。

项目组需要重视收尾工作经验总结与分享，建议从项目管理方面与技术实践两大方面进行总结。

项目成员可以集思广益，不必拘泥具体阶段，表达自己的见解，项目经理则根据项目管理的启动、规划、执行、监控与收尾等 5 大过程组，将大家讨论分析点进行分类汇总。在项目实践过程中，发现收尾工作这个句号并不是那么容易就划上的，有的可能变成了省略号；有的项目由于收尾没有把控住进展，导致最终验收拖延数月，不但影响了项目设计目标的达成，也影响到了双方财务应收与应付项，是一个双输局面，当然大家谁也不想看到这样的结果发生。

以下是摘自某个项目的总结内容，大家看看是否与之有共鸣：

1. 充分沟通为项目成功的基础

（1）项目启动时，制定了每周例会的沟通规划，无法遇到什么样的困难，项目自始至终都坚持周会的召开。潜移默化过程中，项目成员会较为自觉地按上次会议的行动计划执行，为下次例会做准备。

（2）大家以"行动或问题驱动"，开会效率也随之提高，避免浪费大家的时间。

（3）项目组与关键用户也在有规律的沟通过程中互相了解，整个项目进度保持了高度透明性，为形成一个有力的团体制造了良好的氛围。

2. 严格执行计划是项目成功的可靠保障

（1）项目团队坚持"永不放弃"的理念，以每项任务的截止日期为节点，想方设法按时交付任务成果，不到最后时刻不会主动放弃任务。

（2）项目团队在执行具体任务时，遵循"以终为始"的方法，可以使项目团队在执行具体任务时，始终坚持明确的目标，不被外界其他因素所干扰，并且也容易对问题做出判断与取舍。

（3）项目交付团队与业务部门关键用户组成一个超级团队，虽然站在各自不同的立场，但在项目目标上达成一致，大家同舟共济，取得最终的成功。

3. 用户功能测试阶段的需求变更管理失控将导致项目延期

如果在用户功能测试阶段对已经开发出的系统功能提出大量的变更，项目组为了赶上线进度而匆忙应对，将导致缺陷的引入，整体测试周期比原计划延长近一倍时间，而且用户又开始抱怨项目的延期，整个团队士气低落，降低了工作效率。

4. 项目收尾阶段对存在问题响应不及时，将导致用户满意度下降，进而直接影响订单的关闭与收款

项目收尾阶段随着资源的陆续释放，人员已经进入其他项目组承担各自工作任务，收尾阶段的问题响应速度比较慢，削弱了前期与业务方面建立起的相互信任关系，项目经理在此阶段如果缺少与业务用户的沟通，将可能导致项目关闭延期的发生。

总结不是目的，它是以分享为目标，使项目成员的各方面能力都在某种程度上得到一定的提升。

10.5 帮你把关——项目关闭阶段检查单

表 10-2 为多个项目采取的检查项实际样例。

表 10-2 项目关闭阶段检查单

检 查 项	检 查 内 容	是否必须项	备 注
日常运维支持	是否已经建立日常运维支持模式，并通过项目团队的知识交接，可承担支持任务	是	
问题清单	问题解决是否有计划有资源，是否有阻塞性严重问题未解决？	是	
项目整体交付检查	文档、约定知识产权、软件及版权等，对照合同及技术协议验收	是	
项目总结报告	项目验收报告、经验教训整理	是	
项目源代码整理	二次开发源代码版本冻结，形成维护分支版本	是	
资源释放	资源释放，并与职能部门沟通各成员项目贡献绩效	是	
预算成本管理	除质保金外，所有回款是否完成？	是	
第三方合作伙伴管理	资源成本核算完成，与第三方合同收尾	否	
项目新机会	项目优化或新机会探讨，长期建设规划	否	

第 11 章

好酒也怕巷子深

"好酒也怕巷子深",IT 信息化项目作为一个产品,要想成功也必须重视宣传工作,一方面可以获得管理层的支持和相关业务部门资源提供的;另一方面也为项目成功上线运行造势,使业务部门更快、更好地掌握系统的使用。因此项目宣传不能简单地理解为作秀,而应视为促进项目开展,使系统尽快被熟悉与应用,借以早日发挥效用的必要手段。如果大家能够正确理解项目的宣传目的,就会重视这方面的工作。

11.1 内外部认可融入日常管理

项目宣传实际上也是沟通工作的一种形式。

项目的宣传工作在不同阶段的作用不同。启动与需求方案阶段主要针对业务关键用户,让他们知晓项目的重要性,熟悉项目的目标以及里程碑计划点;设计与开发阶段主要针对项目组内部以及项目管理办公室这一层面,让大家认识到项目任务计划的进展,并借机鼓舞团队士气;测试与上线阶段主要针对业务用户,让大家了解系统即将带来的变化与影响,尽快地适应新系统的各项功能;上线后主要针对各关键用户,推广系统的特色功能,促进项目目标的达成。总之,从 IT 项目管理的阶段看,启动与需求阶段、测试与上线运行(试运行)等阶段主要针对外部用户(业务用户),而设计与开发阶段主要面向项目内部客户。

11.1.1 对外(着重于业务用户)宣传与沟通

项目启动会议是有效的宣传手段之一。如果项目涉及的部门较多,人员难得有聚在一起沟通的机会，因此更需要抓住项目启动会议机会，与各部门关键人员进一步达成共识，为项目的进一步开展铺平道路。

项目周会或核心团队定期会议，以及简洁会议纪要文档是与用户保持沟通与持续宣传的有效渠道。并不是所有人员有仔细阅读邮件的习惯，因此尽量邀请关键用户参加现场会议，面对面的沟通更有效。例如，在需求阶段，在不断与各关键用户的强调测试以及上线时间点的同时，需要调动各关键用户的最大参与度，使之成为项目开展的"代言人"，从而影响他们周边的其他相关用户对项目实施的关注度，在一定程度上，扩大项目的群众基础，也给项目的实施拓展空间。

对于重要的事情或里程碑反复强调这类宣传方式的确很有效。对于项目收尾更是如此。并非所有项目人员及关键用户都有项目管理的理念，对于项目各项工作的里程碑开展可能也有不同的理解与看法。比如，在项目关闭前两个月就开始宣传造势，然后再双周沟通关闭各项任务，关闭前三周则是每周都与业务用户强调项目关闭这一工作，逐步让大家清晰进展，主动配合项目各项工作的开展。

项目相关招贴画（易拉宝宣传单、宣传栏）能够使用户对项目有更为直观的认识。在某个项目的开发设计后期，为配合项目的功能测试与上线开展，采取了宣传栏形式，取得了良好的沟通效果。该项目的主要用户都集中在公司某一栋办公楼，在一楼出入通道设置了宣传栏，先期把项目做了简介，并对将来上线的系统做图示说明；隔一段时间，内容换成了项目的关键流程介绍；最后换成了管理层的期望、上线支持联系方式以及常见问题解决。也可以采取更为主动的模式，模仿推销员在公司人员出入的必经之路以及食堂门口现场介绍项目与系统，现场提问与发放相关小礼品来调动人员参与的积极性，取得了广而告之的宣传效果。

目前更为流行的是微信方式，沟通与宣传更为便捷，互动操作强，传播效率更高。较为经典的案例如2015年年底微信的"毛玻璃"照片讨红包事件，"毛玻璃"照片据微信官方说法是这只是内部测试的一个功能，但经过朋友圈的发酵与传播，短短几天就风靡全国，大家都熟悉了微信的这一新功能，并且在互联网上用户也自发地在评论这一功能。对于微信项目团队而言，不管是否真是内部测试，无意间流出与否，以极小的成本达到了最大的宣传效果，以至于在2016年春节期间，微信顺理成章地公开试用该功能时，大家也就很自然地接受与认可。

11.1.2 对内（着重于项目组成员）宣传与沟通

对外宣传是扩大项目生存空间，而对内宣传与沟通则是激发团队斗志，增加凝聚力，形成合力。

宣传与沟通需要注意一些原则：首先，项目经理需要有选择地与项目组交付团队沟通，需要以正面积极向上为主导方向；其次，项目经理与关键用户沟通时要把握住用户期望，不可任意夸大系统功能或给出一些不实的传言消息；最后，也是更为重要的一点，与管理层的沟通本着实事求是的原则，重要的消息不论是正面还是负面都需要沟通到位，这样才能得到管理层的信任与支持。

11.2 项目经理应为首席宣传官

项目经理作为团队负责人，向上、向下、向左右进行项目宣传责无旁贷，这个道理大家都明白，然而几项原则需要拎清并切实遵守。

客观公正、实事求是是第一原则，不能夸张传递虚假信息。并非所有人都能做到这一点，如在项目中途项目经理更换，有的前任项目经理会把项目描述得一片通途，仿佛不需要管理就能顺利实施完成，但接手后就会发现面临着巨大危机，通常是十分棘手难以处理的事项；有的项目经理向上沟通时，报喜不报忧，管理层以为项目形势一片大好，实际上有可能整体团队到了举步维艰撑不下去的地步。这些都经不起时间的考验，所以项目经理需要从长期角度出发，做到透明管理，既宣传项目取得的正面积极成绩，也传递项目不足及经验教训，让其他项目有所借鉴，无论是正面还是负面消息都能为公司所用。

及时传递信息是第二原则，"新闻"成了"旧闻"就已经失去了它应有的价值。项目的阶段性成绩及时发布，一是让内外部客户认可团队的付出、取得的成果；二是对于关键困难或问题等负面信息，让各方管理层提前知晓，更好地调动资源来帮助项目解决问题；三是鼓舞团队士气，让团队成员有成就感，提高战斗力及做事效率。

主动抓住任何机会宣传项目正面消息，不能靠等。比如，年中、年终项目复盘总结汇报，同行业界各类先进奖项参评，业内公开交流大会等都是好机会。尤其是每年年末各行业协会都会组织业界实践评奖，与他们保持互动交流，了解业内发展趋势，更好地定位自己团队。曾经某项目经过一年多的努力，在工业互联网集成、大数据分析实际应用方面有所突破创新，为公司带来了实实在在的效益，但是缺乏外部宣传，没有在全国引起反响；不少企业实际项目成效一般，但对外宣传却十分到位，在国内外声名远扬。其实这对于不擅长做宣传的项目而言是不公平的，因此项目经理要主动积极担负起这个责任。

项目经理学习销售知识，有助于把项目、团队对内、对外成功地推销出去。所以在工作中，擅于观察与学习的能力是项目经理的基本技能之一。比如，在项目商务准备阶段，项目经理可适当参与，学习下销售与采购等商务人员工作思维与方式，还可以接触下项目的售前技术方案支持人员，在了解方案的同时，学习他们的方案沟通与表达技巧，看他们是如何得到对方的认可，从而决定合作的，从非技术角度看，他们宣传沟通到位对于商务的达成起到的关键作用。

第 12 章

项目采购与团队建设实践

12.1 单一外包服务商管理实践

这是最为常见的项目合作开展方式,从招投标的多家中选择一家,由其承担项目并与公司 IT 部门承担项目实施。在公司 IT 项目管理人员人手有限,整体控制能力并不突出的情况下,这是首选模式。

单一外包服务商最大的益处是团队沟通成本小,管理相对容易。一般甲方项目经理只需要与服务商项目接口人/经理沟通管理到位,整个项目团队就能够处于可控状态。从采购角度看,对于公开招投标项目,商务阶段有多家外包服务商竞争,也不存在单一外包服务供应商坐地起价现象。即使对于指定单一外包服务供应商的议标,甲方商务也有不小的谈判空间。从众多项目实践看,单一外包服务商利大于弊,是多数公司采取的第一合作方式。从长期发展看,企业 IT 部门与某外包服务商可达成战略合作伙伴模式,甲方客户借助外包服务商的顾问资源及实施能力,外包服务商看重甲方客户的商务及市场机会,双方互相依赖,互惠互利,一起发展。笔者曾经历过多个此类模式成功的案例,如某家做人力资源方面的创业公司,依托某国际化大公司,倾心服务于这家大公司,几乎是有求必应,甚至将成本控制都放在第二位,几年后该创业公司在行业内做出了名声,公司迅速发展壮大。在写此案例的时候,笔者在网上查了下该公司现状,发现其已发展成为一家拥有 7 家分公司的高科技公司。

在多年的项目实践案例中,只有少数案例表明单一外包服务商会导致项目失败,外包服务商资质实力有限,导致项目中途停止,或许原因不应该算到外包服务商这一事实,更多的是选择伙伴失误,换一家可能就不会出现失败这种情况。

12.2 混合外包服务商管理实践

该模式虽然不推荐，但随着项目的复杂度增大，有发展为主要合作模式的趋势。

该模式最大的挑战源于沟通管理与团队协作。如果项目管理团队不强势，则无法驾驭该模式，导致多家团队像一盘散沙，有时虽然看上去和气一片，有功劳争着去领，但一遇到问题就会互相推诿，躲得要多远有多远，或是假装没有看到问题，直到问题无法再隐藏才慢慢处理，总之采取的策略是多一事不少一事，明哲保身，项目时刻都在失败的边缘游走。

因此也有公司采取折中方式：当遇到有多家服务商提供服务时，只与其中一家签订合同，作为总包方，其他方作为该总包方的分包商提供服务。站在甲方客户角度，仍然是单一外包服务商，但却得到了多家混合服务。此模式的风险在于把期望都集中在总包方，这家一旦出现问题，则项目失败局面难以挽回，这也就是为什么甲方采购部门反对这一模式的原因之一。笔者认为若企业 IT 部门拥有较强的管理能力，直接面对多个服务商会更有优势，在本书最后章节笔者将专门讨论多团队项目群的管理。

12.3 人天方式经验教训

人天合作模式（Time&Material）是服务商乐意采用的模式之一，利润可能不高但实施风险却是最小的；该方式对甲方客户的管理能力有一定的要求，项目风险基本由甲方客户在承担。比如，项目经理及项目顾问都由企业 IT 部门及业务部门负责，而具体开发测试人员可由第三方服务供应商来提供。对于需求明确且规模中小的项目，该模式具有一定的适用性。

实践中并没有想象中的那么经济节省费用，因此虽然是以人天方式，服务商提供一天服务按一天费用来结算，但实现上由于项目通过需要人员有一定的稳定性，即使某段时间工作量不饱和或临时空闲，也不宜缩减人员或把人退回，所有费用上不一定有多少节省，不过与项目整体外包模式仍有成本优势。

12.4 胶冻团队

在笔者某次参加项目管理培训时,老师使用了"胶冻团队"来形容特别的团队建设,作者认为非常形象。项目建设话题放在这里并不是很合适,实际上该项工作自项目尚未启动、在准备阶段已经开展了,直到项目收尾关闭、解散团队为止,在这里只是再次强调团队管理与建设的重要性。站在甲方客户角度看,项目实施成功优先级更高;但从服务供应商长期发展观点看,团队稳定发展优先于项目;从更高层面看,团队建设对甲方和乙方企业都属于关键任务,暂时成功上线的项目要想发挥其规划功能作用,无论是哪方团队出现问题,都会影响这一目标的真正达成。

在项目实施过程中,如果企业选择与服务商合作建设,对甲乙双方项目负责人/项目经理都是一次团队管理考验,通常看来,对甲方项目经理考验更大,为什么这么说呢?首先,甲方项目经理在实施与管理经验上与乙方相比有一定的差距;其次,甲方项目经理容易犯"上帝"错误,觉得自己高高在上,可能会表现为目空一切、自以为是的行为,导致乙方团队与之同床异梦,面合心不合,难以真正与甲方团队形成项目合力,推动各项工作的顺利开展;再次,甲方项目经理也面临着内部客户的挑战,沟通协调压力大;最后,也是几乎所有企业都面临的问题,由于资源问题,甲方项目经理不得不身兼数职,分身乏术,无法有效地同时管理多支团队。所以聪明(经验丰富)的甲方项目经理会充分利用企业内部各方力量,加上乙方服务供应商的综合优势,借多方之力来管理好整体团队,以服务于项目实施目标的实现。从众多信息化项目实践统计看,无论是甲方还是乙方项目经理,能做到综合借力以管理好团队的项目经理真是凤毛麟角。这本书前后花了数年才陆续完成,其中一项重要的动力是,当前企业太缺乏合格的项目经理,希望这本以实践为主线内容的书能为企业相关人员提供各种经验借鉴,期待能在一定程度上对当前现状有所影响。

如果项目实施存在第三方合作伙伴,则该情况下乙方项目经理的团队管理能力更关键与急迫。业内知名企业作为乙方合作伙伴时,通常项目管理能力还可以,但也存在良莠不齐现象,尤其是在甲方预算压低到不靠谱数值时,乙方安排的资源也趋向于不靠谱(无论是否为业内知名企业,这是普遍存在的事实),因此团队资源更加难以管理与建设。有的项目刚开始没多久,乙方人员就像走马灯一样人来人往，不停地换成员，项目进展一团糟，团队成员毫无凝聚力，项目经理没有采取果断有效措施，苦苦撑了六个月后，就辞职走人了。服务合作伙伴意识到了团队建设难题，安排了另一名项目经理到现场领导工作开展，同时在客户的再三要求下，换了多名经验丰富的实施顾问来支持新项目经理的工作开展。在开展的前两个月势头有所改善，但从第三个月开始，项目团队又陷入涣散状态，这次问题的出现原因也是很常见的现象——项目经理没有摆对位置，让团队成员处于忙乱且看不到希望状态，多数人抱着能有机会离开项目则绝不留在项目组心态在工作。然而项目经理却没有意识到情况的严重性，直到偶尔听到其他项目同事聊天，才知道事态的严重，全面细致地了解了成员想法，发现是该项目经理近期频繁无条件地退让，接受业务用户并不合理的要求，并安排成员长期加班加点赶工，让项目成员看不到需求冻结交付的希望，大多数人员预估项目将一直这样紧张高强度忙碌下去，对项目工作失去了信心。这也是多数乙方项目经理常犯的管理错误，没有摆正自己的位置，作为项目第一负责人，一味选择退让，不止让公司也是让团队，更是让项目最终买单，结果基本就是项目没有做成或做好，个人及团队成员没有成就感且年终考核差，导致成员出走，甚至公司相关领导绩效也受到影响，当然公司也没有赚到钱，甚至名誉也受负面影响，反观甲方客户也是同样受挫，项目不成功，IT团队及业务部门考核自然也好不到哪里去。因此项目经理日常管理项目中重要的一项工作就是观察团队、建设团队战斗力。这是作为项目第一负责人最主要的工作，无论于公于私，责无旁贷，每天花数个小时考虑这个议题也不为过。

第 13 章

综合运用案例解析

13.1 项目拖延不能按时交付，一波三折，如何逆转形势

南方某制造企业规划了数字化转型路线，其中关键活动之一就是生产车间改造并实施信息化制造执行管理系统，实现仓储、车间计划与执行过程透明化管理，计划于当年 11 月份启动 D 项目，预计次年 4 月初系统开发完成，并开始试运行上线。企业进行了公开招标，通过组织讲标评标，最终选择了业界著名乙公司作为合作伙伴来提供服务实施。由于开发成本过高，乙公司又进行了项目分包，引入另外一家服务供应商丙负责顾问及开发工作。由于客户 IT 团队资源有限，并没有安排专门的项目经理管理项目，而是由某部门的主管兼任项目经理。所以项目团队由四方面的人员组成：业务关键用户、IT 团队及项目经理、乙公司服务商、乙公司外包服务商丙。该项目协调沟通工作复杂且重要，因此项目的管理工作由甲方兼任、乙公司实施项目、服务商丙负责顾问及开发工作，在起初两个月的项目需求分析与方案设计阶段，进度似乎还在可控状态，在每周项目周报上看，项目状态都是绿色正常。然而两个多月的磨合期过后，项目开始进入设计开发阶段，进度变得不再顺利。时间转眼到了第二年 2 月份，服务商丙的项目主要顾问及开发人员相继离职，开发设计陷入无序停工状态。随着项目结束期限一天天临近，甲方项目经理这才意识到进度风险，变得十分焦急，再三与乙公司沟通协调，要求资源重新调整，确保项目进度按计划完成，而乙公司也感到有些疑惑，项目一直进度正常，为什么突然就出现这么大的变故？乙公司不断与第三方服务供应商丙的高层进行沟通，最终达成一致，先调派补充资源，一边找问题一边改善。乙

公司增派了资深项目总监到现场支持工作,并负责与甲方、第三方服务商丙沟通协调保障实施进度。

项目总监到现场工作一周时间,通过与团队沟通讨论,逐步清晰了项目为何面临这样的情形。首先,甲方项目经理虽然是某部门领导,但没有信息化项目管理经理实践经验,尤其是缺少对于以合作伙伴形式提供服务的第三方团队的管理;其次,乙公司在第三方服务商管理方面存在严重的不足,以及乙公司的供应商项目经理在执行监控方面存在侥幸心理,认为成员工作不需要细致管理跟进,过程中的工作项延迟都无所谓,只需要看结果就可以了。以上是造成当前情况的根本原因。在项目管理监督执行方面具体是哪方面工作的有缺失及不足呢?甲乙双方的项目经理在主计划任务安排与执行、问题管理方式方法上都存在明显的管理缺失。

首先看主计划任务 WBS 管理方面。原先项目的 WBS 存在两方面问题:一是 WBS 任务规划不够细;二是任务预测时间不准。一方面,由于任务粒度大(比如某任务项定义为仓储入库管理实现),造成项目经理难以跟踪责任人的具体进度,所以平时周报进度没有反映异常,一旦发现延期,就已经很迟且没有缓冲时间来解决了;另一方面,由于任务安排预测只到邻近的当前里程碑,造成有些关键工作不能提前做准备,团队经常被所谓的"临时且重要的工作"困扰,几名骨干处于救火状态,时间一长人员身心疲惫,对项目交付失去信心,遂生去意。在项目问题管理机制方面,遇到问题多以电话、邮件或当面口头沟通,出现遗漏以及问题进度不明现象。更为严重的是,随着时间的推移,问题也在不断地发生变化,业务用户、开发人员、测试人员、管理人员对问题的认识程度与理解都不一致。

根据以上的现状分析,项目管理团队调整了工作方式,在计划与问题管理方面做了以下两方面的改进:

1)细化 WBS。

两周内工作任务按 SMART-C 原则重新与成员沟通讨论制定,同时对近两个月内的关键任务进行细化,并明确最终验收里程碑节点的关键任务。同时约定项目管理团队双周任务每周滚动更新,中长期工作每双周更新。

2)建立"问题驱动"机制。

项目采取"问题驱动"机制,整理以往历史问题,使用问题清单统一管理与更新,以书面形式发送给甲乙丙各方主管及成员,所有人员就事论事,不再曲解或发散问题。

看上去项目似乎正在回到正轨运行,但在具体任务执行时,团队又遇到了新问题(这也是项目通病)——团队建设与执行力问题。

计划清晰了,问题也明确了,但具体任务执行责任人的表现,让大家抱怨计划是挂在墙壁上的照片,只是给别人看到,对项目没有起实质作用:计划完成日期得不到保障,随意调整已经延期的预计完工日期,造成计划与执行互相分离的现象。项目大部分成员来自第三方合作伙伴,项目成员之间存在一些管理隔阂。虽然来自甲方客户及第一服务商的团队成员,责任心比较强,执行力可圈可点,但是多方组成的团队追逐的是不同的考核目标,凝聚力差,造成整体执行力度低下。来自同一公司的团队建设方面也会出现问题,比如来自不同部门的成员,出于自身小部门利益或考核目标点的不同,导致其所作所为并不是项目所期望的效率最大化状态。举个例子:出入库仓库管理模块的开发与测试人员都来自同一第三方服务供应商公司,但大家合作却非常不协调,对于出现的问题不是一起查原因,而是互相推诿或等待,缺乏主动性;遇到与其他模板接口集成,则更加有问题,因为该模块是由另一部门负责,一个小问题常常被推来推去,计划时间早就过了但仍没有进展。该项目团队成员对项目总目标没有一致的认识,同时缺少主动性、团结凝聚力,因此即使 WBS 计划清晰明确,问题清单整理得井井有条,也成了摆设。

针对这种现状,项目管理团队决定借鉴敏捷开发的有效管理形式,在近一个月内,设立每日清晨站会,以及每天下午进度状态更新短会机制,让团队强化适应问题驱动管理方式来加强执行力建设,同时在沟通频率加强的情况下,借机让团队成员互相了解熟悉,把团队凝聚力建设起来。在早上会议上简短安排当天的工作,让大家清楚本日工作;而在下午更新会上,让各负责人更新任务状态,时时刻刻提醒大家任务的完工日期。通过坚持每日晨会与下午问题更新沟通短会机制,实现了团队建设的破冰,让所有成员逐渐认识到项目的里程碑节点重要性与严肃性,并努力朝着这一目标前进。

当团队团结一致,目标与方向都明确后,项目一度进展顺利。然而到了开发阶段尾声,项目管理团队又遇到了新的难题:核心人员变动。系统某关键功能模块的负责人提出辞职,并且是以闪电形式离开项目组(这也暴露了项目资源管理上的弱项)。原先该负责人对系统整体功能流程及业务非常熟悉,不过很多检查项都在其脑子里,他的离开导致开发测试工作几乎陷入停顿当中;而新替换的人员对系统业务既不熟悉,又对成员也不了解,同时观察下来技术方面比前任也有欠缺，那么项目管理团队采取什么样的措施，才能让这样的团队打胜这场战斗完成项目交付呢？

软件项目交付的保障的终极武器要起作用了，没错，就是业务场景测试用例及测试行动！

在有些人眼里，只有技术不高的人员才从事测试工作，高手都是开发人才，并且持这一观点的人不在少数。从一些IT公司的人员待遇中就可以看出来，一般测试人员比开发人员待遇要低，并且在某开发人员眼里，测试工程师什么也不懂，就知道挑毛病。在中国公司这种现象还较为普遍，笔者接触的第三方服务供应商公司给出的项目资源报价清单中，明显测试人员的费率是最低的，大家可以想象服务供应商安排的测试人员会是什么样的水平。但从QA质量保证角度看，测试人员不止需要扎实的技术功底，还需要有缜密的思考能力以及对业务的快速理解能力，可以看作系统顾问与开发人员的合体，对综合素质要求高，理应受到各级管理的重视。所以从测试人员的配备资源也能看出一家IT公司的实力以及交付管理的规范度，测试资源有保障的公司绝对是值得信赖的合作伙伴。大家如果正好承担企业信息化项目管理职责，不妨将这条列为评标选择服务供应商合作伙伴条件之一。

回到上述真实案例看项目管理团队如何应对当时的困局：项目经理重点主抓的另一项工作改善行动项就是测试规范执行。就该项目而言，出现的问题在于测试用例没有准备好，但开发、测试人员为了赶进度，在完成集成测试验证场景用例的情况下，负责人就直接找业务用户去测试功能，结果可想而知，用户一大堆抱怨及投诉随之而来，并且对项目的整体工作都产生了不信任感。即使骨干顾问也不能置科学管理方式不顾，进度固然重要，但一味地靠运气冒进不管方法与质量，必然以失败而告终。测试工作中的重点则是测试场景用例的准备，以及按用例进行的测试及发现问题与解决问题，用系统化的方法来避免交付结果依赖于某位顾问或技术人员能力。新的管理团队严格要求团队成员按规范实施，并将集成测试作为重点任务，在交付给用户测试之前，完成内部检查汇报，由管理顾问小组专项检查，验证测试结果是否正确且有效。管理团队意识到测试阶段是最不适合赶工的窗口，即使发现项目进度时间上的确有延误，客户高层管理人员也在投诉和催促赶工，新的管理负责人仍然没有做原则退让，与客户深入沟通交流，最终为团队争取了时间，项目在时间允许的范围内有条件地试运行上线，各方团队都得到了他们所期望的回报。

以上真实项目案例似乎是多个问题集中爆发叠加在一起，造成进度延迟，预算超外，还有致命的副作用，比如士气低落，人心涣散，多数人都在考虑如何逃离这个项目，甚至是所属公司。新的资深项目管理人员沉着地应对这一波又一波的难题，重新鼓舞了团队成员奋斗与担当精神，将一个在失败边缘游走的项目成功地挽回并交付上线运行。这些经验教训值得我们思考与借鉴。虽然说是铁打的营盘流水的兵，但 IT 项目的特殊性，需要管理者不得不花些时间去思考如何进行管理措施改进。这是一个可以展开很大的一个课题，可以扩展到团队的规划与建设，以及企业战略层次匹配建设方面。正如这个案例中所展示的，项目经理在团队扮演着"胶和剂"的关键作用，优秀的项目经理，擅于灵活运用各类方法措施，鼓舞士气协作奋进，即使是在一艘破旧的船上，也努力带领大家驶向目的彼岸。

13.2　项目群管理案例：平台大项目实施由失败到成功的逆袭

中国东部某大型企业拥有三个子公司，生产加工的产品都类似，只是在生产规模上有所区别。企业 IT 总部的规划是建立一个信息管理平台化大项目，包括三个子项目，每家子公司对应一个子项目。考虑到这三家子公司业务类似，总部为了管理标准化，从实施管理角度、成本控制角度出发，制定以下实施路线图：项目组先在一家子公司实施子项目 A，验证成功后，再将成果直接推广应用到另外两家子公司对应的子项目 B 与 C 上。虽然该企业 IT 部门有一定的资源及信息化系统建设能力，但考虑到平台规模大，需要借力于外部力量快速实施。通过公开招投标，该企业决定与 G 公司合作，成立联合实施团队开展项目，其中该企业 IT 部门与 G 公司各出一名项目经理，共同担任项目经理，IT 部门的项目经理偏技术方案管理，而 G 公司项目经理则负责业务方案及整体项目的把控。子项目 A 开发设计工作进展还算顺利，按计划进入了上线试运行收尾终验阶段，此时该企业计划启动子项目 B 与 C 的推广应用工作。

从战略规划及实施策略上，基于三家子公司业务类似，在一家公司先行先试，积累经验然后推广应用，该大平台项目制定的没有任何问题。然而在执行过程中，项目群遇到了真正的困难：一是子项目 A 的收尾工作出现了异常，试运行效果非常差，由于技术设计原因，系统上线后出现了严重的性能问题，已经无法支撑业务的正常操作，随时有被叫停的风险，然而按原项目群计划子项目 A 的系统功能是要直接在子项目 B 与 C 推广应用，如果子项目 A 有问题，意味着另外两家子公司根本无法应用实施同样的功能，这直接把大平台实施战略给否定了，项目群面临失败的结局；二是由于大平台项目工期原因，项目组在子项目 A 刚开始试用之际，就启动了另外两家子公司的子项目 B 与 C，当前项目资源分布在三地，本来项目人力就捉襟见肘，三个地方在项目群内部争夺资源，没有一处可正常开展工作，都处于半停工状态，并形成了类似系统进程"死锁"现象；更为严重的一点是系统开发版本管理，子项目 A 的技术、业务方案都存在致命缺陷，还未解决，子项目 B 与 C 又都依据本地业务特点进行了功能适配与增强，分别延伸出各自的源代码版本，这与企业 IT 部门制定的全公司代码统一管理、统一共享、分别部署的实施策略相背离，按这个趋势下去，直接分裂成三个独立的项目，对该企业而言，后期维护工作量及成本巨大，而且如果有新公司开业，又要再成立新项目组重复前面的步骤；从成本预算角度看，各方挑战巨大，企业 IT 总部项目经理与 G 公司项目面临即使延期也无法交付的困境，而 G 公司则面临巨大的账务支出负担（项目未能按时收尾回款，超期投入花费等）；从客户满意度角度，更是雪上加霜，该企业客户领导对项目团队的项目实施工作极其不满，频繁施压于 IT 部门及 G 公司管理层，而业务部门本来就对信息化改革持有怀疑甚至是抵触情绪，此时更时站在对立面，极力劝说企业领导叫停项目，避免对正常业务生产造成更大的影响。在僵持了近三个月后，子项目 A 的多次延期验收，造成 G 公司项目团队在资源上遇到了调配困难，项目多干一天就多赔一天钱，G 公司不是慈善机构，需要营利才能持续运营下去，对于亏损项目必须及时止损，撤人到其他项目上去。本来系统就问题重重，又减少了人员支持，项目已经到了被叫停的边缘，该企业和 G 公司的管理层都已经在考虑如何中止项目。还有方法让项目执行下去完成交付吗？

　　项目整体团队新员工占多数，且工作非常努力，在开发设计阶段项目人员几乎每天都加班到深夜，甚至有两名名员工工作劳累过度被送去医院看医生，即使是这样都没有人员提出离开项目，大家仍然坚持并期望系统早上线收尾，因此原因肯定不是出在团队工作士气管理建设方面。业务部门要叫停系统不是因为用户不想使用，而是系统无法正常使用开展业务操作，所以该项目最根本的原因出在技术方案本身存在缺陷。那为什么几个月的时间里，没有正视并解决这个问题呢？在上面背景介绍中已经提及由于项目不能按期收尾，损害双方合作的基础信任度，该企业希望解决问题再谈收尾，当然这一要求非常合理，而 G 公司由于在子项目上预算亏空，坚持先收尾付款再谈解决问题，两方谈不妥，于是项目一直在延期，系统一直无法正常使用，团队成员因为看不到希望，也纷纷离开，系统更加无法使用，业务用户抱怨更大，于是进入恶性循环之中。解铃还须系铃人，建立互信，双方都给出一定的互惠承诺是打破僵局的第一步。于是项目经理做了成本分析报告，整体看来在子项目 A 上预计要有亏损，但如果能在两个月内收尾，为子项目 B 与 C 的实施扫除方案上的障碍，使得整体项目能顺利上线验收，在适当的时候与企业客户再谈下合同变更增加部分款项，成本上还是可以管控的，并且由于该企业在业内非常有名，如果成功实施，G 公司从战略上所得远远超过金钱。因此 G 公司提出重新组织技术顾问去子项目 A 的现场，暂缓子项目 B 与 C 的开发设计工作，但方案优化工作继续以便对项目进度影响度降低到最小的同时，也能释放部分资源去支援子项目 A 的收尾，争取在两个月内解决问题，该企业也表明态度，同意当前的资源调度安排，并表示如果问题解决了，则同意项目收尾并启动另外两家子公司的子项目；但是如果到期仍未解决问题，则项目终止。

项目团队首先分析了当前困难出现的根本原因，找到"死锁"的最初"进程"，集中力量解决该"进程"问题。首先，项目经理与企业分公司领导沟通，明确本次目标与预期，对齐验收标准。分公司领导明确表示，他不管本次团队成员以前有多少成功经验，他只看结果，只要把当前系统问题解决，他就同意收尾付款。该项目问题既然出在技术方案层面，还是需要加强这方面的资源协调管理，该企业的项目经理要求 G 公司项目经理重新调整了原计划实施子项目 B 与 C 的资源，并从其他项目调派了骨干顾问，集中力量攻克方案难点。项目群管理的优势之一就是，多个子项目资源、预算可以平衡，该真实案例就是动用了后续项目的预算资源救急。其次，当前最紧迫的事是重塑团队执行力和凝聚力。在项目管理方面，启用了每日跟进的模式，与内外部相关人员保持沟通，并将所需明确地表达传输到各方；在团队管理方面，无论是该企业还是 G 公司的成员，都被清晰传达了背水一战的信号，成败在此一举，关乎团队每位的发展利益。正是因为资源到位，问题沟通清楚到位，目标明确，各团队成员都非常清楚后果严重性，在短暂的一周时间里，就形成了大团队之间较强的凝聚力。

这期间的工作安排也是扭转局势的关键措施之一，值得其他项目借鉴。总结起来就是"知人善用"，认识团队成员每个人的优势与薄弱点，安排与其优势匹配的工作任务项。比如，在项目第一周每日小结例会工作讨论过程中，有一位软件技术工程师表现出来较强的沟通交流能力（通常程序员给人的印象是偏向于木讷，不擅长与人打交道），而该项目急需与各部门的业务用户打成一片，深入了解他们的问题与真实想法的同时，取得用户对系统功能项目改善工作的客观评价，于是项目经理安排了该软件技术工程师兼任功能验收接口人。这是一项非常琐碎但又重要的工作，业务用户涉及四大部门三大生产车间上百人，关键用户达数十名，系统问题反馈得到用户确认签字是项目收尾结项的前提条件，这项工作的压力可想而知，项目经理减少了他技术开发工作任务，让他腾出更多时间去与用户交流反馈。据项目组反映，这位同事发挥了出色的沟通交流技巧，在整个项目收尾过程中，发起了三次书面系统功能确认及满意度调查，第三次调查除得到了所有业务部门关键用户的问题解决确认外，有四分之一的功能用户给出了很满意的反馈，其中有件事情项目组知道后感觉十分夸张：有位关键主管用户确认反馈有些拖延，该同事找各种时间机会去交流，前后不下十余次，到最后用户接到他的电话，未等他开口，就说："我对你们的系统功能及工作已经非常满意了，麻烦不要再找我沟通了，我将立即签字确认。"当然这是整体项目组努力的结果，但不可否认，这位软件技术工程师完成了临门的关键一脚，为项目成功收尾提供了各方都信服的数据依据，让团队的努力得到了应有的认可。

项目在双方团队的协作下，在规定的两个月时间内，顺利地完成各项任务并予以验收，整个项目群得到重新开展。

在后期项目复盘时，所有人都一致认为项目经理乐观、主动积极的态度是该项目克服重压的利器之一。G公司对项目经理的素质要求之一就是具备不言放弃激情管理的能力；以终为始交付项目，不畏艰难险阻、持之以恒开展工作；明确共同目标影响与激励团队前进；赢取团队整体成绩的同时，同时考虑团队每位成员的需求，保持全员战斗力，能够运用情绪管理知识，营造一个高效协作团队环境，通过鼓励团队成员超越自我，营造积极向上的工作氛围。这也是多赢思维的具体应用，或许只有经历过类似痛苦的项目经理和成员才能对此有更深的理解。

13.3 复杂项目管理再思考

项目群管理简而言之就是将多个项目作为一组来统筹协调管理。通常项目群内的每个项目之间有互相依赖关系，可以更有效地实现公司组织的战略目标以及阶段战术成果。项目群中的项目之间需要共享组织资源，需要进行项目之间的资源调配。然而项目群管理并不是简单地将多个项目并行处理与控制，复杂度也不能以多个项目简单叠加进行评估。以沟通为例，沟通复杂度增长是非常明显的，所需管理时间与人力会数倍增加。

13.3.1 项目群管理的挑战

1. 从多年项目管理经验来看，项目群管理最大的挑战是沟通

正如管理大师彼得·德鲁克所说，企业管理中60%以上的问题是由于沟通不畅造成的，项目群管理更是如此。各子项目成员工作背景不同，职责不同，做事的风格也不尽相同，同时各子项目或许来自不同的供应商，其企业文化也不一样。即使一个简单的议题，宣讲出去，大家理解会各不相同，多少存在差异。举个例子：某项目上线前，要求各子项目硬件准备好状态，为系统上线做准备。在接下来的检查沟通会上，发现各项目负责人对"硬件准备好"理解不同，有的负责人认为计算机、打印机、扫描枪等运到现场就是准备好；而实际上的要求是硬件到现场，并安装调试好，可以交付给最终用户去使用了，才是"硬件准备好"。所幸项目检查点设置比较合理，及时发现该理解与执行差异，避免了上线时间点的拖期。

如何有效地避免项目间沟通差异带来的问题呢？解决的措施有三点。

第一，沟通首先要灵活运用 SMART 原则。

SMART 原则大家很熟悉了，如何应用到沟通领域呢？

S（Specific）：沟通目的与要求必须是具体的。例如上面的例子，沟通目的是为上线运行扫除硬件基础障碍，必须明确硬件包括范围，如计算机、打印机、扫描枪、打印纸、办公桌椅、电源、网线，其中网线需要测试与具体某台服务器是否连通。各项目组只需要根据具体要求，一一检查是否满足或完成就可以了。

M（Measurable）：沟通内容必须是可量化的。还是上面的例子，计算机等7项硬件准备好，计算机可以开机并可以登录公司内部门户网站。

A（Attainable）：沟通点必须是可落地的。如果没有可操作的沟通点，则失去沟通的意义，白白浪费时间，因为大家都会认为沟通所传达的内容、任务是随意制定的，也不会真正去实施。仍然是上面的例子，与团队沟通的内容为7项硬件设施的准备是系统上线运行的基础，本次沟通讨论的任务是可行的，是可实现的工作项。

R（Relevant）：沟通内容要求必须紧密相关。前面已经提到各个项目都有自己的利益及关注任务点，如果项目群要求的工作没有与各子项目工作相关，则再好的沟通方式方法也是无效的。回到上面的例子，7 项硬件设备的准备是项目群整体上线的前提，也是各个分项目上线的前提，工作任务项是密不可分的。

T（Time-bound）：沟通工作必须有完成期限。没有时间限制就会失去执行推动力，造成人员懈怠导致拖延，甚至执行失败。

第二，反馈并设置检查点，消除"Surprise"。

即使是量化有可执行量具体的任务需求，也无法保障执行过程中不出现偏差，这是与执行团队或个体直接相关的。前面已经提到各项目都有自己的任务优先级分类，项目群给出的任务不一定在各子项目中是高优先级任务项，因此必须设置检查点，不要等到最后一刻才知晓坏消息，没有一点挽回的余地，导致执行失败。

通常至少设置一个沟通检查点（放在任务执行中期），并且根据任务执行周期以及执行反馈，动态调整检查点频率。一般对于任务超过一周的时间段，在执行前 2 天，沟通一次来获取任务执行状态，如果进展可控，可设置一次检查点，放在任务时间的 2/3 处，否则需要增加沟通检查点。

第三，保持固定书面的有效沟通形式。

跨部门跨团队多项目之间的沟通，首选沟通形式就是书面方式，并形成各团队认可的固定模式。比如，对于沟通的工作任务，都采取前面的"问题清单驱动法"所描述形式。与前两点配合实施，可以在项目群管理过程中取得较好的沟通与实施执行效果。

2. 项目群管理面临的另外一个重要挑战是目标一致，各项目成员在理解与思路及行动上保持在同一频道上

保持有效的沟通，是避免各团队成为一团散沙的利器，但使团队目标一致，还需要一些特别的行动措施。一是可以利用项目周例会，每次都将整体目标及里程碑计划展现出来，使人人都熟记。项目群负责人不要怕啰唆或重复，每次都要当作首次与团队沟通一样认真对待。二是在处理项目之间的冲突时，要让各团队清晰地认识到冲突并非坏事，其根本原因还是大家对目标及主计划理解有差异，造成行动上的偏离。因此每一次处理冲突，都是落实目标与项目里程碑的机会。三是沟通对象并非面面俱到，抓住关键主管负责人，并且必须抓住他们。各团队主管是项目实际执行主体，使他们理解与执行项目目标与计划，就几乎等同于全员理解与执行。四是让高层领导出面协调，使各团队目标一致。

项目群负责人毕竟影响力有限，当发现自己已经无法影响其他项目团队时，必须将问题升级，请高层领导及时介入。一般请高层沟通是张王牌，不要轻易打出，只有当各项目对目标以及执行计划争议大，理解上差异偏离远，经过负责人努力而无法达到预期时，才需要高层领导介入。领导介入情况下各团队配合度会变高，执行力度也较以往强。那么为什么不请领导一开始就介入协调呢？因为团队分工不同，如果事事都请领导出面解决，那么这是项目负责人的失职，并且毕竟高层领导每天面对的事务更多，可能不止一个项目群，如果事事请领导，他们也不一定有时间介入。但又不能拖到最后一刻才想起领导的帮忙，关键时刻关键节点出现偏差时，需要及时请高层领导出面，把所有团队强制到同一轨道上来。

当需要高层领导介入时，往往各团队之间在项目目标及计划任务方面的矛盾可能比较大，项目负责人在处理此类矛盾冲突时，需要一些技巧。第一，不要给各团队一个印象，即你搬来高层领导是"压"他们。领导介入项目中，是即将有重大风险或已经有问题影响到了整体项目目标及计划任务，他们是来检视项目活动，帮助项目回到正轨上来。第二，项目负责人在主持沟通协调会时，实事求是，有理有据，针对矛盾冲突引导讨论。第三，会议达成的一致性结论与行动，需要书面备忘，并且定期跟踪行动执行状态，直到各项行动关闭。其中第三点尤其重要，在不少情况下，高层协调会开会时很热闹，大家表现非常积极，但会后不一定落实执行，无论是国企、民企还是外企，都存在这个情况。所以项目群负责人主动跟进各项行动执行进展，并定期书面向所有与会人员汇报各项状态，能有效地保障各团队目标一致，行动协调，整体计划有序按时开展。

最后一点也是最难处理的是与商务团队的同步与保持一致性。大多数数字化项目都会涉及第三方服务提供商团队，因此商务团队也是项目成员之一。然而项目实施执行团队通常与商务团队由于工作出发点略有不同，天然地存在一些矛盾：商务团队更看重的是利润，而执行团队更看重的是交付物（当然是按期在预算内交付）。当项目任务按计划正常执行时，两者之间看上去比较融洽，但一旦项目执行过程中由于变更或其他因素，导致项目成本增加、利润下滑时，商务团队往往先搁置项目目标，聚焦到财务盈利点上。更为棘手的是，项目正在关键攻坚阶段（比如开发与上线试运行点），供应商与客户的商务团队由于成本问题争论不休，执行团队往往同时面对客户进度要求的压力，以及商务团队要求减少资源投入、放缓执行速度的指令。笔者曾在一个项目遇到类似的问题：项目经过开发测试阶段，好不容易与客户达成一致，下周一试点运行，然而开发团队服务提供商的商务负责人却因商务付款问题，将开发人员撤回公司，并提出付款问题一天不解决，就一天不会来现场工作。这个项目背景非常复杂，无法用几句话向各位读者解释清楚。让我们回到主题：如何与商务团队在项目目标与计划上保持在同一频道上。每个团队都有自己的 KPI 考核指标，站在商务团队的立场上，他这样做也有一定的理由。因此需要各方跳出自己团队的小集体，站在项目群管理大集体的角度来看问题：项目已经出现了延期，团队必须抓住一切机会把困局扳回来，才能保住大家的利益。如果此时此刻，团队内部先闹起来，造成项目的进一步延期，无论对服务供应商还是客户都是不愿意看到的选择，甚至导致项目失败，由客户损失前期的投资，服务供应商则预期收入也不能得到，各方都没有赢家。就如同冯小刚的电影《集结号》那样，对于谷子地来说，明明是有去无回，只有牺牲的任务，团队站在大集体的角度还是决定让谷子地去执行任务。项目群负责人要像指导员政委一样，与各团队做好沟通工作，让大家围绕项目目标，有时稍微损失下小团队的利益也是不得已而为之。上面这个真实案例最后的结果是，各方达成一致，互相妥协一步，周一人员按时到位，成功完成项目实施上线。

3. 对于项目经理而言，项目群管理面临的最大的挑战是观念与行动的改变

对于单个中小 IT 项目，项目经理有时会身兼数职，时而负责技术架构，时而担当业务方案顾问，时而是资源/计划与问题协调人角色。然而对于项目群管理负责人而言，项目经理必须转换观念，把工作重心放到沟通、协调与计划和风险管理上，至少要占项目经理 80% 以上的时间。如同一个合唱团队，如果只有两三个人的演唱，可以在没有指挥的情况下，几个人很好地配合，给出很好的演出。但是一旦合唱队人数增多，必须有指挥，才能有好的作品。万事道理是一样的。比如，从物理学角度，两个成 90°方向的力，一个为 3N，一个为 4N，其合力是 5N，与合力 7N 相差 2N，40% 的力损失。项目群负责人全力投入沟通协调工作上，保障各子项目合力最大化，对整体项目群而言效益是最优的。不只是效益，更重要的是只有这样才能保障项目群的成功，否则稍好一点儿的情形是，项目群经过多次延期调整，人员疲惫不堪或人才流失严重，最后项目群勉强上线运行；而大多数情形则是项目群以失败而告终。

然而观念是最难改变的，况且外部环境有时也制约着观念的改变。无论是企业内部还是外部服务提供商，不少管理层领导认为沟通协调稍微花点儿时间就可

以了，IT项目经理完全可以同时负责多个大型项目，甚至是兼职负责项目群管理。对于企业内部，同一人负责多个IT项目的情况比较常见，资源不足是常态。资源外包或有服务提供商合作的情形下，很容易导致部门领导忽视项目经理的诉求，结果就是项目经理在多个项目中顾此失彼，每个项目都是蜻蜓点水，很难深入各个项目中。外部服务提供商更是如此，最大化地利用项目经理，减少人员投入是项目管理办公室每天考虑的事情，彼此之间缺乏信任感。在压力大、分身乏术的情况下，项目经理疲于应付客户的各类需求，很难做到"取悦"客户的高水平、高质量的服务，更无从谈起与客户建立长期合作伙伴关系了。

改变观念虽然是件难事，但如果遵循以下两条原则，则可以在不知不觉中完成观念的改变。这两条原则是借鉴于《高效人士的七个习惯》，它们是："以终为始"与"要事第一"。举个例子，某项目群负责人做事风格是亲力亲为，凡事都是亲自过问并且参与讨论。随着各子项目工作的展开，陆续进入需求分析与方案设计阶段，这位负责人发现一个严肃的问题：自己时间不够用了，无法深入地参与到每个子项目的细节需求与方案的制定讨论中。此时他意识到自己需要做些行动来改变面临的困境。他自问自己的第一个问题是：对于这个项目交付的目标和期限自己是不是很明确？自己的目标是排除一切困难带领团队交付系统，完成项目目标。

项目群负责人当然有责任在转换自己观念的同时，也要影响他人观念的转换，为项目群争取最大的资源与支持，最终实现项目目标。实现这一点的最有效的法宝就是赢得信任，让各方都认可项目的交付物，各项目组成员的付出，同时不要只报喜不报忧，不隐藏存在的问题，实事求是地坦诚沟通与协调。总结成三个词就是"透明""坦诚""正直"。笔者曾参与一个具有创新意义的项目，在集成测试阶段，公司CEO到现场视察项目进展，项目负责人介绍系统展现的各类业务数据，他很明确地讲，大家看到的这些业务分析数据，其中有三类数据是现场生产真实情况的反馈，另两类是模拟数据，由于目前是测试阶段，因此数据全面与准确。现场各级领导听后并不认为项目做得有什么问题，反而非常认可当前的进展与成绩。当然并非公司的所有组织都有信任文化，作为项目负责人，需要发挥影响力，将自己项目所在的团队营造出一个信任的小环境，大家协调一致推动工作的前进。

13.3.2 双赢思维在项目群管理中的应用

双赢思维、换位思考在项目群管理中起到至关重要的作用，也是处理好各团队关系的有效利器。根本原因是项目群涉及团队多，利益诉求以及面临解决的问题也较单个项目复杂，没有双赢思维指导，仅凭个人强势或匹夫之勇，很难做到项目群的真正成功。

项目群应用双赢思维解决问题比单个项目难度更大，尤其是各子项目分属于不同的业务部门负责，并且由不同的服务供应商承担，各子项目、业务部门可能会存在比较严重利益冲突。对于项目群双赢思维则更多地体现在大局观上，有的项目组可能会需要做些让步、多担当责任，为项目群贡献得多些，有的可能因为各种各样的原因，无法为项目群贡献多少，然而从项目群整体来看取得了成功。能调动各项目组工作积极性，敢于担当，这个角色最合适的人选就是客户甲方项目负责人，并且也只能是客户甲方项目负责人。

在存在利益冲突的情况下，甲方项目负责人代表项目群整体，发挥其影响力，能把各子项目组凝聚在同一个大目标下，使子项目团队互相让步以解决或暂时搁置之前一些冲突。因此甲方负责人一定要把握好这个关键角色的职与责，把大家团结成一个大集体一起向着共同的目标开展工作。因此该角色对承担人在沟通交流、冲突处理、决策判断等方面能力要求高，另外，还需要善于利用自己以及各级领导的影响力使各类冲突有效地解决。

在有多个子项目的情况下，最容易起冲突也最难以处理的就是职责范围模糊地带，尤其是任务有交叉重叠时。例如，有一个大项目包括车间现场管理系统 A、仓储管理系统 B、ERP 集成 C 等多个子模块项目，分别由不同的服务供应商提供解决方案。当客户提出车间线边库存需求变更时，由于此需求变更实施风险大，负责系统 A 和系统 B 的两个团队互相推诿责任，谁也不想承担变更的责任。当然客户业务管理自身也有一定的责任，没有明确线边仓的管理责任是属于车间还是仓储业务的延伸。当前的做法是车间现场人员负责，只要物料领到车间，仓库就不再管理了。从公司角度看，物料到车间后消耗不透明，无法及时反馈到 ERP，造成 MRP 运算结果不准确，无法更有效地指导原料采购，如果设置了线边仓，从一定程度上可以缓解数据不及时、不准确的现状，因此做了一项重大变更，要求项目群必须想办法解决。项目群客户方负责人需要明确地把管理层的要求清晰地传递到各个分项目，统一认识。即这个需求虽然是变更，但其直接影响到项目群目标实现，是各项目团队必须翻过去的山，不能回避。召集各团队讨论分析，先抛开谁具体负责实现不谈，大家就业务角度出发，如何操作才能更合理地达到管理层的期望。当大家对业务需求理顺后，再来进一步向各项目负责人明确需求的优先级与重要性，如果不实施，则项目将面临无法上线验收的后果。接下来再谈由哪个分项目来主导实施，由谁来配合支持。最终各方互相让步，职责明确后互相支持，使得整体系统顺利上线运行，各方也拿到了验收结果。

再优秀的客户方项目群负责人，如果没有企业组织、制度的文化背景支撑，也难以达成多赢局面，即项目群负责人代表的是企业集体意志，如果企业制度官僚文化严重，人浮于事、没有担当，项目群进行得非常困难，大型信息化项目群失败的概率也比较大。在国企尤其是大型国企中比较常见。那么大型国企是不是无法运用双赢思维来管理项目群，坐等失败呢？其实相反，双赢策略是唯一制胜法宝，只不过历程会更艰难、管理更复杂而已。

从另一方面来看官僚文化、不担当，实则反映出来的是做事的小心谨慎，处处防范，避免出错。项目群负责人则需要解决各位关键利益相关人的"后顾之忧"，只有他们认为你是在为他们着想，一心在为项目服务，才能赢得各利益相关人的支持与信任，才能"代表"整体来做出承诺，推动各分项目的开展。更为常见的一类情况是：各位关键利益相关人中存在冲突，或者说是无法调和的矛盾，比如解决了相关人 A 的问题，可能会影响相关人 B 的利益，此时无法满足所有相关人的"诉求"。因此必须明确的一点就是"双赢"不是一味地妥协、无原则地讨好各方，而是有一定高度、大局观，以公司整体战略目标为出发点，结合"要事第一"的做事原则，考虑如何才能实现项目群的整体目标。笔者曾经遇到的一个企业实施透明工厂项目群，包括三个分项目，分别在四个车间实施数字化工厂。其中有个车间总监由于对管理方式的不认同以及对个人前景的担心，一直阻碍数字化项目的实施，导致另外三个车间都已经实施上线，这个车间还在不断地调整修改方案，严重影响了公司整体的数字化战略。项目负责人请高层领导协调，并明确不会妥协的态度，施加了一定压力，最终在各方的努力下项目完成上线。但"项目是有保鲜期的"，虽然最终上线，但由于公司业务战略目标经过这段时间已经有所调整，发生了变化，系统所发挥的作用有限且面临进一步调整以适应公司新要求，所以本期项目并没有为公司带来启动时预期的管理价值。

美国斯坦迪集团（Standish Group）曾调研过 8000 多个软件项目，结果显示在大公司只有 9%的项目按时在预算内交付，小公司比例在 16%左右（笔者认为所谓小公司应该是指项目规模小的公司）。以上调研数据并不是说按时交付不现实，而是表明实现比较困难，需要更高的项目管理水平。书面所涉及的案例从规模来看，大多数都属于中大型信息化项目，无论是工作量（1000 以上人天）还是管理难度（多部门、涉及中外多方团队）量级都比较大。这些成功的实践表明，信息化项目管理追求的"按时、预算内交付有质量保障的系统"目标并非理想化、遥不可及的。如果能有效地应用本书所论述的方法论与管理经验与方式，进入上面所说的"9%"项目清单内还是有信心的。

相信不少读者都学过某一种计算机编程语言，对有个场景会非常熟悉：老师讲的时候觉得很简单，但一旦让自己在计算机上写代码，平时看着再简单的程序也会编译调试出错。信息化项目管理建设也一样，听了各类讲座，考过PMP，真正在负责项目执行时总是挑战不断，以前的知识与经验看上去"不在线"。如果项目管理真有诀窍的话，那就是不断地实践，不断地反思。无论在信息化项目管理路上走了多久、走了多远，都需要以积极的心态如履薄冰地前行，自己看起来是一团微光，但或许对于黑暗中摸索前行的人而言，却是一盏明灯。

本书愿做读者前行的微光。

参 考 文 献

[1] [美]卡尔·凯斯勒，[美]约翰·斯韦策．蔡黄辉，沈晓霞译．成功软件开发方法——由外到内开发实践指南[M]．北京：机械工业出版社，2009．

[2] [美]罗伯特·K·维索茨基．费琳译．有效的项目管理：传统、调整与极端[M]．北京：电子工业出版社，2009．

[3] [美]阿利斯泰尔·科伯恩．王雷，张莉译．编写有效用例[M]．北京：机械工业出版社，2003．

[4] [美]凯西·施瓦尔贝．杨坤，王玉译．IT项目管理[M]．北京：机械工业出版社，2011．

[5] [美]莎丽·劳伦斯·弗里格，[加]乔安妮·M·阿特利．杨卫东译．软件工程——理论与实践（第4版）[M]．北京：人民邮电出版社，2010．

[6] [美]卡珀斯·琼斯．吴舜贤，杨佳辉，韩生亮译．软件工程最佳实践[M]．北京：机械工业出版社，2014．

[7] [美]罗杰·S·普莱斯曼．黄柏素，梅宏译．软件工程：实践者的研究方法[M]．北京：机械工业出版社，2001．

[8] [美]彼得·舒尔特．陶泽译．IT项目综合管理[M]．重庆：重庆大学出版社，2007．

[9] Darrell K.Rigby, Jeff Sutherland, Hirotaka Takeuchi, Embracing Agile．Harvard Business Review [DB/OL], 2016-5．

[10] [美]史蒂夫·柯维．高效能人士的七个习惯（教学版），FranklinCovery, 2006．

[11] Jeff Sutherland．Scrum and CMMI Level 5: The Magic Potion for Code Warriors [DB/OL], 2007-9．

[12] M. Steven Palmquist．Parallel Worlds: Agile and Waterfall Differences and Similarities [DB/OL], 2013.10．

[13] Hillel Glazer．CMMI® or Agile:Why Not Embrace Both! [DB/OL], 2008.11．

[14] Mihai Liviu DESPA．Comparative study on software development methodologies

[DB/OL], 2014.

[15] Peter Akins. COMPARISON BETWEEN WATERFALL, AGILE, LEAN AND DEVOPS [EB/OL],2016.5.

[16] Dr. Paul Dorsey. Top 10 Reasons Why Systems Projects Fail [EB/OL],2005.4.

[17] Rajesh H. Kulkarni. Critical Review of Extended Waterfall Model. International Journal of Scientific & Engineering Research, Volume 6, Issue 11, 2015-11.

[18] Ray Tatum. Applying Lean Thinking Principles to Software Development, University of Oregon Applied Information Management Program, 2005.

[19] Olivia L. Hillaire. Best Practices for Implementing a Hybrid Project Management Methodology. University of Oregon Applied Information Management Program, 2018.

[20] Oriana Karina Eason. Information Systems Development Methodologies Transitions: An Analysis of Waterfall to Agile Methodology, University of New Hampshire, 2016.

[21] Sriramasundararajan Rajagopalan. REVIEW OF THE MYTHS ON ORIGINAL SOFTWARE DEVELOPMENT MODEL, International Journal of Software Engineering & Applications (IJSEA), 2014.11(5).

[22] Dr. Winston W. Royce, Managing the Development of Large Software Systems, IEEE WESCON, 1970-8, P1-9.

[23] Johnny D. Morgan. Applying 1970 Waterfall Lessons Learned Within Today's Agile Development Process [DB/OL], 2018.

读者调查表

尊敬的读者：

  自电子工业出版社工业技术分社开展读者调查活动以来，收到来自全国各地众多读者的积极反馈，他们除了褒奖我们所出版图书的优点外，也很客观地指出需要改进的地方。读者对我们工作的支持与关爱，将促进我们为您提供更优秀的图书。您可以填写下表寄给我们（北京市丰台区金家村 288#华信大厦电子工业出版社工业技术分社　邮编：100036），也可以给我们电话，反馈您的建议。我们将从中评出热心读者若干名，赠送我们出版的图书。谢谢您对我们工作的支持！

姓名：_____　　性别：□男　□女　　年龄：_____　　职业：_____

电话（手机）：_____　　E-mail：_____

传真：_____　　通信地址：_____　　邮编：_____

1. 影响您购买同类图书因素（可多选）：
□封面封底　　□价格　　□内容提要、前言和目录　　□书评广告　　□出版社名声
□作者名声　　□正文内容　　□其他_____

2. 您对本图书的满意度：

从技术角度　　　　　　　　□很满意　　□比较满意　　□一般　　□较不满意　　□不满意
从文字角度　　　　　　　　□很满意　　□比较满意　　□一般　　□较不满意　　□不满意
从排版、封面设计角度　　　□很满意　　□比较满意　　□一般　　□较不满意　　□不满意

3. 您选购了我们哪些图书？主要用途？_____
4. 您最喜欢我们出版的哪本图书？请说明理由。

_____

5. 目前教学您使用的是哪本教材？（请说明书名、作者、出版年、定价、出版社），有何优缺点？

_____

6. 您的相关专业领域中所涉及的新专业、新技术包括：

_____

7. 您感兴趣或希望增加的图书选题有：

_____

8. 您所教课程主要参考书？请说明书名、作者、出版年、定价、出版社。

_____

邮寄地址：北京市丰台区金家村 288#华信大厦电子工业出版社工业技术分社
邮编：100036　　电话：18614084788　　E-mail：lzhmails@phei.com.cn
微信 ID：lzhairs/ 18614084788　　联系人：刘志红

电子工业出版社编著书籍推荐表

姓名		性别		出生年月		职称/职务	
单位							
专业				E-mail			
通信地址							
联系电话				研究方向及教学科目			

个人简历（毕业院校、专业、从事过的以及正在从事的项目、发表过的论文）

您近期的写作计划：

您推荐的国外原版图书：

您认为目前市场上最缺乏的图书及类型：

邮寄地址：北京市丰台区金家村288#华信大厦电子工业出版社工业技术分社
邮编：100036　电话：18614084788　E-mail：lzhmails@phei.com.cn
微信ID：lzhairs/18614084788　联系人：刘志红